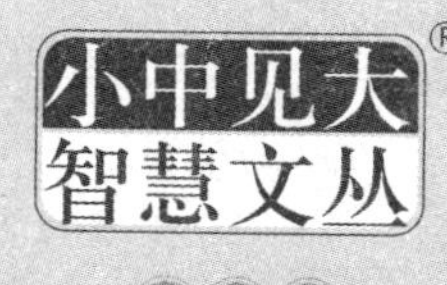

虚掩的门全集

张健鹏 胡足青 主编

九州出版社
JIUZHOUPRESS

序言

智慧在此隐藏

——推开虚掩的智慧之门

每个人的心灵深处，或许都印刻着这样一幅画面：朗朗的星空下或摇曳的烛光旁，幼小的自己依偎在妈妈或奶奶怀中，入神地听着一个又一个动人的故事。或许是凶恶的大灰狼，或许是美丽的小公主，或许是蠢笨的地主和机智的长工，或许是英俊的王子和善良的灰姑娘……听着听着，孩子进入了梦乡；听着听着，孩子在慢慢成长……

繁忙紧张的现代人忙碌着一项项大事业，那些美丽的故事蒙着灰尘静静地躺在脑海深处。直到有一天，他们抱着自己的小宝宝，才想起去买本童话书，给孩子们讲讲故事。

真的只有孩子们才需要故事吗?

※※

其实，我们干裂的心田更需要一股充满爱与智慧的美丽的清泉。

因为职业的关系，多年来我先后采访过多位成功人士，成功当然都意味着财

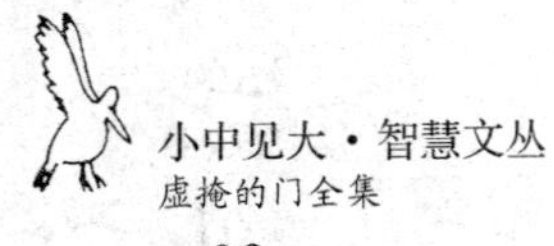

富、地位。他们在回忆自己成功的经历时，大多会抖落出一两个小故事，有自己亲历困境时的顿悟与体验，更多的是别人的小故事，甚至是流传已久的寓言、童话或民间故事。这些故事给予他们莫大的精神营养，他们从中汲取的信念与智慧对自己的成功有着很重要的作用。他们也经常把这些故事讲给员工、同事及朋友们听，这比讲别的更直接、形象、生动、传神。

我问自己：许多故事也曾经听过或读过，为什么人家就从中找到了成功的支撑，而我却轻易地让它们随风飘去呢?

※※※

因为，智慧在其中隐藏。

智慧是什么呢?

《现代汉语词典》中的解释是：辨析判断、发明创造的能力。如：人民的智慧是无穷的。

词条的定义当然是力求简洁精确。但我想，智慧其实是一种境界，是一种只可意会不可言传的境界：广阔的胸怀、渊博的知识、精明的头脑、机智的反应、敏锐的行动、幽默的语言……智慧无所不在，处处隐藏。不同的人，不同的时空，不同的事物，智慧的表现形式也大不相同，你这样做，他却那般行，没有一个标准答案。

可能任何对智慧的描述与捕捉都是多余和徒劳，所以六祖慧能只是拈花一笑。

※※※※

推开虚掩的智慧之门，捕捉住小故事中的智慧精灵。

你给我讲过一千遍大道理，我耳朵都听出茧子了，从小到大，妈妈和老师都是这么说的，语气神态都差不多，一出门我就给忘了。

你给我讲了一个小故事，一阵清风吹过，不经意间，我的心弦为之颤动，智慧与道理变成一个个可爱的小精灵，都慢慢融化在心里。

有的小故事也许多年前曾听过，有的乍一看觉得平淡无奇，但静下心，带着自己对生命与事业的体验，细细品味，会有全新的感觉。

※※※※※

有许多故事很精彩，可惜太长；有许多故事很精彩，但已流传甚广，只好对其割爱。本书力图为朋友们献上一份精美新鲜的小快餐，滴水藏海，小中见大。在轻松的阅读中，有一份新鲜的感觉，愉悦的享受，不知不觉中，为自己点一盏心灯。

慢慢去读吧，慢慢去做吧，我的朋友，不要让智慧消化不良，融入血液的营养才是真正的收获。

编 者

目录

01 [大器之材]

02 [心有灵犀]

03 [并非偶然]

04
[生命境界]

05
[境由心造]

06
[爱的较量]

07
[点亮心烛]

08 [天堂地狱]

09
［老谋深算］

10
［动物寓言］

大器之材 01

发 泄

一天，陆军部长斯坦顿来到林肯那里，气呼呼地对他说一位少将用侮辱的话指责他偏袒一些人。林肯建议斯坦顿写一封内容尖刻的信回敬那家伙。

“可以狠狠地骂他一顿。”林肯说。

斯坦顿立刻写了一封措辞强硬的信，然后拿给总统看。

“对了，对了。”林肯高声叫好，“要的就是这个！好好训他一顿，真写绝了，斯坦顿。”

但是当斯坦顿把信叠好装进信封里时，林肯却叫住他，问道：“你要干什么？”

“寄出去呀。”斯坦顿有些摸不着头脑了。

“不要胡闹。”林肯大声说，“这封信不能发，快把它扔到炉子里去。凡是生气时写的信，我都是这么处理的。这封信写得好，写的时候你已经解了气，现在感觉好多了吧，那么就请你把它烧掉，再写第二封信吧。”

➡[书外人语] 人总是有受别人气的时候，这种不满情绪堆在心中是有害的，反击回去或发泄给别人都不是上策，林肯的主意最好。

大器之材

1965年，我在西雅图景岭学校图书馆担任管理员。一天，有同事推荐一个四年级学生来图书馆帮忙，并说这个孩子聪颖好学。

不久，一个瘦小的男孩来了，我先给他讲了图书分类法，然后让他把已归还图书馆却放错了位的图书放回原处。

小男孩问:“像是当侦探吗?”我回答:“那当然。”接着，男孩不遗余力在书架的迷宫中穿来插去，小休时，他已找出了三本放错地方的图书。

第二天他来得更早，而且更不遗余力。干完一天的活后，他正式请求我让他担任图书管理员。又过两个星期，他突然邀请我上他家做客。吃晚餐时，孩子母亲告诉我他们要搬家了，到附近一个住宅区。孩子听说转校却担心:“我走了谁来整理那些站错队的书呢?”

我一直记挂着他。但没过多久，他又在我的图书馆门口出现了，并欣喜地告诉我，那边的图书馆不让学生干，妈妈把他转回我们这边来上学，由他爸爸用车接送。“如果爸爸不带我，我就走路来。”

其实，我当时心里便应该有数，这小家伙决心如此坚定，则天下无不可为之事。我可没想到他会成为信息时代的天才、微软电脑公司大亨、美国首富——比尔·盖茨。

（卡菲端）

➡[书外人语] 在许多伟大或杰出人物身上，总有优于或异于常人之处会或早或迟地显示出来。在成名之前，这些“异象”犹如稍纵即逝的彗星难以被人察觉注意，大多在功成名就之后，人们才想到他们当初的不凡。但不管事前或事后的记录，无疑都是留给人类的一份精品。

秘 密

罗斯福当海军助理部长时，有一天一位好友来访。谈话间朋友问及海军在加勒比海某岛建立基地的事。

“我只要你告诉我，”他的朋友说，“我所听到的有关基地的传闻是否确有其事。”

这位朋友要打听的事在当时是不便公开的，但既是好朋友相求，那如何拒绝是好呢？

只见罗斯福望了望四周，然后压低嗓子向朋友问道:“你能对不便外传的事情保密吗?”

“能。”好友急切地回答。

“那么，”罗斯福微笑着说，“我也能。”

➡ [书外人语] “出我的口入你的耳，切莫向第三个讲起。”这全是自欺欺人的废话，你任何时候都不能指望别人就某事守口如瓶，你可以给好朋友说，他也会同样地给他的好朋友说，唯一的解决办法就是“打死我也不说”。

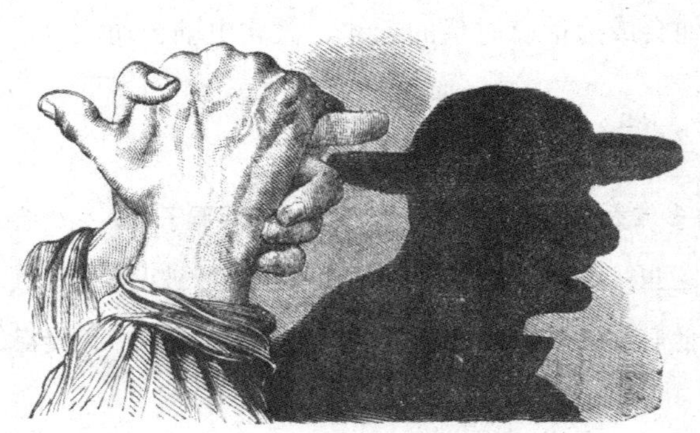

成 功

贝尔纳是法国著名的作家，一生创作了大量的小说和剧本，在法国影剧史上占有特别的地位。

有一次，法国一家报纸进行了一次有奖智力竞赛，其中有这样一个题目：

如果法国最大的博物馆卢浮宫失火了，情况只允许抢救出一幅画，你会抢哪一幅？

结果在该报收到的成千上万回答中，贝尔纳以最佳答案获得该题的奖金。他的回答是：

“我抢离出口最近的那幅画。”

➡[书外人语] 成功的最佳目标不是最有价值的那个，而是最有可能实现的那个。

丘吉尔炒股记

据说爱因斯坦死后进入天堂，上帝将他安排在一间四个人的房间里。爱因斯坦问第一个人智商是多少，那人回答为160。爱因斯坦喜出望外地说：“好！我正担心来到这里找不到探讨相对论的伙伴呢。”他又问第二个人，那人说他的智商是120。爱因斯坦显然有点失望，叹了口气说：“也好，我们还是能探讨些数学问题的。”他最后问第三个人，那人说他的智商不到80。爱因斯坦皱起了眉头，良久之后说道：“看来我们只能侃侃股市了。”

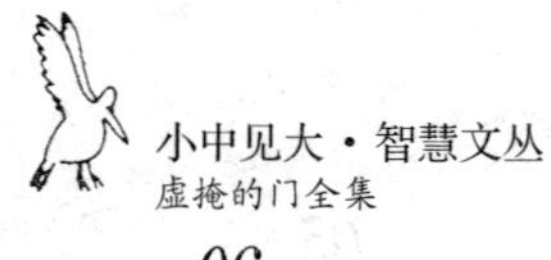

这则嘲讽股民的笑话虽然有点刻薄，但它却道出了一条听似悖论的真理：股市之中不以学历定贤愚，不以智力分高低，更不以个人的社会背景、角色分上下。上面这则笑话仅是杜撰之作，不足为据，那么英国前首相温斯顿·丘吉尔早年在华尔街股市小试牛刀，结果折戟沉沙的佚事则是有真凭实据的。

1929年，丘吉尔的老朋友、美国证券巨头伯纳德·巴鲁克陪他参观华尔街股票交易所。那里紧张热烈的气氛深深地感染了丘吉尔。当时他已年过五旬，但狂傲之心丝毫未减。在他看来，炒股赚钱实在是小菜一碟。他让巴鲁克给他开了一个户头——“老狐狸”丘吉尔要玩股票了。

丘吉尔的头一笔交易很快就被套住了，这叫他很丢面子。他又瞄准了另一只很有希望的英国股票，心想这家伙的老底我都清楚，准能大胜。但股价偏偏不听他的指挥，一路下跌。他又被套住了。

如此折腾了一天，丘吉尔做了一笔又一笔交易，陷入了一个又一个泥潭。下午收市钟响，丘吉尔惊呆了，他已经资不抵债要破产了。正在他绝望之时，巴鲁克递给他一本账簿，上面记录着另一个温斯顿·丘吉尔的“辉煌战绩”。原来，巴鲁克早就料到像丘吉尔这样的大人物，其聪明睿智在股市之中未必有用武之地，加之初涉股市，很可能会赔了夫人又折兵。因此，他提前为丘吉尔准备好了一根救命稻草。他吩咐手下用丘吉尔的名字开了另一个账户，丘吉尔买什么，另一个“丘吉尔”就卖什么；丘吉尔卖什么，另一个“丘吉尔”就买什么。

丘吉尔一直对这段耻辱的经历守口如瓶，而巴鲁克则在自己的回忆录中详细地记述了这桩趣事。

（姚昌忠）

➡[书外人语] 隔行如隔山。一个领域中的成功并不意味着处处能行，初来乍到，学费是免不了的，股市更是如此，踏踏实实地做自己本分的事吧。

总司令·校长·总统

二战结束后不久，欧洲盟军总司令艾森豪威尔出任哥伦比亚大学校长。副校长安排他听有关部门汇报，考虑到系主任一级人员太多，只安排会见各学院的院长及相关学科的联合部主任，每天见两三位，每位谈半个钟头。

在听了十几位先生的汇报后，艾森豪威尔把副校长找来，不耐烦地问他总共要听多少人的汇报，回答说共有63位。艾氏大惊:“天啊，太多了！先生，你知道我从前做盟军总司令，那是人类有史以来最庞大的一支军队，而我只需接见三位直接指挥的将军，他们的手下我完全不用过问，更不需接见。想不到，做一个大学的校长，竟要接见63位主要的首长。他们谈的，我大部分不懂得，又不能不细心地听他们说下去，这实在是糟蹋了他们宝贵的时间，对学校也没有好处。你订的那张日程表，是不是可以取消了呢？”

艾氏后来又当选美国总统。一次，他正在打高尔夫球，白宫送来急件要他批示，总统助理事先拟定了“赞成”与“否定”两个批示，只待他挑一个签名即可。谁知艾氏一时不能决定，便在两个批示后各签了个名，说道:“请狄克（即副总统尼克松）帮我批一个吧。”然后，若无其事地去打球了。

➡ [书外人语] 二战时的英军统帅蒙哥马利元帅最是桀骜不驯，但对艾森豪威尔最是服气，足见艾氏“领导学”之高明。不放权、事必躬亲的领导往往吃力不讨好。

回报

有一回，日本歌舞伎大师勘弥扮演古代一位徒步旅行的百姓，正当他要上场时，一个门生提醒他说："师傅，您的草鞋带子松了。"他回答了一声："谢谢你呀。"然后立刻蹲下，系紧了鞋带。

当他走到门生看不到的舞台入口处时，却又蹲下，把刚才系紧的带子复又弄松。显然他的目的是，以草鞋的带子都已松垮，试图表现这个百姓长途旅行的疲态。演戏细腻到这样，这位大师确有其过人之处。

话说回来，正巧那天有位记者到后台采访，看见了这一幕。等演完戏后，记者问勘弥："你为什么不当时指教学生呢，他不懂得这演戏的真谛呀。"

勘弥回答说："别人的亲切关爱与好意必须坦然接受，要教导学生演戏的技能，机会多的是，在今天的场合，最重要的是要以感谢的心去接受别人的提醒，并给予回报。"

➡[书外人语] 演戏就是做人，做人做到家，事才会做到家。勘弥告诉我们，千万不要随意封住别人对你的善良之门。

09

马蝇效应

1860年美国总统大选结束后，林肯当选为总统。他任命参议员萨蒙·蔡斯为财政部长。

有许多人反对这一任命。因为蔡斯虽然能干，但十分狂妄自大，他本想入主白宫，却输给了林肯，他认为自己比林肯要强得多，对林肯也非常不满，并且一如既往地追求总统职位。

林肯对关心他的朋友讲了这样一个故事：

“在农村长大的朋友们一定知道什么是马蝇了。有一次，我和我的兄弟在肯塔基老家的一个农场犁玉米地，我吆马，他扶犁。这匹马很懒，但有一段时间它却在地里跑得飞快，连我这双长腿都差点跟不上。到了地头，我发现有一只很大的马蝇叮在它身上，我随手就把马蝇打落了。我兄弟问我为什么要打落它，我说我不忍心看着这匹马那样被咬。我兄弟说：哎呀，正是这家伙才使马跑得快嘛。”

然后，林肯说：“如果现在有一只叫‘总统欲’的马蝇正叮着蔡斯先生，那么只要它能使蔡斯和他的那个部不停地跑，我就不想去打落它。”

➡[书外人语] 蔡斯对于林肯而言，也可说是一只马蝇。用好这样的“刺”头，会有意想不到的好结果。

尼克松的糊涂

尼克松是我们极为熟悉的美国总统，是他打开了中美关系的大门，当然他还有许多不俗业绩，是个优秀的政治家。

但这样一位大人物，却因为一个小错误而亲手毁掉了自己的政治前程。

1972 年，尼克松竞选连任。由于他在第一任期内政绩斐然，很得民心，而他的对手的阅历和声望都远难与他相匹敌，所以大多数政治评论家都预测他会以绝对优势获得胜利。

然而，尼克松本人却十分不自信，过去的几次失败使他曾经受到过极大的打击，他走不出心理的阴影，极度害怕万一出现的失败。在这种潜意识的驱使下，他鬼使神差地干出了令他后悔终生的蠢事。

他指派手下潜入竞选对手的总部水门饭店，在对方的办公室中安装窃听器。事发后他又连连阻碍调查，推卸责任，终于在选举胜利后不久被迫辞职。本来稳操胜券的他竟因极度害怕失败，从而导致了惨败。

➧[书外人语] 心理上的阴影与误区会使一个人理智的天平严重倾斜，干出不可思议的蠢事来。胜利的最坚实基础莫过于健康的心理。

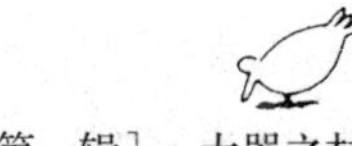

宴会上的洗手水

温莎公爵除了不爱江山爱美人的大传奇外，还有许多不为人知道的小故事。

有一次，英国王室为了招待印度当地居民的首领，在伦敦举行晚宴，其时还是“皇太子”的温莎公爵主持这次宴会。

宴会中，达官贵人们觥筹交错，相与甚欢，气氛融洽。可就在宴会结束时，出了这么一件事。侍者为每一位客人端来了洗手盘，印度客人们看到那精巧的银制器皿里盛着亮晶晶的水，以为是喝的水呢，就端起来一饮而尽。作陪的英国贵族目瞪口呆，不知如何是好，大家纷纷把目光投向主持人。

温莎公爵神色自若，一边与客人谈笑风生，一边也端起自己面前的洗手水，像客人那样“自然而得体”地一饮而尽。接着，大家也纷纷效仿，本来要造成的难堪与尴尬顷刻释然，宴会取得了预期的成功，当然也就使英国国家的利益得到了进一步的保证。

➧［书外人语］ 任何时刻都不要让你的重要客人与顾客在小事上陷入尴尬境地而出丑，否则，你就会在大事上出丑。

爱因斯坦的镜子

爱因斯坦小时候是个十分贪玩的孩子。他的母亲常常为此忧心忡忡，母亲的再三告诫对他来讲如同耳边风。直到16岁的那年秋天，一天上午，父亲将正要去河边钓鱼的爱因斯坦拦住，并给他讲了一个故事，正是这个故事改变了爱因斯坦的一生。故事是这样的：

“昨天，”爱因斯坦父亲说，“我和咱们的邻居杰克大叔去清扫南边工厂的一个大烟囱。那烟囱只有踩着里边的钢筋踏梯才能上去。你杰克大叔在前面，我在后面。我们抓着扶手，一阶一阶地终于爬上去了。下来时，你杰克大叔依旧走在前面，我还是跟在他的后面。后来，钻出烟囱，我们发现了一个奇怪的事情：你杰克大叔的后背、脸上全都被烟囱里的烟灰蹭黑了，而我身上竟连一点烟灰也没有。”

爱因斯坦的父亲继续微笑着说：“我看见你杰克大叔的模样，心想我肯定和他一样，脸脏得像个小丑，于是我就到附近的小河里去洗了又洗。而你杰克大叔呢，他看见我钻出烟囱时干干净净的，就以为他也和我一样干净呢，于是就只草草洗了洗手就大模大样上街了。结果，街上的人都笑痛了肚子，还以为你杰克大叔是个疯子呢。”

爱因斯坦听罢，忍不住和父亲一起大笑起来。父亲笑完了，郑重地对他说，“其实，别人谁也不能做你的镜子，只有自己才是自己的镜子。拿别人做镜子，白痴或许会把自己照成天才的。”

爱因斯坦听了，顿时满脸愧色。

爱因斯坦从此离开了那群顽皮的孩子们。他时时用自己做镜子来审视和映照自己，终于映照出了他生命的熠熠光辉。

➡[书外人语] 有了正确的参照物，才会有正确的方向与行动，切忌盲目地与别人相比较。

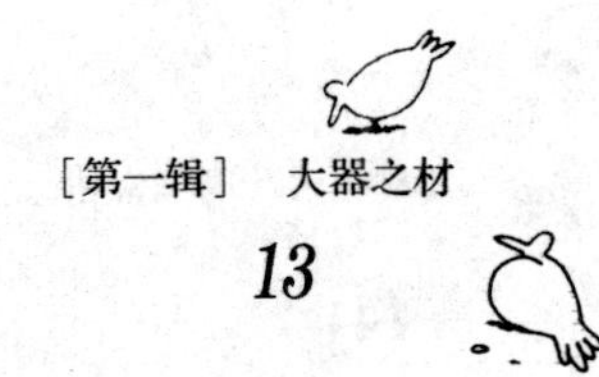

例　外

爱因斯坦经常拒绝作家的采访或坐着由画家为他画像，但有一次，他改变了态度。

一天，一位画家请求为他画像。

爱因斯坦照例回绝道:“不，不，我没有时间。”

“但是，我非常需要靠这幅画所得的钱啊。”画家恳切地说。

“噢，那就是另外一回事了。”爱因斯坦马上改变了态度，“我当然可以坐下来让您画像。”

➡［书外人语］ 这个故事中有两点引人深思，一是爱因斯坦的同情心使他的人格更加伟大；二是画家坦率地直陈困难，而获得成功，这种做法比花言巧语更能打动人心。

女王敲门

一次，英国维多利亚女王与丈夫吵了架，丈夫独自回到卧室，闭门不出。女王回卧室时，只好敲门。

丈夫在里边问:“谁？”

维多利亚傲然回答:“女王。”

没想到里边既不开门，又无声息。她只好再次敲门。

里边又问:“谁？”

"维多利亚。"女王回答。

里边还是没有动静。女王只得再次敲门。

里边再问:"谁?"

女王学乖了，柔声回答:"你的妻子。"

这一次，门开了。

➡[书外人语] 回家之前，就应该把各种头衔职位扔在脑后，更别说进卧室了。

采访罗斯福夫人

那是1960年10月的一天，在报社办公室里那张工作人员任务单前，我简直不敢相信自己的眼睛，反复把那一行字看了几遍:

科宁斯——采访埃莉诺•罗斯福。

这不是非分之想吧，我成为《西部报》报社成员才几个月，还是一个刚出茅庐的新手呢，怎么会给我如此重要的任务?我拔腿去找责任编辑。

责任编辑停住手中的活，冲我一笑:"没错，我们很欣赏你采访那位哈伍德教授的表现，所以派给你这个重要任务。后天只管把采访报道送到我办公室来就是了，祝你好运，小伙子!"

"祝你好运"，说得轻巧，可我面对的将是前总统夫人，她不但曾和富兰克林•D•罗斯福共度春秋，而且也有过功成名就之举，而我只是个毫无名气的毛头小伙子。

我急匆匆地奔进图书馆，寻觅我所需要的资料。我认真地将要提的问题依次排序，力图使他们中至少有一个不同于她以前回答过的任何问题。最后，我终于成竹在胸，对即将开始的采访甚至有点迫不及待了。

采访是在一间布置得格外别致典雅的房中进行的。当我进去时，这位75岁的老太太已经坐在那里等着我了。一看见我，她马上起身与我握手。她那魁梧的身躯，敏锐的目光，慈祥的笑容立即给人以不可磨灭的印象。我在她旁边落座以后，便率先抛出一个自己认为别具一格的问题。

“请问夫人，在您会晤过的人中，您发觉哪一位最有趣?”

这个问题真是提得好极了，而且我早就预估了一下答案。无论她回答的是她的丈夫罗斯福，还是丘吉尔、海伦•凯勒等，我都能就她选择的人物接二连三地提出问题。

埃莉诺莞尔一笑:“戴维•科宁斯。”

我不敢相信自己的耳朵：选中我，开什么玩笑?

“呃，夫人，”我终于挤出一句话来，“我不明白您的意思。”

“和一个陌生人会晤并开始一种关系，这是生活中最令人感兴趣的一部分。”她感喟颇深地说:“我小时候总是羞羞答答的，有时甚至到了凡事都缩手缩脚的地步，把自己封闭到一个小天地中。后来我强迫自己欢迎他人进入自己的世界，强迫自己走向生活，终于体会到广交新友是多么使人精神振奋。”

我对罗斯福夫人一个小时的采访转眼结束了。她在一开始就使我感到轻松自如，整个过程中，我无拘无束，十分满意。

这篇采访报道见报后获得全国学生新闻报道奖。然而最重要的收获是：罗斯福夫人教给我的人生哲学——广交新友，走向生活。多年来，这一直是我的座右铭。

(戴维·科宁斯)

➡[书外人语] 你向世界关闭了自己的心灵之窗，世界也就向你关闭了美好之门。闭关锁国会让一个国家愚昧落后，自我封闭则会让一个人白活一回。

斯隆与杜拉克

曾任美国通用汽车公司总经理的斯隆被西方管理学界誉为“现代化组织的天才”。杜拉克则是美国著名的管理学者。

1944 年，斯隆聘请杜拉克担任通用的管理政策顾问。二人见面时，斯隆说了这样一番话：

“我不知道我要你研究些什么，要你写什么，也不知道该得出什么样的结果。这些都该是你的任务。我唯一的要求，只是希望你把你认为正确的东西写下来。你不必顾虑我们的反应，也不必怕我们不同意。尤其重要的是，你不必为了使你的建议易为我们接受而想到调和折中。在我的公司里，人人都会调和折中，不必劳你的驾。你当然也可以搞调和折中，但你必须先告诉我们，‘正确’的是什么，我们才能做出正确的调和折中。”

管理学家们认为，通用何以能成为通用，斯隆何以被称为“组织天才”，这段话都传达出了重要信息。

➡[书外人语] 许多人请外来和尚的本意是要注入新鲜血液，那么就不要把他同化到庙里已有的和尚群体中。

识破圈套

世界著名交响乐指挥家小泽征尔在一次欧洲指挥大赛的决赛中，按照评委会给他的乐谱在指挥演奏时，发现有不和谐的地方。他认为是乐队演奏错了，就停下来重新演奏，但仍不如意。这时，在场的作曲家和评委会的权威人士都郑重地说明乐谱没有问题，而是小泽征尔的错觉。面对着一批音乐大师和权威人士，他思考再三，突然大吼一声:“不，一定是乐谱错了!”话音刚落，评判台上立刻报以热烈的掌声。

原来，这是评委们精心设计的圈套，以此来检验指挥家们在发现乐谱错误并遭到权威人士“否定”的情况下，能否坚持自己的正确判断。前两位参赛者虽然也发现了问题，但终因趋同权威而遭淘汰。小泽征尔则不然，因此，他在这次世界音乐指挥家大赛中摘取了桂冠。

➡ [书外人语] 在权威面前一旦养成屈膝哈腰的习惯，不但使自己只能生活在人家的影子中，而且人家也未必瞧得上你。自己不尊重自己，任何人也不会尊重你。

卡耐基面对批评

美国心理励志大师卡耐基先生多次讲到过这样一个故事：

“在很多年以前，我所办的成人教育班和示范教学会中，多了一个从纽约《太阳报》来的记者。他毫不给我留情面，不断攻击我的工作和我。我当时真是气坏了，认为这是对我极大的侮辱，不能容忍。我马上打电话给《太阳报》执行委员会的主席古斯·季塔雅，特别要求他刊登一篇文章，以说明事实真相，而不能这样嘲弄我。我当时下决心要让犯错的人受到应得的处罚。”

“现在我时常为我当时的举动感到惭愧。我现在才了解，买那份报的人大概会有一半人不会看到那篇文章，看到的人里面又有一半会把它只当做一件微不足道的事情来看；而真正注意到这篇文章的人里面，又有一半在几个礼拜后就把这件事情忘得一干二净。”

卡耐基由此得出一个重要的结论：虽然你不能阻止别人对你做任何不公正的批评，但你可以做一件重要的事，你可以决定是否要让自己受到那些不公正批评的干扰。

“尽可能做你应该做的事，然后把你的破伞收起来，免得让批评你的雨水顺脖子后边流下去。”

美国总统罗斯福的夫人也曾告诉过卡耐基她在白宫的行事原则：避免所有批评的唯一方法，就是“只要做你心里认为是对的事——因为你反正是要受到批评的。做也该死，不做也该死”。

（董保纲）

➧［书外人语］任何人好像都有批评你的权力，无论你做任何一件事，你要把握好的就是：哪些是听都不要听的，哪些是礼节性地应付的，哪些是真正有益于你的工作的。

果 断

有一个6岁的小男孩，一天在外面玩耍时，发现了一个鸟巢被风从树上吹落在地，从里面滚出了一只嗷嗷待哺的小麻雀。小男孩决定把它带回家喂养。

当他托着鸟巢走到家门口的时候，突然想起妈妈不允许他在家里养小动物。于是，他轻轻地把小麻雀放在门口，急忙走进屋去请求妈妈。在他的哀求下妈妈终于破例答应了。

小男孩兴奋地跑到门口，不料小麻雀已经不见了，他看见一只黑猫正在意犹未尽地舔着嘴巴。小男孩为此伤心了很久。但从此他也记住了一个教训：只要是自己认定的事情，决不可优柔寡断。这个小男孩长大后成就了一番事业，他就是华裔电脑名人——王安博士。

➡[书外人语] 在人生中，思前想后，犹豫不决固然可以免去一些做错事的可能，但可能会失去更多成功的机遇。

盖蒂的香烟

美国石油大亨保罗•盖蒂曾经是个大烟鬼，烟抽得很凶。

有一次，他度假开车经过法国，天降大雨，开了几小时车后，他在一个小城的旅馆过夜。吃过晚饭，疲惫的他很快就进入了梦乡。

清晨两点钟，盖蒂醒来。他想抽一根烟。打开灯，他自然伸手去抓睡前放在

桌上的烟盒，不料里头却是空的。他下了床，搜寻衣服口袋，毫无所获，他又搜索行李，希望能发现他无意中留下的一包烟，结果又失望了。这时候，旅馆的餐厅、酒吧早关门了，他唯一希望得到香烟的办法是穿上衣服，走出去，到几条街外的火车站去买，因为他的汽车停在距旅馆有一段距离的车房里。

越是没有烟，想抽的欲望就越大，有烟瘾的人大概都有这种体验。盖蒂脱下睡衣，穿好了出门的衣服，在伸手去拿雨衣的时候，他突然停住了。他问自己：我这是在干什么？

盖蒂站在那儿寻思，一个所谓知识分子，而且相当成功的商人，一个自以为有足够理智对别人下命令的人，竟要在三更半夜离开旅馆，冒着大雨走过几条街，仅仅是为了得到一支烟。这是一个什么样的习惯，这个习惯的力量有多么强大？

没多会儿，盖蒂下定了决心，把那个空烟盒揉成一团扔进了纸篓，脱下衣服换上睡衣回到了床上，带着一种解脱甚至是胜利的感觉，几分钟后就进入了梦乡。

从此以后，保罗•盖蒂再也没有拿过香烟，他的事业也越做越大，成为世界顶尖富豪之一。

➧[书外人语] 习惯的力量是巨大的，有幸养成一些好习惯，则会终生受益；但要是一旦沉溺于坏习惯之中，就会不知不觉把自己毁掉。

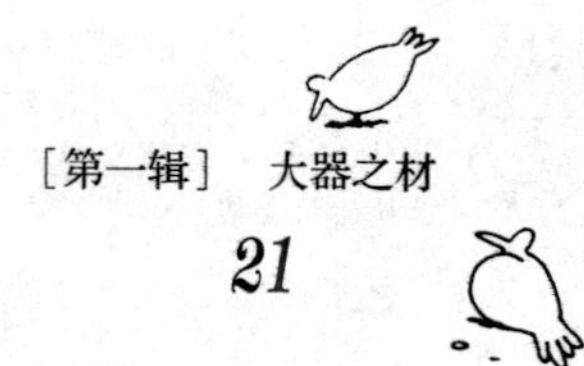

打翻的牛奶

卡耐基的事业刚起步时，在密苏里州举办了一个成年人教育班，并且陆续在各大城市开设了分部。他花了很多钱在广告宣传上，同时房租、日常办公等开销也很大，尽管收入不少，但在过了一段时间后，他发现自己连一分钱都没有赚到。由于财务管理上的欠缺，他的收入竟然刚够支出，一连数月的辛苦劳动竟然没有什么回报。

卡耐基很是苦恼，不断地抱怨自己的疏忽大意。这种状态持续了很长一段时间，整日里闷闷不乐，神情恍惚，无法将刚开始的事业继续下去。

最后卡耐基去找中学时的生理老师乔治•约翰逊。

“不要为打翻的牛奶哭泣。”

聪明人一点就透，老师的这一句话如同醍醐灌顶，卡耐基的苦恼顿时消失，精神也振作起来。

“是的，牛奶被打翻了，漏光了，怎么办？是看着被打翻的牛奶哭泣，还是去做点别的。记住，被打翻的牛奶已成事实，不可能被重新装回瓶中，我们唯一能做的，就是找出教训，然后忘掉这些不愉快。”

这段话，卡耐基经常说给学生，也说给自己。

➡［书外人语］ 人之不如意，十之八九。无法改变的事，忘掉它；有机会去补救的，抓住最后的机会。后悔、埋怨、消沉不但于往事无补，反而会阻碍新的前进步伐。

明智的一厘米

撑竿跳高名将布勃卡有个绰号“一厘米王”，因为在重大比赛中，他几乎每次都能刷新自己保持的记录，将之提高一厘米。

巴塞罗那奥运会前就有人披露出其中的奥秘，此公训练时经常跃过 6.25 米的高度，但在正式比赛中他从不拿出真本事，而是一厘米一厘米地提高自己的记录。因为他与赞助人和运动会组织者有约，每破一次记录可得 75 万美元的奖金。所以，他说：大幅度提高成绩是不明智的。

布勃卡如此这般，称雄多年。当然了，他的聪明是以实力为基础的，别人不服亦不行，你倒是跳得比他高呀！

➡［书外人语］有时候，可持续发展比一下子就到顶峰要明智、经济得多，留点余力明天用，因为每天进步一点点，所以每天快乐一点点。

富豪说钱

有一次，比尔·盖茨和一位朋友开车去希尔顿饭店。到了饭店前，发现停了很多车，车位很紧张，而旁边的贵宾车位却空着不少。朋友建议把车停在那儿。

“噢，这要花 12 美元，可不是个好价钱。”盖茨说。

“我来付。”朋友坚持道。

“那可不是个好主意，他们超值收费。”

在盖茨的坚持下，他们最终还是找了个普通车位。

盖茨最讨厌物不等值，对应花的钱，他从不小气，看看他这些年为慈善机构捐款的数字就知道了。

洛克菲勒到饭店住宿，从来只开普通房间。侍者不解，说:“您儿子每次来都要最好的房间，您为何这样?”

洛克菲勒说:“因为他有一个百万富翁的爸爸，而我却没有。”

话是这样说，洛克菲勒在捐资支持教育、卫生等方面却毫不含糊，数以亿计。

一次，李嘉诚上车前掏手绢擦脸，带出一块钱的硬币掉到地上。天下着雨，李嘉诚执意要从车下把钱捡出来。后来还是旁边的侍者为他捡回了这一块钱，李嘉诚付给他 100 块的小费。他说：那一块钱如果不捡起来，被水冲走可能就浪费了，这 100 块却不会被浪费，钱是社会创造的财富，不应被浪费。

➡［书外人语］ 热爱、珍视财富是获得财富的前提条件，但不囿于财富是获得幸福的前提条件。

分段实现大目标

1984 年，在东京国际马拉松邀请赛中，名不见经传的日本选手山田本一出人意料地夺得了世界冠军。当记者问他凭什么取得如此惊人的成绩时，他说了这么一句话：凭智慧战胜对手。

当时许多人都认为这个偶然跑到前面的矮个子选手是在故弄玄虚。马拉松赛是体力和耐力的运动，只要身体素质好又有耐性就有望夺冠，爆发力和速度都还在其次，说用智慧取胜确实有点勉强。

两年后，意大利国际马拉松邀请赛在意大利北部城市米兰举行，山田本一代表日本参加比赛。这一次，他又获得了世界冠军。记者又请他谈谈经验。

山田本一性情木讷，不善言谈，回答的仍是上次那句话：用智慧战胜对手。这回记者在报纸上没再挖苦他，但对他所谓的智慧迷惑不解。

10年后，这个谜终于被解开了，他在他的自传中是这么说的：每次比赛之前，我都要乘车把比赛的线路仔细地看一遍，并把沿途比较醒目的标志画下来，比如第一个标志是银行；第二个标志是一棵大树；第三个标志是一座红房子……这样一直画到赛程的终点。比赛开始后，我就以百米的速度奋力地向第一个目标冲去，等到达第一个目标后，我又以同样的速度向第二个目标冲去。40多公里的赛程，就被我分解成这么几个小目标轻松地跑完了。起初，我并不懂这样的道理，我把我的目标定在40多公里外终点线上的那面旗帜上，结果我跑到十几公里时就疲惫不堪了，因为我被前面那段遥远的路程给吓倒了。（刘燕敏）

➡[书外人语] 在现实中，我们做事之所以会半途而废，这其中的原因，往往不是因为难度较大，而是觉得成功离我们较远，确切地说，我们不是因为失败而放弃，而是因为倦怠而失败。

焉知非福

1914年12月，大发明家托马斯·爱迪生的实验室在一场大火中化为灰烬。损失超过200万美金，但事前却只投了23.8万的保险，因为实验室是钢筋混凝土结构，按理说应是防火的。那个晚上，爱迪生一生的心血成果在蔚为壮观的大火中付之一炬了。

大火最凶的当儿，爱迪生24岁的儿子查里斯在浓烟和废墟中发疯似的寻找

他父亲。他最终找到了：爱迪生平静地看着火势，他的脸在火光摇曳中闪亮，他的白发在寒风中飘动着。

“我真为他难过，”查里斯后来写道，“他都67岁——不再年轻了——可眼下这一切都付诸东流了。他看到我就嚷道：‘查里斯，你母亲去哪儿了？去，快去把她找来，她这辈子恐怕再也见不着这样的场面了。’”第二天早上，爱迪生看着一片废墟说道：“灾难自有它的价值，瞧，这不，我们以前所有的谬误过失都给大火烧了个一干二净，感谢上帝，这下我们又可以从头再来了。”

火灾刚过去三个星期，爱迪生就开始着手推出他的第一部留声机。

➡ [书外人语] 67岁的爱迪生能够从灾难中找出“价值”，从头再来，这种乐观的态度，豁达的胸怀，不屈的斗志真让人敬佩，愿我们能从他身上学到些什么。

雅 量

萧伯纳知道有人管他叫驴子的时候，他并不生气，反而把这当成是一种赞美，高兴地接受了。他以驴子自勉，因为驴子有谦逊、质朴、勤勉和知足的特性，对粗食和轻视都能泰然处之。他说：“没有一个人会因为这样的特质而动怒的。”

有人批评林肯有两张面孔。林肯指着自己那张相当平凡，而且不怎么好看的脸说：“如果我有另外一张脸的话，你想我还会戴着这张脸吗？”

英国首相丘吉尔在出席一次质询会议中，有位强悍的女议员指着他破口大骂：“如果我是你太太，我一定会在你的咖啡里下毒！”此时全场肃然，大家都在担心丘吉尔将如何应对。只见丘吉尔不慌不忙地缓缓答道：“如果你是我太太，我一定将此咖啡一饮而尽。”

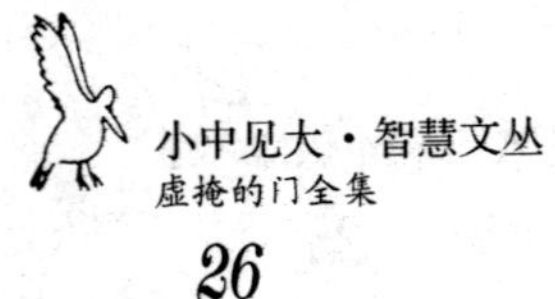

➡[书外人语] 如果别人的批评是正确的，那是对我们的帮助；如果别人的批评是错误的，并不会改变我们的一丝一毫。

你在为谁打工

齐瓦勃出生在美国乡村，只受过很短的学校教育。15岁那年，家中一贫如洗的他就到一个山村做了马夫。然而雄心勃勃的齐瓦勃无时无刻不在寻找着发展的机遇。三年后，齐瓦勃终于来到钢铁大王卡内基所属的一个建筑工地打工。一踏进建筑工地，齐瓦勃就抱定了要做同事中最优秀的人的决心。当其他人在抱怨工作辛苦、薪水低而怠工的时候，齐瓦勃却默默地积累着工作经验，并自学建筑知识。

一天晚上，同伴们在闲聊，唯独齐瓦勃躲在角落里看书。那天恰巧公司经理到工地检查工作，经理看了看齐瓦勃手中的书，又翻开他的笔记本，什么也没说就走了。第二天，公司经理把齐瓦勃叫到办公室，问："你学那些东西干什么？"齐瓦勃说："我想我们公司并不缺少打工者，缺少的是既有工作经验、又有专业知识的技术人员或管理者，对吗？"经理点了点头。不久，齐瓦勃就被升任为技师。打工者中，有些人讽刺挖苦齐瓦勃，他回答说："我不光是在为老板打工，更不单纯为了赚钱，我是在为自己的梦想打工，为自己的远大前途打工。我们只能在业绩中提升自己。我要使自己工作所产生的价值，远远超过所得的薪水，只有这样我才能得到重用，才能获得机遇！"抱着这样的信念，齐瓦勃一步步升到了总工程师的职位上。25岁那年，齐瓦勃又做了这家建筑公司的总经理。

卡内基的钢铁公司有一个天才的工程师兼合伙人琼斯，在筹建公司最大的布拉德钢铁厂时，他发现了齐瓦勃超人的工作热情和管理才能。当时身为总经理的

齐瓦勃，每天都是最早来到建筑工地。当琼斯问齐瓦勃为什么总来这么早的时候，他回答说："只有这样，当有什么急事的时候，才不至于被耽搁。"工厂建好后，琼斯推荐齐瓦勃做了自己的副手，主管全厂事务。两年后，琼斯在一次事故中丧生，齐瓦勃便接任了厂长一职。因为齐瓦勃的天才管理艺术及工作态度，布拉德钢铁厂成了卡内基钢铁公司的灵魂。因为有了这个工厂，卡内基才敢说："什么时候我想占领市场，市场就是我的。因为我能造出又便宜又好的钢材。"几年后，齐瓦勃被卡内基任命为钢铁公司的董事长。

齐瓦勃担任董事长的第七年，当时控制着美国铁路命脉的大财阀摩根，提出与卡内基联合经营钢铁。开始的时候，卡内基没理会。于是摩根放出风声，说如果卡内基拒绝，他就找当时居美国钢铁业第二位的贝斯列赫姆钢铁公司联合。这下卡内基慌了，他知道贝斯列赫姆若与摩根联合，就会对自己公司的发展构成威胁。一天，卡内基递给齐瓦勃一份清单说："按上面的条件，你去与摩根谈联合的事宜。"齐瓦勃接过来看了看，对摩根和贝斯列赫姆公司的情况了如指掌的他微笑着对卡内基说："你有最后的决定权，但我想告诉你，按这些条件去谈，摩根肯定乐于接受，但你将损失一大笔钱。看来你对这件事没有我调查得详细。"经过分析，卡内基承认自己过高估计了摩根。卡内基全权委托齐瓦勃与摩根谈判，并取得了对卡内基有绝对优势的联合条件。摩根感到自己吃了亏，就对齐瓦勃说："既然这样，那就请卡内基明天到我的办公室来签字吧。"齐瓦勃第二天一早就来到了摩根的办公室，向他转达了卡内基的话："从第 51 号街到华尔街的距离，与从华尔街到 51 号街的距离是一样的。"摩根沉吟了半晌说："那我过去好了！"摩根从未屈就到过别人的办公室，但这次他遇到的是全身心投入的齐瓦勃，所以只好低下自己高傲的头。

后来，齐瓦勃终于自己建立了大型的伯利恒钢铁公司，并创下了非凡的业绩，真正完成了他从一个打工者到创业者的飞跃。（王飙）

➡［书外人语］ 如果你认为你是在为别人工作，那你就永远只能为别人工作。如果你认为你是在为自己工作，那你终将会有自己的一番事业。

打好你的牌

艾森豪威尔年轻的时候，有一次晚饭后跟家人一起玩纸牌游戏，连续几次他都抓了很坏的牌，于是就变得很不高兴，老是抱怨。他的妈妈停下来，正色对他说道：“如果你要玩，就必须用你手中的牌玩下去，不管那些牌怎么样。”

他一愣，听见母亲又说：“人生也是如此，发牌的是上帝，不管怎样的牌你都必须拿着，你能做的就是尽你全力，求得最好的结果。”

很多年过去了，艾森豪威尔一直牢记着母亲的这句话，从未再对生活有过任何抱怨。相反，他总是以积极乐观的态度去迎接命运的每一次挑战，尽力地做好每一件事，从一个默默无闻的平民家庭走出，一步一步地成为中校、盟军统帅，最终成为美国历史上第 34 任总统。

➡[书外人语] 不管手里的牌怎么样，都要认真玩下去，争取最好的结局。因为这些牌是我们手中仅有的资源。

萧伯纳和小姑娘

英国著名戏剧家萧伯纳应邀到俄国访问。有一天他漫步在莫斯科街头，遇到一位可爱的小女孩，一时兴起，便高兴地与她玩起游戏。

分手时，萧伯纳得意地对小女孩说：“回去告诉你妈妈，今天同你玩耍的是世界上鼎鼎有名的萧伯纳。”

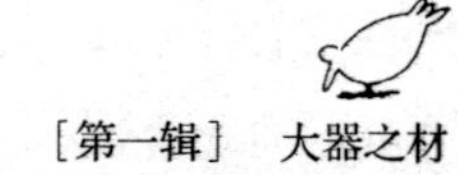

谁知小女孩望了萧伯纳一眼，学着大人的口气，骄傲地说:“你也回去告诉你妈妈，今天同你玩的是小女孩安妮。”

这个回答使萧伯纳大吃一惊，立刻意识到自己的傲慢。事后，他感慨万分地对朋友说:“一个人不论有多大的成就，对任何人都应该平等相待，常常保持谦虚的态度，这个俄国小女孩给我的教训，我一辈子也忘不了啊!”

➡［书外人语］ 莎士比亚说:“傲慢乃是最大的无知。”——让我们时刻提醒自己，不要让傲慢夺去了我们应有的平和。

谦逊的拳王

美国著名的拳王乔•路易，纵横拳坛，打败了许多高手。但是他平时为人十分谦和，与赛场上的勇猛模样完全不同。

有一天他和朋友骑车一起外出，在路上被一辆货车撞了一下。货车司机下了车，怒气冲冲地把他们痛骂了一顿。

等货车司机走了以后，他的朋友问他为什么不修理那个家伙?

乔•路易微微一笑，回答说:“如果有人侮辱了歌王卡罗索，你想卡罗索会为他唱一首歌吗?”

➡［书外人语］ 不轻易地出手反击，这实际上是一种自重。

一本小说

某年的世界文学座谈会上，有一位相貌平平的小姐端正地坐着。

她的隔壁坐着一位匈牙利男作家，他问她:“嗨，请问你也是作家吗?”

小姐亲切地回答:“应该算是吧。”

男作家继续问:“哦，那你都写过什么作品?”

小姐谦虚地回答:“我只写过小说而已，并没有写过其他的东西。”

男作家显得有些骄傲地说:“我也是写小说的，目前已写了三十几本，多数人都觉得不错，也颇获好评。”说完，男作家又问，“对了，不知道你写过几本小说?”小姐微笑着回答:“我没有你这么厉害，我只写过一本而已。”

“一本小说啊？书名是什么呢?”男作家的得意之情越来越溢于言表。

小姐和气地说:“我那本小说叫《飘》，拍成电影时改名为《乱世佳人》，不知道这部小作品你有没有听说过?”

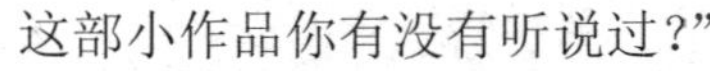

听了这段话，男作家惊愕得无法搭腔，原来她就是鼎鼎大名的玛格丽特·米歇尔。

➡［书外人语］有的人一辈子认认真真地做好了一件事，有的人一辈子做了许多事，可都没有什么质量。记住：质量远比数量重要。

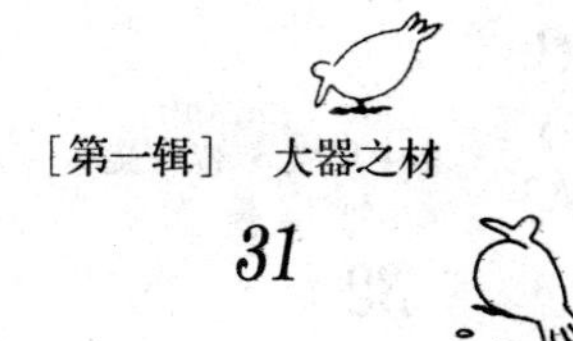

胸 怀

南非的民族斗士曼德拉，因为领导反对白人种族隔离政策而入狱，白人统治者把他关在荒凉的大西洋小岛罗本岛上27年。罗本岛位于离开普敦西北方向7英里的桌湾。岛上布满岩石，到处都是海豹和蛇及其他动物。曼德拉被关在总集中营一个“锌皮房”里，他每天早晨排队到采石场，然后被解开脚镣，下到一个很大的石灰石田地，用尖镐和铁锹挖掘石灰石。有时从冰冷的海水里捞取海带。因为曼德拉是要犯，专门看押他的看守就有三人。当1991年曼德拉出狱当选总统以后，他在总统就职典礼上的举动震惊了世界。

总统就职仪式开始了，曼德拉起身致辞欢迎他的来宾。在介绍了来自世界各国的政要后,他说令他最高兴的是当初看守他的3名前狱方人员也能到场。他邀请他们站起身，以便他能介绍给大家。曼德拉博大的胸襟和宽宏的精神，让南非那些残酷虐待了他27年的白人汗颜，也让所有到场的人肃然起敬。看着年迈的曼德拉缓缓站起身来，恭敬地向3个曾关押他的看守致敬，在场的所有来宾以至整个世界，都静下来了。

曼德拉后来向朋友们解释说，自己年轻时性子很急,脾气暴躁，正是在狱中学会了控制情绪才活了下来。他的牢狱岁月给了他时间与激励，使他学会了如何处理自己遭遇苦难的痛苦。他说，感恩与宽容经常是源自痛苦与磨难的，必须以极大的毅力来训练。曼德拉说起获释出狱当天的心情:“当我走出囚室、迈过通往自由的监狱大门时，我已经清楚，自己若不能把悲痛与怨恨留在身后，那么我其实仍在狱中。”

➡［书外人语］ “胸怀”也像是一个容器，如果装了许多的怨恨、悲痛，留给善良、快乐、友爱的空间就不会太多了。

说 服

1937 年 10 月 1 日，罗斯福总统的私人顾问萨克斯受爱因斯坦等科学家的委托，约见了罗斯福，要求总统对原子能的研究重视起来，抢在德国之前造出原子弹。

萨克斯先向罗斯福总统面呈了爱因斯坦写给他的长信，然后又读了科学家们关于核裂变发现的备忘录。然而，总统听不懂也不愿意去听那些枯燥的科学论述。当萨克斯谈得口干舌燥，罗斯福只淡淡地说了一句:“这些都很有趣，不过政府在现阶段并不想干预这件事。”

事后，罗斯福为了表示歉意，特邀请萨克斯共进早餐。萨克斯十分珍惜这个机会，共进早餐的前一天，他在公园里徘徊了一整夜，苦苦思索说服总统的办法。

次日一早，萨克斯与罗斯福刚坐下，罗斯福就说:“你又有什么绝妙的想法？在吃饭之前讲完吧。不过，今天不许再谈爱因斯坦的信，明白吗？”

“我只想谈一点历史，”萨克斯知道，总统对历史是很感兴趣的，他只能从这点着手。他说:“英法战争时期，在欧洲大陆上一往无前的拿破仑，在海战中却不尽如意，一天，一位名叫富尔顿的美国人来到这位伟人的面前，建议把法国战舰的桅杆砍断，装上蒸汽机，把木板换成钢板，并保证，这样便可所向无敌，很快拿下英伦三岛。拿破仑却想，船没有帆就不能走，木板换成钢板必然会沉没，他认为富尔顿是一个疯子，把他赶了出去。历史学家们在评述这段历史时认为，如果拿破仑采取了富尔顿的建议，19 世纪的历史将重写。”

罗斯福听完这些话，脸色变得凝重起来，十分严肃。他沉思了一会，然后斟满一杯酒，递给萨克斯，微笑着说:“你赢了！”萨克斯激动得热泪盈眶。他知道，他终于说服了罗斯福总统采纳制造原子弹的建议了。

➧[书外人语] 如果不是萨克斯“说服”的智慧和罗斯福接受不同意见的虚心大度，也许20世纪的历史就会重新书写。

大师传道

陆宗达曾拜国学大师黄侃为师。见过先生，黄侃一个字也没给陆宗达讲，只给他一本没有标点的《说文解字》，说:“点上标点，点完见我。”陆宗达依教而行。

再见老师时，黄侃翻了翻那卷了边的书，说:“再买一本，重新点上。”说完便将书扔到了书堆里。

第三次见老师时，陆宗达送上点点画画已经不成样子的《说文解字》。黄侃点点头，说:“再去买一本点上。”

三个月后，陆宗达又将一本翻得很破的《说文解字》拿来，说:“老师，是不是还要点一本？我已经准备好了。”

黄侃说:“标点三次，《说文解字》你已经烂熟于心，这文字之学，你已得大半，不用再点了。以后，你做学问时也用不着再翻这书了。”黄侃又将书扔进书堆里，这才给陆宗达讲起了学问的事。

后来，陆宗达终于成为我国现代训诂学界的泰斗。

他回忆自己的学习历程时说:“当年翻烂了三本《说文解字》，从此做起学问来，轻松得如庖丁解牛。”

黄侃弥留之际，他说不出话，手却指向书架上的一本书。学生们将书拿来，他翻到一页，手一点，人已经逝去了。

送走老师以后，学生们想起那本书，翻开一看，顿时觉得雷电之光激荡天地：前几日学生们争论的一个问题，老师没能作答。老师最后手之所指，正是答案所在。

（张 港）

➡［书外人语］ 这样的老师，这样的学生，这样的薪火相传，仿佛已是遥不可及的传奇。今日的“大师”们，有几个能有这样的学问和风范？

脊 梁

杜祥琬院士是我国著名的应用物理学家，在他半个多世纪的科研之路上，曾因为国家需要数次调整专业方向。他说，国家需要是他“永远的专业。”

新中国成立之初，留美学生郭永怀便回到了新中国。几百页的研究手稿过不了美国海关，他就亲手烧掉了。妻子痛惜地说，那都是你的心血啊！他指着自己的头说，都在这里呢，我回去还可以写。回国后，郭永怀与钱学森共同创建了中国科学院力学所，后来从事核武器研究。最后一次，郭永怀从试验基地回来，飞机降落时起火，机上的人全部遇难。郭永怀与警卫员紧紧抱在一起，身体都被烧焦了，但被二人夹在中间抱紧的公文箱内的机密资料却完好无损。

彭桓武院士当年从英国回来时，有人问他为什么回国，他回答说:“中国人回国不需要问为什么，不回来才要问为什么。”

他们，都是当之无愧的民族脊梁。

➡[书外人语] 因为有这样的民族脊梁，我们才能屹立于世界民族之林。

心有灵犀 02

聪明的报童

某一个地区，有两个报童在卖同一份报纸，二人是竞争对手。

第一个报童很勤奋，每天沿街叫卖，嗓门也响亮，可每天卖出的报纸并不是很多，而且还有减少的趋势。

第二个报童肯用脑子，除去沿街叫卖外，他还每天坚持去一些固定场合，一去了后就给大家分发报纸，过一会再来收钱。地方越跑越熟，报纸卖出去的也就越来越多，当然也有些损耗，但很小。渐渐地，第二个报童的报纸卖得更多，第一个报童能卖出去的越少了，不得不另谋生路。

为什么会如此？第二个报童的做法中大有深意：

第一，在一个固定地区，对同一份报纸，读者客户是有限的。买了我的，就不会买他的，我先把报纸发出去，这些拿到报纸的人是肯定不会再去买别人的报纸。等于我先占领了市场，我发得越多，他的市场就越小。这对竞争对手的利润和信心都构成打击。

第二，报纸这东西不像别的消费品，有复杂的决策过程，随机性购买多，一般不会因质量问题而退货。而且钱数不多，大家也不会不给钱，今天没零钱，明天也会一块给，文化人嘛，不会为难小孩子。

第三，即使有些人看了报，退报不给钱，也没什么关系，一则总会积压些报纸，二则他已经看了报，肯定不会去买别人的报纸，还是自己的潜在客户。

➡ [书外人语] 小小的一个卖报生意，就有这么多的技巧，可见，生意经是本永远学不完的书，任何时候，只要有自己独特的想法，就会有独特的收获。

差 别

两个同龄的年轻人同时受雇于一家店铺，并且拿同样的薪水。

可是一段时间后，叫阿诺德的那个小伙子青云直上，而那个叫布鲁诺的小伙子却仍在原地踏步。布鲁诺很不满意老板的不公正待遇。终于有一天他到老板那儿发牢骚了。老板一边耐心地听着他的抱怨，一边在心里盘算着怎样向他解释清楚他和阿诺德之间的差别。

“布鲁诺先生，”老板开口说话了，“您现在到集市上去一下，看看今天早上有什么卖的。”

布鲁诺从集市上回来向老板汇报说，今早集市上只有一个农民拉了一车土豆在卖。

“有多少？”老板问。

布鲁诺赶快戴上帽子又跑到集上，然后回来告诉老板一共40袋土豆。

“价格是多少？”

布鲁诺又第三次跑到集上问来了价格。

“好吧，”老板对他说，“现在请您坐到这把椅子上一句话也不要说，看看别人怎么说。”

阿诺德很快就从集市上回来了，向老板汇报说到现在为止只有一个农民在卖土豆，一共40口袋，价格是多少多少；土豆质量很不错，他带回来一个让老板看看。这个农民一个钟头以后还会弄来几箱西红柿，据他看价格非常公道。昨天他们铺子的西红柿卖得很快，库存已经不多了。他想这么便宜的西红柿老板肯定会要进一些的，所以他不仅带回了一个西红柿做样品，而且把那个农民也带来了，他现在正在外面等回话呢。

此时老板转向了布鲁诺，说:“现在您肯定知道为什么阿诺德的薪水比您高了吧?”

➡ [书外人语] 同样的小事情，有心人做出大学问，不动脑子的人只会来回跑腿而已。别人对待你的态度，就是你做事情结果的反应，像一面镜子一样准确无误，你如何做的，它就如何反射回来。

一张讨债单

一位朋友在一家外企做会计。公司的贸易业务很忙，节奏也很紧张，往往是上午对方的货刚发出来，中午账单就传真过来了。随后就是快寄过来的发票、运单等。朋友的桌子上总是堆满了各种讨债单。

讨债单太多了，都是千篇一律地要钱，朋友常有不知该先付谁的好，经理也一样，总是大概看一眼就扔在桌上，说:“你看着办吧。”但有一次是马上说:“付给他。”仅有的一次。

那是一张从巴西传真来的账单，除了列明货物标的、价格、金额外，大面积的空白处写着一个大大的“SOS”，旁边还画了一个头像，头像正在滴着眼泪，简单的线条，但很生动。这张不同寻常的账单一下子引起朋友的注意，也引起了经理的重视，他看了便说:“人家都流泪了，以最快的方式付给他吧。”

经理和这位朋友心里都明白，这个讨债人未必在真的流泪，但他却成功了，一下子以最快速度讨回大额货款。因为他多用了一点心思，把简单的“给我钱”换成了一个富含人情味的小幽默、花絮，仅此一点，就从千篇一律中脱颖而出。

➡ [书外人语] 世界上每天都有很多人在碰壁，他们都在用千篇一律的、规范但雷同的运作方式，其实一点小小的改进，一种新的方式就会给自己带来好运气。

雨中的小贩

从早晨起就大雨滂沱，路边几个卖叫食品的小贩一直没有生意。

快到中午，卖烤饼的大概是饿了，就吃一块自己烤的饼。他已烤好一大叠，反正也卖不出去。

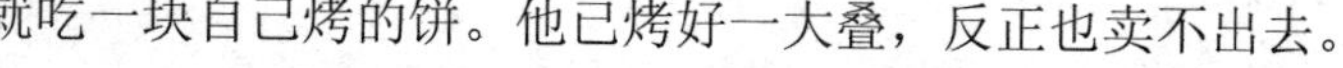

卖西瓜的坐着无聊，也就敲开一个西瓜来吃。

卖辣香干的开始吃辣香干。

卖杨梅的也只好吃杨梅了。

雨一直下着，四个小贩一直这样吃着。卖杨梅的吃得酸死了，卖辣香干的吃得辣死了，卖烤饼的吃得口渴死了，卖西瓜的吃得肚皮胀死了。

这时从雨中嘻嘻哈哈冲过来四个年轻人，他们从四个小贩那儿把这四样东西都买齐了，坐到附近的亭子里吃，有香有辣，酸酸甜甜，味道好极了。(莫小米)

➧［书外人语］ 在物质上仅限于自给自足，是落后的小农经济，那么在思想上呢？

两辆中巴

家门口有一条汽车线路，是从小港口开往火车站的。不知是因为线路短，还是沿途人少的缘故，客运公司仅安排两辆中巴来回对开。

开 101 的是一对夫妇，开 102 的也是一对夫妇。

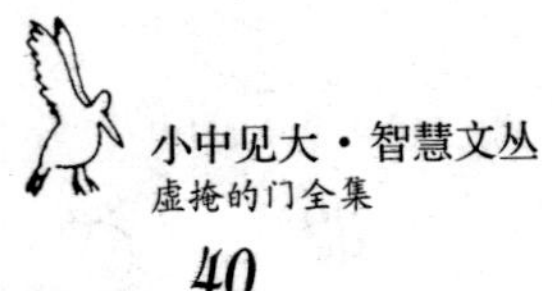

坐车的大多是一些船民，由于他们长期在水上生活，因此，一进城往往是一家老小。

101号的女主人很少让船民给孩子买票，即使是一对夫妇带几个孩子，她也是熟视无睹似的，只要求船民买两张成人票。有的船民过意不去，执意要给大点的孩子买票，她就笑着对船民的孩子说:“下次给我带个小河蚌来，好吗？这次让你免费坐车。”

102号的女主人恰恰相反，只要有带孩子的，大一点的要全票，小一点的也得买半票。她总是说，这车是承包的，每月要向客运公司交多少多少钱，哪个月不交足，马上就干不下去了。

船民们也理解，几个人就掏几张票的钱，因此，每次也都相安无事。

不过，三个月后，门口的102号不见了。听说停开了。它应验了102号女主人话：马上就干不下去了，因为搭她车的人很少。 （文燕）

➡[书外人语] 一点点的人情味比十足的精明更容易得到回报。

两家小店

有两家卖粥的小店。左边这个和右边那个每天的顾客相差不多，都是川流不息，人进人出的。然而晚上结算的时候，左边这个总是比右边那个多出百十元来，天天如此。

于是，我走进了右边那个粥店。

服务小姐微笑着把我迎进去，给我盛好一碗粥。问我:“加不加鸡蛋？”我说加。于是她给我加了一个鸡蛋。每进来一个顾客，服务员都要问一句:“加不加鸡蛋？”也有说加的，也有说不加的，大概各占一半。

我又走进左边那个小店。

服务小姐同样微笑着把我迎进去，给我盛好一碗粥。问我:“加一个鸡蛋，还是加两个鸡蛋?”我笑了，说:“加一个。”再进来一个顾客，服务员又问一句:“加一个鸡蛋还是加两个鸡蛋?”爱吃鸡蛋的就要求加两个，不爱吃的就要求加一个。也有要求不加的，但是很少。

一天下来，左边这个小店就要比右边那个多卖出很多个鸡蛋。(王国华)

➡ [书外人语] 心理学上有个名词叫做“沉锚”效应：在人们做决策时，思维往往会被得到的第一信息所左右，第一信息会像沉入海底的锚一样把你的思维固定在某处。在右边的小店中，让你选择“加还是不加鸡蛋”，在左边店中，是“加一个还是加两个”的问题，这第一信息的不同，使你做出的决策就不同。

同样的一幅画

有位青年画家想努力提高自己的画技，画出人人喜爱的画。为此他想出了一个办法。

他把自己认为最满意的一幅作品的复制品拿到市场上，旁边放上一支笔，请观众们把不足之处给指点出来。

集市上人来人往，画家的态度又十分诚恳，许多人就真诚地发表自己的意见。到晚上回来，画家发现，画面上所有的地方都标上了指责的记号。也就是说，这幅画简直一无是处。

这个结果对年轻人的打击太大了，他萎靡不振，开始怀疑自己到底有没有绘画的才能。他的老师见他前不久还雄心万丈，此时却如此情绪消沉，不明就里，待问清原委后哈哈大笑，叫他不必就此下结论，换一个方法再试试看。

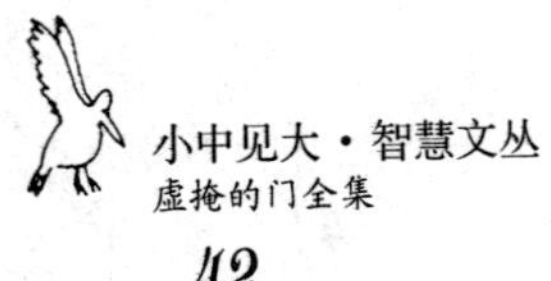

第二天，画家把同一幅画的又一个复制品拿到集市上，旁边放上了一支笔。所不同的是，这次是让大家把觉得精彩的地方给指出来。到晚上回来，画面上所有地方同样密密麻麻地写满了各种记号。

青年画家乃大彻大悟，以后在画坛上终有成就。

➡ [书外人语] 众口难调，你永远无法满足所有人的胃口，高明的厨师会引导大家跟着自己的感觉走，而不是让自己跟着别人走。

将军和驴子

古罗马皇帝哈德良曾经碰到过这样一个问题。

皇帝手下的一位将军，觉得他应该得到提升，便在皇帝面前提到这件事，以他的长久服役为理由。"我应该升到更重要的领导岗位"，他报告，"因为，我的经验丰富，参加过 10 次重要战役。"

哈德良皇帝对人及才华有着高明的判断力，他并不认为这位将军有能力担任更高的职务，于是他随意指着绑在周围的战驴说：

"亲爱的将军，好好看这些驴子，它们至少参加过 20 次战役，可他们仍然是驴子。"

经验与资历固然重要，但这并不是衡量能力才华的标准。许多聪明的老板认为：有些人十年的经验，只不过是一年的经验重复十次而已。年复一年地重复一种类似的工作，固然很熟练，但可怕的是这种重复已然阻碍了心灵，扼杀了想象力与创造力。

➡ [书外人语] 作为老板，不要以资历取人，作为员工，永不要以资历要求提升。小时候看电影不明白：为什么有的炊事班长、马夫会比首长参加红军还早?

伪君子与假钞票

卓别林开始拍电影时，那些电影导演都坚持要卓别林去学当时非常有名的一个德国喜剧电影演员。苦恼的卓别林久久尝不到成功的滋味，后来他意识到必须保持自己的本色，经过不懈的努力，他终于创造出一套自己的表演方法而名垂青史。

美国歌星金•奥特雷刚出道时，要想改掉他德州的乡音味，力图使自己像个城里的绅士，结果大家都在背后耻笑他。后来，金•奥特雷终于醒悟过来，他开始利用自己的音色，唱西部歌曲，成为全世界在电影和广播两方面最有名的西部影星。

索凡石油公司人事室主任迈克尔曾接待过六万多个求职者，在他的《谋职的六种方法》一书中，他指出：来求职的人所犯的最大错误就是不保持本色。他们不以真面目示人，不能完全地坦诚，都给你一些他以为你想要的回答。可是这个做法一点用也没有。因为没有人愿意要伪君子，正如从来没有人愿意收假钞票。

➡［书外人语］ 人无完人，你就是你自己。做大事做小事都必须有真正的自我，把自己搞成假钞票，就没有价值了。

每桶四美元

从前在美国标准石油公司里，有一位小职员叫阿基勃特。他在远行住旅馆的时候，总是在自己签名的下方，写上“每桶四美元的标准石油”字样，在书信及收据上也不例外，签了名，就一定写上那几个字。他因此被同事叫做“每桶四美元”，而他的真名倒没有人叫了。

公事董事长洛克菲勒知道这件事后说：“竟有职员如此努力宣扬公司的声誉，我要见见他。”于是邀请阿基勃特共进晚餐。

后来，洛克菲勒卸任，阿基勃特成了第二任董事长。

这是一件谁都可以做到的事，可是只有阿基勃特一个人去做了，而且坚定不移，乐此不疲。嘲笑他的人中，肯定有不少人才华、能力在他之上，可是最后，只有他成了董事长。

➡ [书外人语] 一个人的成功，有时纯属偶然。可是，谁又敢说，那不是一种必然？有许多不起眼的小事情，谁都知道该怎样做，问题在于谁能坚持做下去。

绕　道

我曾经看见一个老人在寒风凛冽中趟过一条河。老人在河边把自己脱得一丝不挂，然后顶着衣服一步一步走下水去。我喊住老人，我说上游有桥，老人说晓得；我说下游有渡，老人也说晓得。但老人没有回来，他一步一步离我远去，在

呼啸的寒风中走向对岸。

在老人之前和老人之后，有无数年轻人也要过河，但在河边他们停下了。他们问我附近有桥么，我说上游10公里有桥，下游10公里有渡。年轻人听了，立即离开河边，或上或下绕道而去。有一个人，或许嫌路太远，没走，他脱了鞋，一步步走进水中，但当冰凉的河水没过膝盖时，那人停住了。继而，又一步一步走上岸来，穿好鞋离开河边也绕道而去。

生命经不起消耗，那些年轻人，他们在绕道10次20次或者100次1000次之后，他们会发现自己也老了。

我无意劝人趟水过河，但生命，不管什么人都应该珍惜。（刘国芳）

➡［书外人语］“绕道”有时确实也是解决困难的一种办法，问题是生命是有限的，而且习惯了“绕道”的人，在绕不过去的时候就只能停滞不前了。

悠然下山去

森林中举办比“大”比赛。老牛走上擂台，动物们高呼：大。大象登场表演，动物们也欢呼：大。这时，台下角落里的一只青蛙气坏了，难道我不大吗？青蛙嗖地跳上一块巨石，拼命鼓起肚皮，并神采飞扬地高喊：我大吗？

不大。传来一片嘲讽之声。

青蛙不服气，继续鼓肚皮。随着“嘭”的一声，肚皮鼓破了。可怜的青蛙，至死也不知道它到底有多大。

我的一位朋友，是个登山队员，一次他有幸参加了攀登珠穆朗玛峰的活动，在6400米的高度，他体力不支，停了下来。当他讲起这段经历时，我们都替他惋惜，为何不再坚持一下呢？再攀一点高度，再咬紧一下牙关。

“不，我最清楚，6400米的海拔是我登山生涯的最高点，我一点都没有遗憾。”他说。

我不禁对他肃然起敬。联想起人生，一个人不怕爬高，就怕找不到生命的制高点。任何事情都存在突破口，但不是任何人都能够穿越突破口，抵达更高的层次。如果说挑战是对生命的发扬，那么明智该是另一种美好的境界，是对生命的爱惜和尊重。一个不懂得珍惜生命的人，命运会给他惩罚。

那样，揣一根坐标尺上路该是何等重要！它能督促我们不懈努力地攀登，又能提醒我们恰到好处地戛然而止。

仰之弥高，那是笨蛋的愚蠢和贪婪。一个智者，此时此刻，也许悠然而从容地下山去了。

（栖 云）

➡［书外人语］量力而行，恰到好处，当行则行，该止则止。真理过一分则成谬误，压力责任过一分则会把生命压垮。找出一个临界点，告诉自己：安之若素，莫把自己搞成一台长期超负荷运转的机器。

世界上最伟大的推销员

乔·吉拉德被誉为世界上最伟大的推销员，他在15年中卖出13001辆汽车，并创下一年卖出1425辆（平均每天4辆）的记录，这个成绩被收入《吉尼斯世界大全》。你想知道他推销的秘密吗？他讲过这样一个故事：

记得有一次一位中年妇女走进我的展销室，说她想在这儿看车打发一会时间。闲谈中，她告诉我她想买一辆白色的福特车，就像她表姐开的那辆，但对面福特车行的推销员让她过一小时后再去，所以她就先来这儿看看。她还说这是她送给自己的生日礼物：“今天是我55岁生日。”

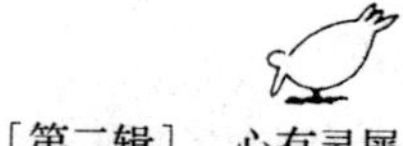

“生日快乐！夫人。”我一边说，一边请她进来随便看看，接着出去交代了一下，然后回来对她说:“夫人，您喜欢白色车，既然您现在有时间，我给您介绍一下我们的双门式轿车——也是白色的。”

我们正谈着，女秘书走了进来，递给我一打玫瑰花。我把花送给那位妇女：“祝您长寿，尊敬的夫人。”

显然她很受感动，眼眶都湿了。“已经很久没有人给我送礼物了。”她说，“刚才那位福特推销员一定是看我开了部旧车，以为我买不起新车，我刚要看车他却说要去收一笔款，于是我就上这儿来等他。其实我只是想要一辆白色车而已，只不过表姐的车是福特，所以我也想买福特。现在想想，不买福特也可以。”

最后她在我这儿买走了一辆雪佛莱，并写了一张全额支票，其实从头到尾我的言语中都没有劝她放弃福特而买雪佛莱的词句。只是因为她在这里感到受了重视，于是放弃了原来的打算，转而选择了我的产品。

➡ [书外人语] 真诚是推销员的第一步，真诚而不贪婪，是推销员的第一准则。记住，当你予人好处的时候，影响就会像滚雪球一样越滚大，你的钱包自然会渐渐鼓起来。

日本麦当劳传奇前奏

有统计资料表明，现在日本有1.35万间麦当劳店，一年的营业总额突破40亿美元大关。拥有这两个数据的主人是一个叫藤田田的日本老人，日本麦当劳社名誉社长。

藤田田1965年毕业于日本早稻田大学经济学系，毕业之后随即在一家大电器公司打工。1971年，他开始创立自己的事业，经营麦当劳生意。麦当劳是闻名全球的连锁速食公司，采用的是特许连锁经营机制，而要取得特许经营资格是需要具备相当财力和特殊资格的。

而藤田田当时只是一个才出校门几年、毫无家族资本支持的打工一族，根本就无法具备麦当劳总部所要求的75万美元现款和一家中等规模以上银行信用支持的苛刻条件。只有不到5万美元存款的藤田田，看准了美国连锁速食文化在日本的巨大发展潜力，决意要不惜一切代价在日本创立麦当劳事业，于是绞尽脑汁东挪西借起来。

事与愿违，5个月下来，只借到4万美元。面对巨大的资金落差，要是一般人，也许早就心灰意懒，尽弃前功了。然而，藤田田却偏有对困难说不的勇气和锐气，偏要迎难而上，遂其所愿。

于是，在一个风和日丽的春天的早晨，他西装革履满怀信心地跨进住友银行总裁办公室的大门。藤田田以极其诚恳的态度，向对方表明了他的创业计划和求助心愿。

在耐心细致地听完他的表述之后，银行总裁作出了“你先回去吧，让我再考虑考虑”的决定。

藤田田听后，心里即刻掠过一丝失望，但马上镇定下来，恳切地对总裁说了一句:“先生可否让我告诉你我那5万美元存款的来历呢？”回答是“可以”。

“那是我6年来按月存款的收获，”藤田田说道:“6年里，我每月坚持存下1/3的工资奖金，雷打不动，从未间断。6年里，无数次面对过度紧张或手痒难耐的尴尬局面，我都咬紧牙关，克制欲望，硬挺了过来。有时候，碰到意外事故需要额外用钱，我也照存不误，甚至不惜厚着脸皮四处告贷，以增加存款。这是没有办法的事，我必须这样做，因为在跨出大学门槛的那一天我就立下宏愿，要以10年为期，存够10万美元，然后自创事业，出人头地。现在机会来了，我一定要提早开创事业……”

藤田田一气儿讲了10分钟，总裁越听神情越严肃，并向藤田田问明了他存钱的那家银行的地址，然后对藤田田说:“好吧，年轻人，我下午就会给你答复。”

送走藤田田后，总裁立即驱车前往那家银行，亲自了解藤田田存钱的情况。

柜台小姐了解总裁来意后，说了这样几句话:“哦，是问藤田田先生哪。他可是我接触过的最有毅力、最有礼貌的一个年轻人。6年来，他真正做到了风雨无

阻地准时来我这里存钱。老实说，这么严谨的人，我真是要佩服得五体投地了！”

听完小姐介绍后，总裁大为动容，立即打通了藤田田家里的电话，告诉他住友银行可以毫无条件地支持他创建麦当劳事业。藤田田追问了一句：“请问，您为什么要决定支持我呢？”

总裁在电话那头感慨万端地说道：“我今年已经58岁了，再有两年就要退休，论年龄，我是你的2倍，论收入，我是你的30倍，可是，直到今天，我的存款却还没有你多……我可是大手大脚惯了。光说这一点，我就自愧不如，敬佩有加了。我敢保证，你会很有出息的。年轻人，好好干吧！”

➡［书外人语］ 这就是藤田田的传奇前奏，令人荡气回肠的传奇前奏！藤田田的执著、坚毅向人们昭示了一个道理：人格的力量不只是一种强大的精神力量，更是一种强大的物质力量。在一定条件下，人格的魅力完全可以转换成一种突破困境的生产经营要素。

自然是最好的

这里给大家讲述两则小故事。

一则是说一位建筑师设计的人行道获奖的故事。建筑师A君设计了位于中央绿地旁的办公大楼，由于大楼很大，设计了三个出入口。大楼竣工后人们问他：“通向办公大楼的人行道如何铺设？” “在大楼之间的空地上全种上草。”A君回答。夏天过后，通向大楼的草地上被进出大楼的人们踩出了三条小道。这三条小道走的人多的那条宽一些，走的人少的那条窄一些，但它们蜿蜒起伏，错落有致。到了秋天，A君让施工人员沿着人们踩出的路痕铺就了通向大楼的人行道。这些人行道的设计既满足了人们行路的需要，又自然优美。

另一则故事是美国发明家斯坦•梅森发明能使食物处于最佳受热烹饪位置的

炊具的过程。要制造这种灶具，必须先找到微波炉内各处的“热点”，即能接受最大密度微波能量的地方。为了解决这个难题，梅森将一层层放有玉米粒的隔板放进微波炉，然后观察哪些地方的玉米先爆成玉米花。梅森终于发现了微波炉内的“热点”分布模式：它们不在入口，也不在中央，而是呈一蘑菇云状。据此，梅森发明了适合这种模式的烹饪盘。

按常规，A君的人行道设计完全可以根据自己的主观意愿和用户的要求搞成平直的路面。梅森也没有使用任何复杂的科学检测仪器，而是用十分简单聪明的方法找到了近似准确的答案。这两个故事的异曲同工之妙是他们都通过实践，顺乎自然，从而找出了解决问题的最佳方法。

（晨　笛）

➡[书外人语] 道法自然，顺势而为，往往会收事半功倍之效。

走不回来的人

曾读过一个贪心人的故事。说是有个地主去拜访一位部落首领，想要块地。首领说，你从这儿向西走，做一个标记，只要你能在太阳落山之前走回来，从这儿到那个标记之间的地都是你的了。

太阳落山了，地主没有走回来，因为走得太远，他累死在路上。

贪心人走不回来，是因为贪。然而现实生活中还有一类人，他们不贪，可是也走不回来。

有一次，我要在客厅里钉一幅画，请邻居来帮忙。画已经在墙上扶好，正准备砸钉子，他说：“这样不好，最好钉两个木块，把画挂上面。”我遵从他的意见，让他帮着去找木块。

木块很快找来了，正要钉，他说：“等一等，木块有点大，最好能锯掉点。”

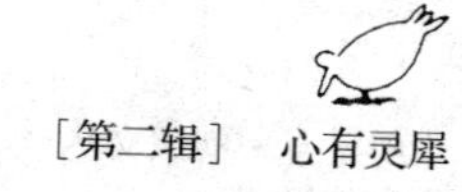

于是便四处去找锯子。找来锯子，还没有锯两下，“不行，这锯子太钝了，”他说，“得磨一磨。”

他家有一把锉刀，锉刀拿来了，他又发现锉刀没有把柄。为了给锉刀安把柄，他又去校园边上的一个灌木丛里寻找小树。要砍下小树，他又发现我那把生满老锈的斧头实在是不能用。他又找来磨刀石，可为了固定住磨刀石，必须得制作几根固定磨刀石的木条。为此他又到校外去找一位木匠，说木匠家有一现成的。然而，这一走，就再也没见他回来。当然了，那幅画，我还是一边一个钉子把它钉在了墙上。下午再见到他的时候，是在街上，他正在帮木匠从五交化商店里往外架一台笨重的电锯。

工作和生活中有好多种走不回来的人。他们认为要做好这一件事，必须得去做前一件事，要做好前一件事，必须得去做更前面的一件事。他们逆流而上，寻根探底，直至把那原始的目的忘得一干二净。这种人看似忙忙碌碌，一副辛苦的样子，其实，他们不知道自己在忙什么。起初，个别的人也许知道，然而一旦忙开了，还真的不知忙什么了。

（刘燕敏）

➡ [书外人语] 在人生的旅途中，每过一个时期，或每走一段路程，不妨回过头来看看自己的身后，看看在太阳落山之前是否还能走回去。或干脆停下来，沉思片刻，问一问：我要到哪里去？我去干什么？这样或许可以活得简单些，也不至于走得太远，失去现在，失掉自我。

超级思维

一个刚退休的老人回到老家——在一个小城买了一座房住下来，想在那儿平静地打发自己的晚年，写些回忆录。

刚开始的几个星期，一切都很好，安静的环境对老人的精神和写作很有益，但有一天，三个半大不小的男孩子放学后开始来这里玩，他们把几只破垃圾桶踢来踢去，玩得不亦乐乎。

老人受不了这些噪音，于是出去跟年轻人谈判。“你们玩得真开心，”他说，“我很喜欢看你们踢桶玩，如果你们每天来玩，我给你们三人每天每人一块钱。”

三个小青年很高兴，更加起劲地表演他们的足下功夫。过了三天，老人忧愁地说：“通货膨胀使我的收入减少了一半，从明天起，我只能给你们5毛线。”

小青年们很不开心，但还是答应了这个条件。每天下午放学后，继续去进行表演。一个星期后，老人愁眉苦脸地对他们说：“最近没有收到养老金汇款，对不起，每天只能给两毛了。”

“两毛钱？”一个小青年脸色发青，“我们才不会为了区区两毛钱浪费宝贵时间为你表演呢，不干了。”

从此以后，老人又过上了安静的日子。老人退休前，是一家单位的工会主席。

➡［书外人语］工资福利是刚性的，只可涨不可跌，加之年轻人的逆反心理，老工会主席巧妙地达到了自己的目的。如若不是这样拐弯抹角，而直言相斥，毛孩子们则会更加调皮难缠。

砌墙工人的命运

三个工人在砌一堵墙。

有人过来问：“你们在干什么？”

第一个人没好气地说：“没看见吗？砌墙。”

第二个人抬头笑了笑，说：“我们在盖一幢高楼。”

第三个人边干边哼着歌曲，他的笑容很灿烂很开心："我们正在建设一个新城市。"

10年后，第一个人在另一个工地上砌墙；第二个人坐在办公室中画图纸，他成了工程师；第三个人呢，是前两个人的老板。

➡［书外人语］ 你手头的小工作其实正是大事业的开始，能否意识到这一点意味着你能否做成一项大事业。

信誉时代

美国一家商业情报公司向葛雷森公司提供了一份清单，这份清单上列着1998年在中国中央电视台赈灾募捐晚会上举牌子而未捐款的企业名字，这些企业中有三家是葛雷森公司的代理商或合作者。这家情报公司建议葛雷森公司取消这些中国企业的代理权，有合作协议的应设法在一年内终止。

葛雷森公司总经理阿瑟·戈登对这家情报公司提供的建议持谨慎态度，他认为他的这一顾问公司小题大做了。然而，考虑到这家情报公司在中国问题方面的权威性，他又不得不认真地思考思考。因为这家情报公司在50年代美军釜山登陆时曾向美国政府提供过"中国会出兵朝鲜"的研究报告，这一报告使它在美国名声大振，杜鲁门政府当时付给它的咨询费是75万美元。

就在他犹豫不决时，他收到这家情报公司的一份圣诞礼物——去拉斯维加斯观看轻量级拳王争霸赛的机票和门票。在这个大西洋赌城的圣多加诺广场上他与商业情报公司的总经理见面了。这位情报公司的总经理说："我们绝没有干预葛雷森医药公司的目的，我们只是提出建议，采纳与否最后还是你们自己来定，然而我们要对每年收取的50万美元顾问费负责。"

他接着讲了这么一个故事：在圣多加诺广场，和平鸽起初是与人亲近的，只要你手捧面包屑站在广场上，这些鸽子就会飞过来，站在你的头上、肩上、臂上，啄你手中的食物，有时你甚至一招手或做出手捧面包屑的样子，它们也会飞过来和你合影，供你抚摸。可是现在不行了，因为在这儿做样子的人太多了，有些赌徒和酒鬼手里没有面包屑，只是做出样子，鸽子一次次地飞来，一次次地被欺骗，结果，你手里即使捧着面包屑，它们也不飞来了。情报公司的总经理说道，中国政府虽然不会干预和制裁这些举牌许诺而不捐赠的企业，但是中国人会对这些企业失去信心，他们，尤其是受灾的人们会远离这些企业。你知道中国受灾的居民有多少吗？3.5亿。

阿瑟·戈登与情报公司总经理以后的活动网页上未作多少报道。葛雷森医药公司与中国的三家企业在1999年是否终止合作也不得而知，然而美国这家商业情报公司对失信的恐惧深深触动了网络上的众多客户，大家似乎都有一个共同的感觉：信息时代其实是一个传递信誉的时代。谁传递的如果仅是他自己的产品，那么他还没有真正走入这个时代，哪怕他在卫星上举起自己的牌子。

（刘燕敏）

➡［书外人语］一个人头脑中如果对信誉没有正确的认识，那么迟早他会骗你的，尽管今天他仅仅在欺骗别人。要知道这对他而言会形成一种习惯。

鸡尾酒

在一次盛大的宴会上，中国人、俄国人、法国人、德国人、意大利人争相夸耀自己民族的文化传统，唯有美国人笑而不语。

为了使自己的表述更加形象，更有说服力，他们纷纷拿出具有民族特色、能够体现民族悠久历史的实物——酒，来彼此相敬。中国人首先拿出古色古香，做工精细的茅台，打开瓶盖，香气四溢，众人为之称道。紧接着，俄国人拿出了伏

特加，法国人拿出大香槟，意大利人亮出葡萄酒，德国人取出威士忌，众彩纷呈。

最后，大家都看着美国人。美国人不慌不忙地站起来，把大家先前拿出的各种酒都倒出一点，兑在一起，说："这叫鸡尾酒，它体现了美国的民族精神——博采众长，综合创造。我们随时准备召开世界文明智慧博览会。"

一个建国仅有200多年的国家，成为世界的老大，其过人之处在哪里呢？

➡［书外人语］ 能把别人优点变为自己优点的人，一定能成为无往不胜的老大。这需要胸怀，眼光和能力。

我从日本邮局取回了什么

世界上很少有人自己给自己寄包裹，我算经历了一次：出国留学前从中国寄了一个很大的包裹去日本。

抵达京都大学一个月，我接到日本邮局寄来的领取包裹通知单。想起在国内为了寄这件"国际包裹"，在邮局花了足足两个半小时，因此便特意跟教授请了半日假。

日本人都是一些"马大哈"，一走进邮局我就能看出来。邮局不大，但柜台很低，不及腰高，邮局职员与顾客之间没有铁栏铝窗，无遮无挡。虽说这样可以树立邮局为大众服务的形象，消除职员与顾客之间有形无形的隔阂，但如此门户大开，未免太过于疏忽。日本人怎么不担心小偷大贼跳越柜台抢钱抢邮票呢？

日本邮局的职员给我的第一印象就是：他们全都像傻子。你看看，他们一个个像木头似的站在柜台后面。坐在椅子上不也照样可以为人民服务吗？况且有些柜台前面明明还没有人来光顾。在国内曾听说日本人善于利用时间读书，可你看看他们，明明闲着没事，也不去翻阅翻阅当天的报纸，关心一下国家大事，要不，学学外语、打打毛线、聊聊家政或议议昨晚电视剧观后感也好啊。

呆木头们还爱管闲事。他们一看见哪个柜台前顾客多就上那儿帮忙，好像万金油似的。卖邮票的小姐可以去帮收寄汇款的先生，办理挂号信函的先生也可以去帮邮政储蓄的小姐，自己把自己忙得团团转，真不懂得劳逸结合。看来日本人的专业化远远不如我们。

我拿着包裹单，还未走近柜台，就看见柜台后面的日本小姐对我点头鞠躬微笑着说："欢迎光临。"我自小就被邮局的姑娘、阿姨、叔叔们吆喝得多了，所以日本小姐一句"欢迎光临"竟把我弄糊涂了，欢迎我做什么？欢迎我给你添麻烦？

我把护照递给她时，她竟然双手来接，像接圣旨似的，有必要如此大礼吗？一只手能完成的活儿何必要用两只手来干？日本人真不懂效率。我原以为受此隆重礼遇皆因我是一个老外，但偷眼瞥去，原来内外一致，并未把我当什么外宾。

职员小姐翻开我的护照，朝我的照片和有效期扫了一眼，便算是验明正身，这小姐也实在是太马虎了。也许她从来不曾听说过假冒伪劣吧，她的见识远远不如我们城里的邮局姑娘。

日本小姐双手把护照递还给我，躬身说："请您稍等一会。"便拿着那张包裹单转身跑去后面的仓库。日本人都是急性子，我又不赶时间，何必要跑着去呢？再说，我后面也没有人在排队等候，跑那么快干什么？

日本人在办公室内跑步也许已成习惯，我看见其他柜台的职员也是跑来跑去的，也许是他们下班后没有时间参加体育活动，所以在办公室也要乘机跑一跑，以补体育锻炼之不足吧。还不到半分钟，小姐就拖着我的巨型包裹从仓库出来了，气喘吁吁地对我连声道歉："真对不起，让您久等了。"日本人说话真令人莫名其妙，久等什么呀？我不刚站在这一会儿吗？

小姐要我在包裹单上盖私章签收，然后一边鞠躬，一边用日语对我说："非常感谢您！"日本人真不够气派，为别人办了事还要像巴儿狗似的向别人摧眉折腰鞠躬致谢，不如我们上邦大国的姑娘有骨气。

我看看手表，从我走进邮局到扛着包裹离开，前后只花了三分半钟，我今天这半日假算是白请了。

扛着包裹回校舍，一路上只觉得肩头很沉，以致心头也沉甸甸的。（梁北松）

➡［书外人语］ 在同世界接轨的过程中，我们不但要学习先进国家的科学与技术，更应学习这些国家普通民众的优秀品质。“敬业”二字虽然听起来简单，但却是最为根本的现代文明基础。

分粥制度

对权力制约的制度问题一直是人类头疼的难题。请看下边的这个小故事。

有七个人组成了一个小团体共同生活，其中每个人都是平凡而平等的，没有什么凶险祸害之心，但不免自私自利。他们想用非暴力的方式，通过制定制度来解决每天的吃饭问题——要分食一锅粥，但并没有称量用具和有刻度的容器。

大家试验了不同的方法，发挥了聪明才智、多次博弈形成了日益完善的制度。大体说来主要有以下几种：

方法一：拟定一个人负责分粥事宜。很快大家就发现，这个人为自己分的粥最多，于是又换了一个人，结果总是主持分粥的人碗里的粥最多最好。阿克顿勋爵作的结论是：权力导致腐败，绝对的权力绝对腐败。

方法二：大家轮流主持分粥，每人一天。这样等于承认了个人有为自己多分粥的权力，同时给予了每个人为自己多分的机会。虽然看起来平等了，但是每个人在一周中只有一天吃得饱而且有剩余，其余 6 天都饥饿难挨。大家认为这种方式导致了资源浪费。

方法三：大家选举一个信得过的人主持分粥。开始这位品德尚属上乘的人还能基本公平，但不久他就开始为自己和溜须拍马的人多分。不能放任其堕落和风气败坏，还得寻找新思路。

方法四：选举一个分粥委员会和一个监督委员会，形成监督和制约。公平基本上做到了，可是由于监督委员会常提出多种议案，分粥委员会又据理力争，等分粥完毕时，粥早就凉了。

方法五：每个人轮流值日分粥，但是分粥的那个人要最后一个领粥。令人惊奇的是，在这个制度下，七只碗里的粥每次都是一样多，就像用科学仪器量过一样。每个主持分粥的人都认识到，如果七只碗里的粥不相同，他确定无疑将享有那份最少的。

➡［书外人语］现代经济学是这么表述的：制度至关紧要，制度是人选择的，是交易的结果。好的制度浑然天成，清晰而精妙，既简洁又高效，令人为之感叹。

原　则

我曾经是一个漫不经心的人，对生活的态度是“不必太认真”，凡事过得去就行，无论对人还是对己。我一直把它看成优点，认为可以免生许多闲气。但那短短几分钟的经历，竟改变了我的这个看法。

那是 1993 年的除夕之夜，我在德国的明斯特参加留学生的春节晚会。晚会结束时，整个城市已经睡熟了，在这种时候，谁不想早点儿到家呢？我和先生走得飞快，只差跑起来了。

刚走到路口，红绿灯就变了。迎向我们的行人灯转成了“止步”：灯里那个小小的人影从绿色的、甩手迈步的形象变成了红色的、双臂悬垂的立正形象。如果在另外的时候，我们肯定停下来等绿灯。可这会儿是深夜了，马路上没有一辆车，即使有车驶来，500 米外就能看见。我们没有犹豫，走向马路……

“站住。”身后，飘过来一个苍老的声音，打破了沉寂的黑暗。我的心悚然一惊，原来是一对老夫妻。

我们转过身，歉然地望着那对老人。

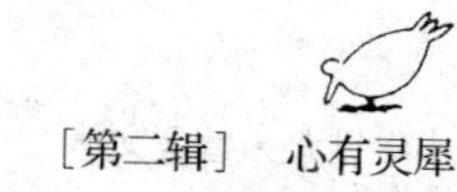

老先生说:“现在是红灯，不能走，要等绿灯亮了才能走。”

我的脸忽地烧了起来。我喃喃地道:“对不起，我们看现在没车……”

老先生说:“交通规则就是原则，不是看有没有车。在任何情况下，都必须遵守原则。”

从那一刻起，我再没有闯过红灯。我也一直记着老先生的话:“在任何情况下，都必须遵守原则。”

在以原则为纲的社会里，你看见处处是方便之门；而在一个不大重视原则的社会里，生活却是一件相当累人的事。我的朋友老徐一家，在德国住了八年后举家回国，他最感叹的不是住房小、噪音大、空气污染严重等，而是——生活中没有原则。比如，很大的事情，夫人的工作，有关部门说不能解决，但领导一发话，事情就办了；很小的事情，上公交车，过马路，在邮局寄信汇兑等，明明排队很快，人们偏爱挤作一团。老徐叹：只要办事，就得出身汗，活得真累。

（王晓洁）

➡[书外人语] 其实，这不怪生活中没有原则，而是人们不习惯遵循原则。贪图方便的人，总以为蔑视了原则，自己就获得了优先他人的便利，结果呢，他给别人制造了麻烦，也给自己带来了麻烦。其实，生活中的不便，相当大一部分是人们互相制造的。

买白鼠的账单

一个建筑公司的经理忽然收到一份购买两只小白鼠的账单，不由好生奇怪。原来这两只老鼠是他的一个部下买的。他把那部下叫来，问他为什么要买两只小白鼠？

部下答道:“上星期我们公司去修的那所房子，要安装新电线。我们要把电线穿过一个10米长、但直径只有2.5厘米的管道，而且管道是砌在砖石里，并且弯了4个弯。怎么让电线穿过去呢？最后我想了一个好主意。

“我到一个商店买来两只小白鼠，一公一母。然后我把一根线绑在公鼠身上并把它放到管子的一端。另一名工作人员则把那只母鼠放到管子的另一端，逗它吱吱叫。公鼠听到母鼠的叫声，便沿着管子跑去救它。公鼠沿着管子跑，身后的那根线也被拖着跑。我把电线拴在线上，小公鼠就拉着线和电线跑过了整个管道。”

➡［书外人语］想象力是科学的一种神秘附属物。毕加索说：“每个孩子都是艺术家，问题在于你长大成人之后是否能够继续保持艺术家的灵性。”

特别的东西不要珍藏

多年前我跟悉尼的一位同学谈话。那时他太太刚去世不久，他告诉我说，他在整理他太太的东西的时候，发现了一条丝质的围巾，那是他们去纽约旅游时，在一家名牌店买的。那是一条雅致、漂亮的名牌围巾，高昂的价格标签还挂在上面，他太太一直舍不得用，她想等一个特殊的日子才用。讲到这里，他停住了，我也没接话，好一会儿后他说：“再也不要把好东西留到特别的日子才用，你活着的每一天都是特别的日子！”

以后，每当想起这几句话时，我常会把手边的杂事放下，找一本小说，打开音响，躺在沙发上，抓住一些自己的时间。我会从落地窗欣赏淡水河的景色，不去管玻璃上的灰尘；我会拉着太太到外面去吃饭，不管家里的饭菜该怎么处理。生活应当是我们珍惜的一种经验，而不是要挨过去的日子。

我曾经将这段谈话与一位女士分享。后来见面时，她告诉我她现在已不像从前那样，把美丽的瓷器放在酒柜里了。以前她也以为要留到特别的日子才拿出来用，后来发现那一天从未到来。

“将来”、“总有一天”已经不存在于她的字典里了，如果有什么值得高兴的事，有什么得意的事，她现在就要听到，就要看到。

我们常想跟老朋友聚一聚，但总是说“找机会”。

我们常想拥抱一下已经长大的小孩，但总是在等适当的时机。

我们常想写封信给另外一半，表达一下浓郁的情意，或者想让他知道你很佩服他，但总是告诉自己不急。

其实每天早上我们睁开眼睛时，都要告诉自己这是特别的一天。

每一天，每一分钟都是那么可贵。（新 青）

➡［书外人语］ 生命充满了不确定性，千万别舍不得享受生活。

8%的烦恼

有一个心理学家做了一个很有意思的实验。

他要求一群实验者在周日晚上，把未来7天所有烦恼的事情都写下来，然后投入一个大型的“烦恼箱”。

到了第3周的星期天，他在实验者面前打开这个箱子，逐一与成员核对每项“烦恼”，结果发现其中有9成并未真正发生。

接着，他又要求大家把那剩下的一张字条重新丢入纸箱中，等过了3周，再来寻找解决之道，结果到了那一天，他开箱后，发现那些烦恼也不再是烦恼了。

烦恼是自己找来的，这就是所谓的“自找麻烦”。据统计，一般人的忧虑有40%是属于过去，有50%是属于未来，只有10%是属于现在，而92%的忧虑从未发生过，剩下的8%则是你能够轻易应付的。

有一个秘密是医生都知道的，那就是：大多数疾病都可以不治而愈。同样的，大多数的烦恼都会在第二天早晨好很多。克服忧虑的秘诀是养成一种超然的态度，把心头泛滥的愁烦看做流过去的江水，不要任凭自己沉溺在里面，常常把心神集中在现实和身边的事物上，并且务必养成凡事感恩的习惯。有时我们的心如置身在严冬的黑夜中，就应要求自己把值得快乐的理由一一写下来，这样，可以引导我们快速地从忧虑的迷宫中脱身。（立 杰）

➡［书外人语］可是从另外一个角度来说，人无远虑，必有近忧。细致的考虑和计划是完全必要的，只是不要将之转化为忧虑和麻烦。考虑好了，用行动去解决它就是了。

最短的道路

多年前，英国泰晤士报曾出了一个题目，公开征求答案，题目是：从伦敦到罗马，最短的道路是什么？

很多人从地理位置上找答案，结果都落选了，只有一个答案获奖，那就是：一个好朋友。有一个好友相伴，沿途说说笑笑，不仅不会嫌路长，甚至还会叹说此路太短。

➡［书外人语］这真是一个好答案，让我们努力吧，去寻求一位真正的知己。

丘吉尔的胜利

据说第二次世界大战以前，丘吉尔和德国的独裁者希特勒开会，两人在花园中边走边谈。来到一个水池边，丘吉尔突然提议两个人来打赌，看谁能不用钓具将水池中的鱼捉起来。

希特勒心想，这还不容易！他马上拔出手枪，朝池中的鱼射了几枪，可惜没有一发击中。希特勒只好无奈地说："我放弃了，看你的吧！"

只见丘吉尔不慌不忙地从口袋里掏出一把小汤匙，把鱼池中的水一匙一匙地舀到沟里。

希特勒大喊道："这要等到什么时候啊！"

丘吉尔笑嘻嘻地回答说："这方法虽然慢了一点，但最后的胜利必然是属于我的。"

➡［书外人语］ 一事当前，总是寻求"多快好省"的巧方法，不肯用笨方法。巧方法不管用，便不肯用力了。这是人的通病。

你必须有一样拿得出手

我的一位商界朋友，45 岁的时候，移居去了美国。

大凡去美国的人，都想早一点拿到绿卡。他到美国后 3 个月，就去移民局的申请绿卡。一位比他早先到美国的朋友好心地提醒他："你要有耐心等。我申请都快一年了，还没有批下来。"他笑笑说："不需要那么久，3 个月就可以了。"

朋友用疑惑的目光看着他，以为他在开玩笑。此后，他去移民局，果然获得批准，填表盖章，很快，邮差给他送去绿卡。

他的朋友知道后，十分不解："你年龄比我大，钱没有我多，申请比我晚，凭什么比我先拿绿卡？"他微微一笑，说："因为钱。"

"你来美国带了多少钱？"

"10万美元。"

"可是我带了100万美元，为什么不给我批反而给你批呢？"

"我的10万美元，在我到美国的3个月内，一部分用于消费，一部分用于投资，一直使用和流动。这个，在我交给移民局的税单上已经显示出来了。而你的100万美元，一直放在银行里，没有消费变化，所以他们不批准你的申请。"

原来如此。

美国是一个十分注重效率和功利的国家，你要对美国的社会经济发展有益，美国才会接纳你。在美国拿绿卡，只有两种人可以：一种是来美国投资或消费；还有一种人，就是有技术专长。这位商界朋友前不久回国，给我讲了一个他在美国移民局亲眼目睹的事，使我更深刻地理解了美国。

他在美国移民局申请绿卡的时候，曾经看到一位皮肤被晒成古铜色、样子很土的妇女。从她的皮肤看，可以断定是一位户外工作者。出于好奇，他上前和她搭话。一问才知，她来自中国北方农村，因为女儿在美国，才申请来美。她只读完小学，汉语都表达不好。

可就是这样一位英语只会说"你好"、"再见"的中国农村妇女，也在申请绿卡。她申报的理由是有"技术专长"。移民官看了她的申请表，问她："你会什么？"她回答说："我会剪纸画。"说着，她从包里拿出一把剪刀，轻巧地在一张彩色亮纸上飞舞，不到3分钟，就剪出一群栩栩如生的各种动物图案。

美国移民官瞪大眼睛，像看变戏法似的看着这些美丽的剪纸画，竖起手指，连声赞叹。这时，她从包里拿出一张报纸，说："这是中国《农民日报》刊登的我的剪纸画。"

美国移民官员一边看，一边连连点头，说："OK。"她就这么OK了。旁边和她一起申请而被拒绝的人又羡慕又嫉妒，这就是美国。你可以不会管理，你可以

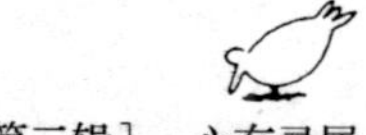

不懂金融，你可以不会电脑，甚至，你可以不会英语。但是，你不能什么都不会！你必须得会一样，你要竭尽全力把它做到极限。这样，你就会永远OK了！

（林 夕）

➡ [书外人语] 注重效率与功利，并不是美国的专利，而是市场经济的专利。投资移民也好，技术移民也好，能够为社会作出贡献的人，到哪儿都会受到欢迎。人活在世上，必须要有一技之长，哪怕是剪纸画呢。

文化幽默

有时候，一则趣闻背后显示出的不仅是幽默，而且是文化。据近日报载，美国的科罗拉多州有一个男子持枪抢劫商场，逼着店员把现金都装进布袋后，该男子又看中了一瓶酒，他要求店员将这瓶酒也装进袋子。案情进展到这里并没啥幽默之处，更无文化可言，但接下来的情节便有看头了。店员可以在枪指之下将现金交给劫匪，而当对方拿枪逼他将这瓶酒也装进袋中时，该店员不干了，他对劫匪说:“我不相信你已经年满21岁了。”(该州法律规定，不满21周岁不得饮用酒精饮料)劫匪马上掏出驾照以证实自己确实已满21周岁，该店员看了之后，才将这瓶酒与现金一起装进了口袋。待劫匪逃去，店员马上报案，根据驾照上提供的姓名和地址，警方两小时后就将劫匪抓获。

这件趣闻可以从两方面来理解：一是店员的法律素质及大智若愚的聪明。枪口之下，我可以将钱给你，这叫大事聪明，因为在这种情形下你反抗也于事无补，徒然增加伤亡而已；但小事却不糊涂，你抢劫是你犯法，我卖酒给未成年人却是我违法，这是原则问题，马虎不得。

当然也算是借机装傻，与劫匪周旋一番。其二，我们还可以分析一下劫匪的心态。抢劫讲求速战速决，你既然奔着现金而来，现金到手之后你大可以溜之乎也。可我们这位仁兄却憨态可掬，分秒必争之际竟然对一瓶美酒发生了兴趣。当店员拒绝他时，他一可以持枪威胁，二可以弃而舍之，拎着劫款走人。然而，如若这样，我们就看不到这则趣闻了。他执著地非得要这瓶酒，而且不逼不抢，靠的是出示驾照，以事实为依据。这时候，他考虑的不是自己的劫匪身份，而是要证明自己21周岁的年龄。你说他傻，我倒觉得他傻得可爱(并非支持抢劫)。

说到劫匪的可爱，还有一则趣闻可供茶余笑谈。旧金山一位男子想抢劫美国银行，他走进银行之后，在一张取款条上写上“打劫，将钱装进这个袋子”一行字。由于当时取款人很多，他只好排队等待将这个条子递进窗口。排着排着，他有些担心起来：刚才写条子时如果有人看到的话肯定会报警，这样一来，他还没排到柜台窗口就会被警察捉住。想到这儿，他匆忙离开了美国银行，走进了街对面的威尔士银行。这里取款的人很少，他将那张已写好的条递进了柜台，工作人员看了条子之后平静地对他说:“你的取款条是美国银行的。请你用本银行的取款条填写，要不然请你到对面美国银行取款。”常言道，秀才遇见兵，有理说不清。劫匪这回是兵遇见了秀才，照样无可奈何。他只得手持取款条走出了威尔士银行。威尔士银行的小姐马上报警，当几分钟后警察赶到美国银行时，我们这位可爱的劫匪正规规矩矩地在柜台前排队呢！

（白　雪）

➡［书外人语］ 这两位“可爱”的劫匪的故事告诉我们，文化传统及制度规则会给人打下多么深刻的烙印，即使在他想反叛一些规则时，也还会下意识地遵守另一些规则。

德国小学生的“绿色记事本”

法兰克福一名6岁的一年级新生小奥茨刚刚到学校注册报到，就领到了一套教科书和一册看上去有点特别的绿色封皮的“绿色记事本”。老师告诉孩子们：这不是一本供写字或做作业的练习本，也不是一册一般的日记本，更不是本普通画册。

绿色记事本的封面一片翠绿，上面印有森林、草原、草地和田野，就像在德国高速公路两旁常见的风景一样。老师还告诉孩子们：绿色记事本是用“再生纸”制成的，原料是废纸和垃圾，因而用不着耗费大量木材——而这又意味着不必砍伐宝贵的森林。

一个星期下来，小奥茨的绿色记事本上就有了如下的记录：

星期一 我为一种濒临灭绝的灰鹤捐了1马克的零用钱，受到了老师的表扬。

星期二 晚上我迷迷糊糊地睡着了，忘了关灯，结果白白浪费了大量的电，真不应该！

星期三 上图画课时，我画得不够好而连撕了3张白纸，其实我是完全可以画得再小心些的。老师说，造一吨纸不仅要消耗木材，而且还要消耗大量的水。想到这些，我感到惭愧。

星期四 我发现妈妈只为了洗我的两件内衣就开动洗衣机，不仅浪费水，而且也浪费了电。后来妈妈接受了我的建议，以后不再每天都开洗衣机，而是等把衣服积得多些后再洗。

星期五 哥哥是个赛车手，但当他得知开赛车会排放大量污染环境的有毒废气后，他和几个也爱开赛车的朋友们竟然想出了一个弥补的办法——每年每人额外种20棵树！哥哥真聪明！他和他的朋友们真是好样的！

星期六 爸爸带我上超市购物。原本他计划开车去，后来听了我的话改坐公交车去，这样既可节约开车需要的汽油，也可减少汽车废气的排放量。

星期日 轮到我去丢垃圾，但我发现我家的垃圾袋里的垃圾还没有分类，于是我不顾臭味，耐心地将垃圾分类后再丢入垃圾箱，为的是方便环卫工人处理。

老师向全班同学朗读了小奥茨的“环保周记”，又说几乎所有的小朋友都写得不错，因而要求大家在课后互相传阅。尽管小奥茨开始有点洋洋得意，但在传阅了其他小朋友的“环保周记”后，便再也不敢翘尾巴了。他还真诚地对老师说，他的邻桌小当娜比自己“更聪明”——她竟然成功地设计出一种煮鸡蛋可节约约三分之一能源的新方法：将生鸡蛋置入少量冷水里煮，待水一开即可切断电源，而利用余热是完全可以把鸡蛋最后煮熟的。小奥茨一开始并不相信，待回家后实验了一次才心服口服了。有趣的是，现在全班同学在家煮鸡蛋时都采用了“当娜煮蛋法”，连一些老师在做了试验后也连连夸这是个节约电费的好方法。而另一名小朋友更是别出心裁地设计了一种“环保收支簿”——他与父母亲经过一番商量讨论后制定了每周用电量和用水量的“限额”，要是这一周超了，下一周便必须节约一点以作“补偿”。在他的“环保收支簿”里，留下了这么几个字：本周已超额用电 28 度，故我和弟弟都保证下周只收看 3 天的电视并停止玩电子游戏。这样自觉地严于律己，着实让大人们也肃然起敬！（唐若水）

➡[书外人语] 环保应该从“娃娃”抓起，从小事做起。

新天方夜谭

（一）

美国前贸易代表巴尔舍夫斯基有两个可爱的女儿，她每次出国谈判，总要带点礼物回家，尤其是她们最喜欢的中国玩具娃娃。1998 年来中国谈判时，巴尔舍夫斯基一口气买下 43 个玩具娃娃，没想到回国时这一堆娃娃被美国海关查获，海关官员称她违反规定，超额携带了 42 个玩具。舆论开始对其展开攻击，迫使她不得不在记

者招待会上公开道歉，最后以“我是一个母亲”的说法获得同情才得以脱身。

(二)

现任德国总理施罗德到目前为止已经离了三次婚。作为欧洲富国的总理，施罗德位居权力之巅，每年有24.5万美元的俸禄，但几次离婚折腾后，现在的他已经囊中羞涩，元气大伤。为了尽可能节省开支，他住着一套两室公寓，度周末时总是开着破旧的“大众”汽车。1998年，新婚不久的施罗德和家人一起乘坐他的专机去丹麦过圣诞节。根据德国政府规定，国家领导人的家属乘坐政府飞机一律自掏腰包。为此，施罗德不得不为自己的妻子、女儿和岳母交了3700美元的旅行费。从那以后，每次出门度假，经济拮据的施罗德就让妻子多丽丝和女儿单独乘坐普通航班，而自己则坐着空荡荡的政府专机前往目的地。

施罗德有政府给他配备的高级防弹轿车，但周末使用必须按规定付费。于是，周末时的他只好开自己那辆老掉牙的“大众”汽车。为了节省房租，施罗德从柏林的一座政府别墅搬到了一套月租金不到600美元的两室公寓中。每次他的妻子和女儿来度周末，女儿只能睡在支在父母双人床旁的一张简易床上。

(三)

匈牙利前交通部长诺格拉蒂前往一个汽车总站参加该站的启用典礼时，因怕赶不上这个仪式而命令司机加速行驶，致使他的汽车与迎面而来的一辆小汽车相撞，造成对方车内两名青年一死一伤。结果此事引起公愤，许多人要求他辞职，理由是超速行驶，属于“知法犯法”。诺格拉蒂无奈，只好下台。

(四)

澳大利亚内阁部长里斯，将自己的电话卡密码告诉儿子，被儿子在5年间打了5万澳元的电话费。此事被有关部门查出后，引起公愤，许多人要求里斯自己付清电话费，不能乱花纳税人的钱，并要求霍华德总理解除他的职务。直到霍华德表示完全理解并同情民众的愤怒，才算勉强保住了里斯部长的职位，但他的总理接班人资格却丧失了。

(五)

1994年8月28日夜晚，在美国康涅狄格州的斯坦福医院，乃莉•维加生下了她的头胎孩子。产后，残留在产妇子宫内的一片胎盘组织引发了大出血。医生

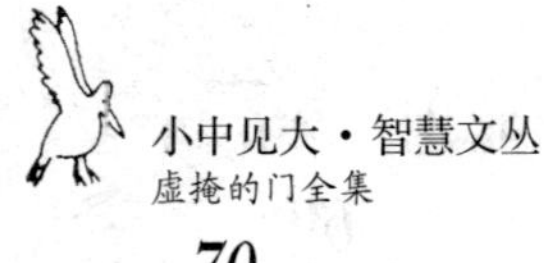

判断，如果不输血，产妇将因失血过多而死亡。乃莉·维加和她的丈夫却都拒绝输血，因为他们信仰的宗教认为信徒不能输血。

产妇在继续出血，生命的机会在一点点地流失。医生必须马上做出决定。医生想，乃莉·维加和她的丈夫不是不知道后果，他们是在完全明白自己要付出生命的代价后做出拒绝输血决定的，这个决定出自他们的宗教信仰。作为医生，治病救人是神圣的天职，但是当地法院有明确规定：医生不得违背病人出于信仰而做出的决定。可是如果再不下令输血，就要眼睁睁地看着病人死在自己面前。医生的脑子里响起了当年从医学院毕业的时候，每个即将成为医生的人按照几千年的传统立的誓言，即“希波克拉底誓言”：作为一个医生，要尽其所能为患者谋利益。此时此刻，乃莉·维加的最高利益是她的生命还是她的宗教信仰？

什么决定更符合病人的真正利益？时间分分秒秒地过去，面对这样的难题，医生做了此刻世界上只有美国医生才会做的事：冲向斯坦福高级法院，要求法官发布准许输血的命令。这时已经是凌晨2时。

也许是因为人命关天，也许是病人的状况根本不允许再犹豫拖延，法院深夜做出紧急裁决：允许该医生可以在未经病人同意的情况下，施行输血。乃莉·维加得救了，可是，对乃莉·维加来说，血管里流着别人的血，就意味着背叛了她的信仰。她向法院控告医院侵犯了她的宗教自由权利，要求推翻斯坦福法院的深夜紧急裁决，禁止医生在未经病人同意的情况下，违背病人的宗教信仰给病人输血。医院方面提出，这一指控已经过时，医生是得到法官命令才输血的，现在病人已经康复出院，不再存在侵权问题。乃莉·维加不服，向州最高法院上诉。1996年4月9日，康涅狄格州最高法院做出裁决，裁定斯坦福医院违反了个人之身体有权自主决定的法律传统，侵犯了乃莉·维加宗教信仰的宪法权利。

（邱贵平）

➡［书外人语］法律，不可以开“例外”的口子。法律面前，人人平等，事事平等，唯有如此，法律才会神圣，才有尊严。

为枯树付“埋葬费”

那年我在德国时，大雨雷电将我院子里的一棵老树击中，它倒下来，正好砸在我的房顶上。

正在一筹莫展之际，林业局的官员已经按响了我的门铃（热心的邻居早就向有关部门汇报了）。我心里飞快地盘算着，这棵树卖多少钱，修完房顶后是否还有节余。

林业局的官员对这棵半死的老树反复检查测量，在记录了有关它的各种数据之后，终于在一纸文书上签字画押：同意砍伐。接着，他们提出对我院子里的树做一次“全面体检”，以免再次有危树倒塌。这一查，果然又查出一棵“半危树”。我坚决要求将这棵树也砍掉，可林业局的官员死活都不同意：“它的根还没有坏死，不符合砍伐标准。”

此时专门负责伐木的工人到了，用先进的电锯，10 分钟左右就把树伐掉了，还都锯成一米长的整齐的树段。我刚想询问木材的价格，那个看锯树比锯自己还难受的林业局官员，递给我一份账单。我一看，顿时面无血色：我要为这棵死树交 2000 马克的砍伐费！这棵树砸坏了我的房顶，我还要为它付钱！这简直是吃人不吐骨头！我挥舞着账单，对着“林官”据理力争。

他竟然幽默地说：“这棵树长在您家里，您一直在享受它的阴凉，现在它死了，埋葬费当然该您出。”接着他拿出林业法规的有关条文给我看。

想想我还可以卖木材挣些钱，便询问木材买卖的情况。“林官”不紧不慢地说：“我们要先核对这棵树房主是否在买地皮的时候一同买下了。如果是国有的，我们就把它拉走。”

几根树段在我的院子里堆了两天，林业局来电话告诉我，树木是房东私有的。我连忙打电话给房东。她倒是大方，让我卖掉拿钱。我又四处打电话，终于

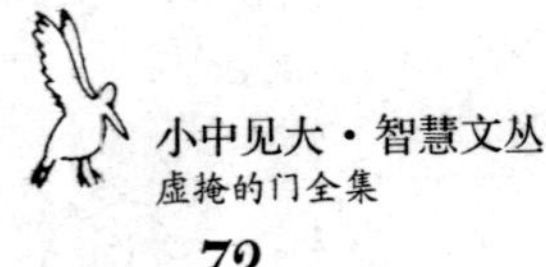

找来木材市场的人估价。谁知道这一估，又把我气得半死。首先这是棵死树，木头已经朽了，只能用来烧壁炉，价格贱得可怜。而且所得收入还要交税，还要另花一笔钱雇车把木头拉到30公里以外的木材市场。这样下来，折腾一天，最多赚200马克，不及砍伐费的十分之一。而我昨天修房顶还花掉了700马克！这棵树让我在两天之内花掉了2500马克！

几天后又接到林业局的电话，吓得我心直跳。“林官”通知我：关于院子里的另一棵“半危树”，他们会定期来检查的，只要达到标准，随时可以砍掉，以确保我生命财产的安全。但我自己千万不能动手，乱砍滥伐要在警察局备案并支付巨额罚款的！

据说“二战”刚刚结束的时候，战败的德国缺少燃料，冬季来临，德国人在寒风中冻得瑟瑟发抖，也没有砍掉森林中的一棵树。50年后，他们得到了大自然丰厚的回报，从而更加懂得要爱护森林。（小 煜）

➡[书外人语] 对待一棵枯死的树尚且如此，那么对待“活着”的树如何，可想而知。

并非偶然 03

搭桥与拆桥

李四为人挺好，能力也佳，却总是官途不顺。他自己也纳闷儿:“有人跟领导搞不好关系所以才不被提拔，我跟领导关系倒是不错，怎么也不起作用呢?”

星期天，他正烦着，见儿子和同学下跳棋，就凑过去解闷儿。儿子总是输，于是他帮儿子出主意:“你不会给自己多搭几座桥吗?”

搭桥——下跳棋的一种捷径，每搭一座桥，就可以连跳好几步，事半功倍。

棋局大有起色，李四得意洋洋，就势教导儿子:“生活就跟下棋一个道理，学会给自己多搭几座桥，多寻求一些帮助和捷径，路才好走。”儿子连连点头。

儿子的同学笑而不语，移动两个棋子儿，就把儿子刚设好的棋路给堵死了。于是，棋局又一次急转直下，儿子又输了。

儿子的同学得意地说:“看到了吧！这就叫拆桥！桥搭得再好，碰上一个拆桥的，你就输定了。所以，要赢棋不但要搭桥，还要防着别人拆桥，关键时刻还要学会拆别人的桥，这才能走得比别人快呀!”

李四大怔，接着大悟，然后仰头长啸。半年后，李四官途畅通，势如破竹，无人能阻。

（孙君红）

➡［书外人语］事如棋。搭自己的桥，拆别人的桥，还要防着别人拆自己的桥，这是你死我活的斗争哲学，运用时请注意场合，仅限于“敌我矛盾”时为宜。

秘密花园

一个星期前，女儿卡罗琳打电话过来，说山顶上有人种了水仙，执意要我去看看。此刻我在途中，勉勉强强地赶着那两个小时的路程。

通往山顶的路上不但刮着风，而且还被雾封锁着，我小心翼翼，慢慢地将车开到了卡罗琳的家里。

“我是一步也不肯走了！”我宣布，“我留在这儿吃饭，只等雾一散开，马上打道回府。”

“可是我需要你帮忙。将我捎到车库里，让我把车开出来好吗？”卡罗琳说，“至少这些我们做得到吧？”

“离这儿多远？”我谨慎地问。

“3 分钟左右，”她回答我，“我来开车吧！我已经习惯了。”

10 分钟以后还没有到。我焦急地望着她：“我想你刚才是说 3 分钟就可以到。”

她咧嘴笑了：“我们绕了点弯路。”

我们已经回到了山顶上，顶着像厚厚面纱似的浓雾。值得这么做吗？我想。

到达一座小小的石筑的教堂后，我们穿过它旁边的一个小停车场，沿着一条小道继续行进，雾气散去了一些，透出灰白而带着湿气的阳光。

这是一条铺满了厚厚的老松针的小道。茂密的常青树罩在我们上空，右边是一片很陡的斜坡。渐渐地，这地方的平和宁静抚慰了我的情绪。突然，在转过一个弯后，我吃惊得喘不过气来。

就在我的眼前，就在这座山顶上，就在这一片沟壑和树林灌木间，有好几英亩的水仙花。各色各样的黄花怒放着，从象牙般的浅黄到柠檬般的深黄，漫山遍野地铺盖着，像一块美丽的地毯，一块燃烧着的地毯。

是不是太阳倾倒了？如小溪般将金色漏在山坡上？在这令人迷醉的黄色的正中间，是一片紫色的风信子，如瀑布倾泻其中。一条小径穿越花海，小径两旁是成排的珊瑚色的郁金香。仿佛这一切还不够美丽似的，倏忽有一两只蓝鸟掠过花丛，或在花丛间嬉戏，她们品红色的胸脯和宝蓝色的翅膀，就像闪动着的宝石。

一大堆的疑问涌上我的脑海：是谁创造了这么美丽的景色和这样一座完美的花园？为什么？为什么在这样的地方？在这个荒无人烟的地带？这座花园是怎么建成的？

走进花园的中心，有一栋小屋，我们看见了一行字：

我知道您要什么，这儿是给您的回答。

第一个回答是：一位妇女——两只手，两只脚和一点点想法。第二个回答是：一点点时间。第三个回答：开始于 1958 年。

回家的途中，我沉默不语。我震撼于刚刚所见的一切，几乎无法说话。“她改变了世界。”最后，我说道，“她几乎在 40 年前就开始了，这些年里每天只做一点点。因为她每天一点点不停的努力，这个世界便永远地变美丽了。想象一下，如果我以前早有一个理想，早就开始努力，只需要在过去每年里每天做一点点，那我现在可以达到怎样的一个目标呢？”

卡罗琳在我身旁看着，笑了：“明天就开始吧。当然，今天开始最好不过。”

（李 耕）

➡［书外人语］设定一个小小的目标，每天用一点点时间，坚持下去，试试看自己能做成什么。

专家买猫

创造性思维是人脑思维活动的高级层次，是智慧的升华，是人脑智力发展的高级表现形态。然而右脑的作用却常被我们忽略不计，是我们智力开发的处女地。如今开发右脑的重要性已越来越被人认识。而开发右脑潜能提高策划力与创造力的诸多办法中，最为常用的是一种联想法。

美国著名心理学专家丹尼尔•高曼说："要想在事业上有所成就，将以有无创造性思维的力量来论成败。"

在美国各大学心理学论坛上最为流行、常为专家学者津津乐道的例子是两位专家买猫的启示，这个例子形象、逼真地阐明了开发创造性思维能力的意义所在。

美国有一位工程师和一位逻辑学家，是无话不谈的好友。一次，两人相约赴埃及参观著名的金字塔。到埃及后，有一天，逻辑学家住进宾馆后，仍然习以为常地写起自己的旅行日记。工程师则独自徜徉在街头，忽然耳边传来一位老妇人的叫卖声："卖猫啊，卖猫啊！"

工程师一看，在老妇人身旁放着一只黑色的玩具猫，标价 500 美元。这位妇人解释说，这只玩具猫是祖传宝物，因孙子病重，不得已才出卖以换取住院治疗费。工程师用手一举猫，发现猫身很重，看起来似乎是用黑铁铸就的。不过，那一对猫眼则是珍珠的。

于是，工程师就对那位老妇人说："我给你 300 美元，只买下两只猫眼吧！"

老妇人一算，觉得行，就同意了。工程师高高兴兴地回到了宾馆，对逻辑学家说："我只花了 300 美元竟然买下两颗硕大的珍珠！"

逻辑学家一看这两颗大珍珠，少说也值上千美元，忙问朋友是怎么一回事。当工程师讲完缘由，逻辑学家忙问："那位妇人是否还在原处？"

工程师回答说："她还坐在那里。想卖掉那只没有眼珠的黑铁猫！"

逻辑学家听后，忙跑到街上，给了老妇人200美元，把猫买了回来。工程师见后，嘲笑道:“你呀，花200美元买个没眼珠的铁猫!”

逻辑学家却不声不响地坐下来摆弄琢磨这只铁猫，突然，他灵机一动，用小刀刮铁猫的脚，当黑漆脱落后，露出的是黄灿灿的一道金色的印迹，他高兴地大叫起来:“正如我所想，这猫是纯金的!”

原来，当年铸造这只金猫的主人，怕金身暴露，便将猫身用黑漆漆了一遍，俨然如一只铁猫。对此，工程师十分后悔。

此时，逻辑学家转过来嘲笑他说:“你虽然知识很渊博，可就是缺乏一种思维的艺术，分析和判断事情不全面、不深入。你应该好好想一想，猫的眼珠既然是珍珠做成，那猫的全身会是不值钱的黑铁所铸吗?”

可见，缺乏创造性的思维联想，将会带来多么大的损失，将会对个人的发展、事业的进取产生多么严重的影响。

➡[书外人语] 据说，多使用左手，就有利于开发右脑。

另起一行

小时候，看过一篇文章，内容描述一名念小学的女孩，每天都第一个到校，第一个到教室，等待一天的开始。她的同学途中遇到她，问她为什么每天都那么早到校，她带着腼腆的笑容，回答了这个问题。

原来，她学习成绩不怎样，长相也普通，在家中排行中间，她从来不知“第一名”的滋味是什么。某次，她发现当她第一个到达教室时，竟意外地获得一种类似“第一名”的喜悦。她很快乐，也有了期待。

她一面走着，一面向同学袒露心中的小秘密，周身散发出一股期待及喜悦的

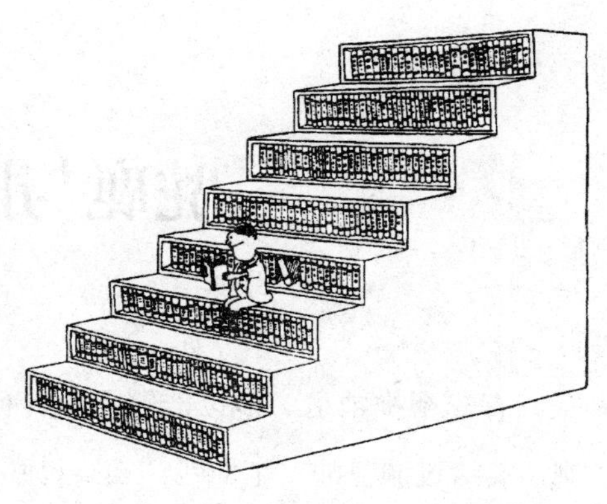

光芒。接近教室的时候，她心中甚至升起了一种不小的兴奋和快感……不料，她的同学一个箭步往前跨过去，推开了教室门，“第一个”冲了进去，然后回头望着她，露出胜利的微笑。她的光芒顿时隐去，她的心隐隐发痛。她忍住泪水，脱口一句:“第一，是我的，你怎么可以……”她说不出下面的话，说不出来了，她连这个“第一”也失去了。

忘了是在几岁时看的这篇文章，只记得当时能感受小女孩的心情，因为我也是个始终与“第一名”无缘的人，甚至，因为配合家里大人的出门时间，连尝尝“第一个”到学校的滋味都没有机会。

长大了，更深刻体会到“第一名”其实已幻化成色彩斑斓的翅膀，在不同的领域中现身：有人在学业中争第一；有人在工作中抢头榜，甚至还有人总缠着恋人，一声一句地问:“我是不是你最钟爱的人？”

我的一个朋友林，却全然是另一个样：热力四射，才华横溢，经常是社团中令人注目的热点。认识林的人几乎都可以感受到他热情的付出：跟年轻朋友通信，是抚慰年少容易受创的心；主动关怀周遭友人，更是希望在冷漠疏离的生存空间中，注入一丝爱与暖意。

最近，得知他交了女朋友，我忍不住揶揄他:“那现在我在你心中排第几呀？”他想也不想，便答:“第一。”我极度不相信地看着他，再问一次:“怎么可能！少骗人了。”他狡黠地一笑，然后说:“当然排第一，另起一行而已。”

我笑弯了腰，不知该怪他的狡黠，还是佩服他的机智。（亚　轩）

➡［书外人语］ 的确，在各行各列中，每个人都期望得到第一。其实要拿到第一也容易，就看你愿不愿意换个角色来看，只要“另起一行”，每个人就都是第一了，而这个世界，自然少了许多莫名的纷争。这不也很好吗?

驼鹿与防毒面具

有一个推销员，他以能够卖出任何东西而出名。他已经卖给过牙医一支牙刷，卖给过面包师一个面包，卖给过瞎子一台电视机。但他的朋友对他说:“只有卖给驼鹿一个防毒面具，你才算是一个优秀的推销员。”

于是，这位推销员不远千里来到北方，那里是一片只有驼鹿居住的森林。“您好!”他对遇到的第一只驼鹿说，“您一定需要一个防毒面具。”

“这里的空气这样清新，我要它干什么!”驼鹿说。

“现在每个人都有一个防毒面具。”

“真遗憾，可我并不需要。”

“您稍候，”推销员说，“您已经需要一个了。”说着他便开始在驼鹿居住的林地中央建造一座工厂。“你真是发疯了!”他的朋友说。“不然。我只是想卖给驼鹿一个防毒面具。”

当工厂建成后，许多有毒的废气从大烟囱中滚滚而出，不久，驼鹿就来到推销员处对他说:“现在我需要一个防毒面具了。”

“这正是我想的。”推销员说着便卖给了驼鹿一个。“这是个好东西啊!”推销员兴奋地说。

驼鹿说:“别的驼鹿现在也需要防毒面具，你还有吗?”

“你真走运，我还有成千上万个。”

“可是你的工厂里生产什么呢?”驼鹿好奇地问。

“防毒面具。”推销员兴奋而又简洁地回答。 （雨 轩）

➡[书外人语] 需求有时候是制造出来的，解决矛盾的高手往往也先制造出矛盾来。

自己建造的房子

有个老木匠准备退休，他告诉老板，说要离开建筑行业，回家与妻子儿女享受天伦之乐。

老板舍不得做得一手好活计的木匠走，再三挽留，木匠决心已下不为所动。老板只得答应，但问他是否可以帮忙再建一座房子，老木匠答应了。

在盖房过程中，大家都看出来，老木匠的心已不在工作上了。用料也不那么严格，做出的活计也全无往日水准。老板并没有说什么，只是在房子建好后，把钥匙交给了老木匠。

“这是你的房子。”老板说，“我送给你的礼物。”

老木匠愣住了，同样，他的后悔与羞愧大家也都看出来了。他这一生盖了多少好房子，最后却为自己建了这样一幢粗制滥造的房子。

➡［书外人语］ 其实我们每时每刻都在为自己建造着生命的归宿，今天的任何一个不负责任的后果，都会在以后的某个地方等着你。

苹果里的星星

一天，儿子从幼儿园回来，向父亲报告幼儿园中的新闻，并告诉父亲，他有一个重大发现。

“什么发现？”父亲漫不经心地问。

“苹果里藏着一颗小星星。”

父亲瞪大了眼睛：怎么会呢？

儿子拿出一个苹果，拿起小水果刀，郑重其事地向父亲展示他的发现。他费力地切开了苹果，但是孩子不是从茎部到底部这样竖着切下来，而是横向拦腰切了下去。

儿子把切开的苹果放在父亲面前：“爸爸，看，多漂亮的星星。”

父亲真正地惊呆了：我们吃过了多少个苹果，每一次都是“祖传”的规规矩矩的切法，从来也没有想到另一种切法，当然也从没有见到苹果中美丽的星星。

［书外人语］任何事情如果总按别人教你的方法去做，那你能有什么惊喜和收获，因为答案也是别人发现过的东西。

多看了一眼

有一回，一位老人对我讲了一个他自己的故事：

我年轻时自以为了不起，那时我打算写本书，为了在书中加进点“地方色彩”，就利用假期出去寻找。我要在那些穷困潦倒、懒懒散散混日子的人们中找一个主人公，我相信在那儿可以找到这种人。

一点不差，有一天我找到了这么个地方，那儿是一个荒凉破落的庄园，最令人激动的是，我想象中的那种懒散混日子的味儿也找到了——一个满脸胡须的老人，穿着一件褐色的工作服，坐在一把椅子上为一块马铃薯地锄草，在他的身后是一间没有油漆的小木棚。

我转身回家，恨不得立刻就坐在打字机前。而当我绕过木棚在泥泞的路上拐

弯时，又从另一个角度朝老人望了一眼，这时我下意识地突然停住了脚步。原来，从这一边看过去，我发现老人椅边靠着一副残疾人的拐杖，有一条裤腿空荡荡地直垂到地面上，顿时，那位刚才我还认为是好吃懒做混日子的人物，一下子成了一个百折不挠的英雄形象了。

从那以后，我再也不敢对一个只见过一面或聊上几句的人，轻易下判断和做结论了。

感谢上帝让我回头又看了一眼。 （[美]马里杰·斯比勒·尼格）

➧[书外人语] 多看一眼的前提是换一个角度，否则，再怎么看你也不会有新发现。

重要的少数

意大利经济学家菲尔弗雷多·帕累托曾提出一则应用很广的“重要的少数和琐碎的多数——80/20 原理”。大意是：在任何特定的群体中，重要的因子通常只占少数，而不重要的因子则常占多数，因此只要控制重要的少数，即能控制全局，反映在数量上，就是 80/20 原理，即 80%的价值来自 20%的因子，其余 20%的价值来自 80%的因子。

例如：

80%的销售额来自 20%的顾客；

80%的电话源自 20%的发话人；

80%的看电视的时间花在 20%的节目上；

80%的菜是重复 20%的菜色；

80%的教师辅导时间花在 20%的学生身上；

80%的阅报时间花在 20%的版面上；

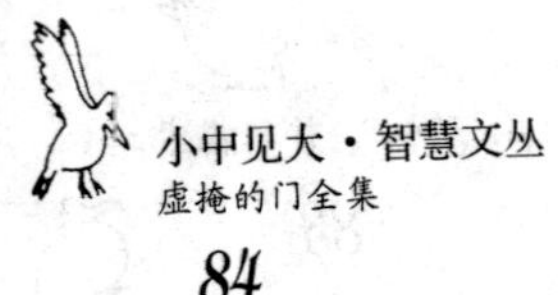

80%的财富掌握在20%的人手中；

80%的地球资源被20%的人消费；

……

诸如此类的例子随手可举出许多。当然，上述的80%与20%都是近似值，但其中的规律却不容忽视。有些人精力充沛，头脑机灵，但很难出成绩，原因可能就在于把精力才智平均使用或投入到了不重要的80%之上了，岂不冤哉？

➡［书外人语］确定出事业生活中的80%与20%，让80为20让路，抓住能给你回报的主要矛盾。

神奇的致富公式

黄培源是台湾著名的投资理财专家，他多次提到一个创造亿万富翁的神奇公式。

假定一位身无分文的年轻人，从现在开始能够每年存下1.4万元，如此持续40年。如果他每年存下的钱都投资到股票和房地产上，并获得每年平均20%的投资收益率，那么40年以后，他能累积多少财富？

一般人猜的金额，多落在200万到800万之间，最多的也不超过1000万。然而依照财务学计算复利的公式，正确的答案应该是：1.0281亿，一个众人不敢想象的数字。

$$\Sigma 1.4\times(1+20\%)+1.4\times(1+20\%)+\cdots\cdots 1.4(1+20\%)+1.4$$

这个神奇的公式表明，一个25岁的上班族，如果依照这种方式投资，到65岁退休时，就能成为亿万富翁。黄培源认为，将钱存入银行短期是最安全的，长期却是最危险的理财方式。因为这种方式的年收益率太低，不适合作为长期投资工具。他以诺贝尔奖为例，诺贝尔基金会成立于1896年，由诺贝尔捐献980万

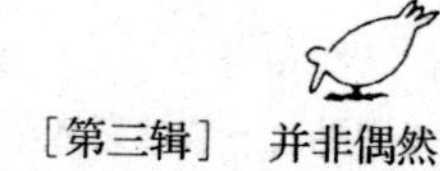

美元。随着每年奖金的发放与基金运作的开销，50 多年后到 1953 年，该基金的资产只剩下 330 万美元。眼见基金消耗殆尽，基金管理者及时觉醒，将基金由银行转移到股票和房地产上。理财观的改变彻底扭转了基金的命运，到 1993 年，诺贝尔基金的总资产已增长到 2.7 亿美元。

➡ [书外人语] 把专家说的公式中的1.4万、20%改成适合国情、适合自己的数字，然后试试看。

出卖纯净

有个人很想致富，见人家卖矿泉水卖得好，就出发到处去找水。

乘火车乘到铁路尽头，换乘汽车乘到公路尽头，再沿小路走了七八公里，终于被他找到了好水。取样化验，不仅富含几十种有益人体健康的微量元素，更可贵的是，那水没受过任何污染，纯净极了。专家说：用它做成的矿泉水，品质绝对一流。

他欣喜若狂，立即贷款、修路、投资办厂。第一批产品出来了，信心十足地投放市场，一检查，却道细菌超标。检查了全部生产环节找不出原因，再回头化验生产所用的好水，毛病正出于此，水已被严重污染，急问可有办法对付，专家说：办法只有一个，从现在起完全停用，细加保养，五年后可望重新启用，投入生产，但想要它回复到从前的纯净，怕是不可能了。

不幸的他顿觉五雷轰顶，他知道祸首正是自己，是自己派去修路盖房的人污染了它。他终于明白，纯净可以被赞美、被欣赏，甚至可以被享用，但纯净是无法出卖的，一旦出卖，纯净就再也不纯净了。 （莫小米）

➡[书外人语] 为了提高自己的生活水平，人类把地球上的一切都标上了商签，如果毫无节制地这样下去，最终的结果可能就是在地球上再也找不到一片净土了。

耶稣与撒旦的同一个模特

曾经有一位画家想画耶稣，但找不到一位纯真的人，最后他在修道院里终于找到了一个修道士。画家自从完成这幅画之后，就蜚声画坛了，那位修道士模特也得到了不菲的报偿。

后来有人对画家说，你画了圣人耶稣也应该画一位魔鬼撒旦才对呀！画家认为有道理，但到哪里找一位丑陋的人呢？后来他去监狱，终于找到了一位理想的人，却还是那位修道士。

当修道士知道自己要被画成魔鬼时，大哭失声，画家疑惑地问他："为什么哭呢？"他说："你以前画的圣人就是我，想不到现在你画魔鬼也找的我！"

画家不解地问："怎么会这样呢？"

修道士娓娓道来："我自从得了那笔钱，就去花天酒地，把钱花光之后，为了满足遏制不住的欲望，就去偷、去抢、去骗……最后案发入狱。"

像圣人的是他，像魔鬼的也是他。

（纪　一）

➡[书外人语] 人性中有善的一面，也有恶的一面，修身养性就是要压制住自己心中的魔鬼撒旦。

美丽的谎言

在一次盛大的舞会上，实话先生见到一位风韵犹存的老女人，他走过去向她行礼，说:“您使我想起您年轻的时候。”

老女人微笑着说:“怎么样？”

“很漂亮。”

“难道我现在不漂亮吗？”老女人带着几分戏谑说。

实话先生非常认真地说:“是的，比起年轻的您，您的皮肤松弛，缺少光泽，还有皱纹。”

老女人的脸一阵白一阵红，尴尬地瞪着那双略微愠怒的眼睛，刚才的自信得意消失了。

这时，撒谎先生来到老女人面前，彬彬有礼地邀请老女人跳舞，说:“您是舞会上最漂亮的女人，如果你能接受我的邀请，我将是舞会上最幸福的人。”

老女人眼睛顿然闪出迷人的神采，她伸出了应允的手。

撒谎先生和老女人在舞池里跳了一曲又一曲。老女人沉浸在无比的幸福之中。

实话先生坐在一边看着这对年龄不协调的舞伴。撒谎先生微笑着对老女人说了句什么，那老女人突然间像萌发了青春活力，全身洋溢着生命的激情与魅力，舞跳得就像个年轻人，一个出色、漂亮的年轻女郎！

舞会结束了。

实话先生叫住刚送走老女人的撒谎先生，问道:“跳舞的时候你对她说了什么？”

撒谎先生说:“我对她说，‘我爱你，你愿意嫁给我吗？’”

实话先生惊愕地瞪大眼睛，气愤不已地说:“你又在撒谎了！你根本不会娶她。”

“没错。可她很高兴，难道你没看见吗？”

俩人争执不下，各走东西。

第二天，他们各自从邮差那里得到一函讣文："×日于×地参加×的葬礼。"在墓地他们不期而遇，他们的目光落在了棺木中，那里躺着的正是那位老女人。

葬礼结束后，一位仆人走过来，将两封信分别交给了实话先生和撒谎先生。

实话先生打开信后看到这样一行字："实话先生，你是对的。衰老、死亡不可避免，但说出来却如雪上加霜，我将把一生的日记赠送给你，那才是我的真实。"

撒谎先生打开了老女人留给他的遗笔："撒谎先生，我非常感谢你的谎言。它让我生命的最后一夜过得如此美妙幸福；它让我生命的枯木重新燃起了青春的活力；它化去了我心中厚厚的霜雪。我将把我的遗产全部赠送给你，请你用它去制造美丽的谎言吧！"

（圆中居）

➡［书外人语］冰冷的真话，让人六月寒心；暖洋洋的假话，让人三冬温暖。凡事一旦拘泥，即成迂腐，但撒谎的前提是善良与好意，利他而不利己。

丑陋的鸡

有位养鸡场的主人，向来讨厌传教士，专喜欢信口散布传教士的坏话。

一天，有两个传教士上门，说要买只鸡。

生意上门，总不好往外推吧，主人忍着不快，让他们自己去挑。这两个家伙在偌大的养鸡场中挑了半天，却拿来一只毛掉得差不多，丑陋之极的跛脚公鸡。主人奇怪得很，便问他们为什么挑这只鸡。

传教士回答说："我们想把这只鸡买回去养在修道院的院子里，告诉大家这是你的养鸡场里养出来的鸡，为你做些宣传。"

主人一听就急了，连忙摇手："不行不行！你们看这养鸡场里的鸡，哪一只不

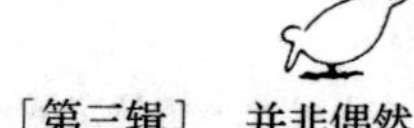

漂漂亮亮，肥肥壮壮的，就这一只不知道怎么搞的，一天到晚爱打架，才会弄成这个样子，你们拿它当代表，让大家以为我们的鸡全这样，对我实在太不公平了。”

另一位传教士笑嘻嘻地说：“对呀，少数几个传教士行为不检点，你却以他们为代表，对我们来说，也同样太不公平了吧？”

养鸡场主人这才明白就里，自然知道自己错了。

➡［书外人语］我们不希望别人对自己以偏概全，那么就不要对别人以偏概全，看人对物都尽可能全面一些。

土豆的命运

当高产抗病的土豆传到法国时，法国农民并不感兴趣。为了提倡种植这种土豆，法国当局花大力气宣传，但奏效甚微，优良土豆似被冷落，于是有人出了一个怪招。

在各地种植土豆的试验田边，有全副武装的哨兵日夜把守。此举的确神秘之极，一块庄稼地怎么会有兵把守呢？周围的农民无不好奇，不断地趁着士兵的“疏忽”而溜进来偷土豆，小心翼翼地把偷来的土豆拿回去研究，种在自家地里，用心侍弄，看到底有何不同。一个季节下来，此种土豆的优点就迅速广为人知，普及开来，成为法国农民最受欢迎的农作物之一。

➡［书外人语］送者贱求者贵，越不容易得到的越珍贵，自重身价往往能要个好价钱，当然分寸尺度要拿捏好。比如故事中的士兵如果看守过严便不行了。

纸篓和墙

有两个爱画画儿的孩子。

第一个孩子的妈妈给儿子一叠纸、一捆笔，还有一面墙。她告诉他：你的每一张画都要贴在墙上，给所有来我们家的客人看。

第二个孩子的妈妈给儿子一叠纸、一捆笔，还有一个纸篓。她告诉他：你的每一张画都要扔在这个纸篓里，无论你自己对它满意还是不满意。

3 年以后，第一个孩子举办了画展：一墙的画，色彩鲜亮，构图完整，人人赞扬。

第二个孩子没法展览，一纸篓的画，满了就倒掉，所有的人都只看到他手头尚未画完的那一张。

30 年以后，人们对第一个孩子一墙一墙地展览的画已不感兴趣，第二个孩子的画却横空出世，震惊了画坛。

人们把第一个孩子贴在墙上的画揭下来，扔进了纸篓，又将第二个孩子扔在纸篓里的画拾出来，贴在墙上。

➡［书外人语］急于表现的结果往往是浮躁与浅薄，在鲜花与掌声的包围中，即使有一点深刻的东西也会渐趋流俗。

三个旅行者

三个旅行者同时住进一家旅店。早上出门时，一个旅行者带了一把伞，一个拿了一根拐杖，第三个则两手空空。

晚上归来时，拿雨伞的人淋湿了衣服，拿拐杖的人跌得身上不少泥，而空手者却什么事都没有。前两人都很奇怪，问第三人这是为什么。

第三个旅行者没有回答，而是问拿伞的人，“你为什么淋湿而没有摔跤呢?”

“下雨的时候，我很高兴有先见之明，撑开伞大胆地在雨中走，衣服还是湿了不少。泥泞难行的地方，因为没有拐杖，走起来小心翼翼，就没有摔跤。”

再问拿拐杖者，他说:“下雨时，没有伞我就拣能躲雨的地方走或停下来休息。泥泞难行的地方我便用拐杖拄着走，却反而跌了跤。”

空手的旅行者哈哈大笑，说:“下雨时我拣能躲雨的地方走，路不好时我细心走，所以我没有淋着也没有摔着，你们有凭借的优势，就不够仔细小心，以为有优势就没问题，所以反而有伞的淋湿了，有拐杖的摔了跤。” （王　晔）

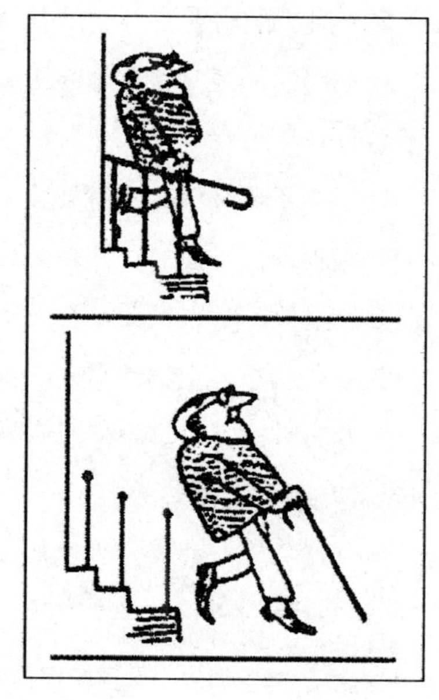

➡［书外人语］许多时候，我们不是跌倒在自己的缺陷上，而是在自以为有优势没问题的地方出了差错。因为缺陷常给我们以提醒，而优势则让人忘乎所以。

虚掩着的门

一天，公司总经理叮嘱全体员工：“谁也不要走进 8 楼那个没挂门牌的房间。”但他没解释为什么。

在这家效益不错的公司里，员工们都习惯了服从，大家牢牢记住了领导的吩咐，谁也不去那个房间。

一个月后，公司又招聘了一批年轻人，同样的话，总经理又向新员工重复了一遍。这时，有个年轻人在下面小声嘀咕了一句：“为什么？”

总经理看了他一眼，满脸严肃地回答：“不为什么。”

回到岗位上，那个年轻人的脑子里还在不停地闪现着那个神秘的房间：又不是公司部门的办公用房，又不是什么重要机密存放地，为什么要有这样的吩咐呢？年轻人想去敲门看看到底是怎么回事。

同事们纷纷劝他，冒这个险干吗？不听经理的话有什么好果子吃，这份工作来之不易呀！

小伙子来了牛脾气，执意要去看个究竟。

他轻轻地叩门，没有人应声。他随手一推，门开了，不大的房间中只有一张桌子，桌子上放着一张纸条，上面用红笔写着几个字：“拿这张纸条给经理。”

小伙子很失望，但既然做了，就做到底，他拿着纸条去了总经理办公室。当他从经理办公室出来时，不但没有被解雇，反而被任命为销售部经理。

“销售是最需要创造力的工作，只有不被条条框框限制住的人才能胜任。”经理给了大家这样一个解释。到最后，那个小伙子也果然没有让经理失望。

➡ [书外人语] 这个故事不是鼓励你与领导对着干，只是想告诉你，有些条条框框所设置的禁区，其实正是留给勇敢开拓者的处女地。

错 误

公司里新招了一批职员，老板抽时间与大家见个面。

“黄烨(huá)”

全场一片静寂，没有人应答。老板又念了一遍。

一个员工站起来，怯生生地说:“我叫黄烨(yè)，不叫黄烨(huá)。”

人群中发出一阵低低的笑声。老板的脸色有些不自然。

“报告经理，我是打字员，是我把字打错了。”一个精干的小伙子站了起来，说道。

“太马虎了，下次注意。”老板挥挥手，接着念了下去。

没多久，打字员被提升为公关部经理，叫黄烨的那个员工则被解雇了。

（王宏伦）

➡［书外人语］表面上看来，这个领导没什么水平，打字员在拍马屁。实则每个人都有自己的知识欠缺，犯错误出洋相难以避免，而如何巧妙地让别人从尴尬中走出来，却是很高超的学问，是一种机变的本领。

酒不治秃

一次，原东德柏林空军俱乐部举行宴会招待空战英雄。一位年轻士兵在斟酒时不慎把酒泼在乌戴特将军的秃头上。顿时，士兵悚然，全场寂静。

倒是这位将军悠悠然，他轻轻拍了拍士兵的肩头，说：

“老弟，你以为这种治疗方法管用吗?”

话音刚落，全场立即爆发出响亮的笑声，人们绷住的心弦也松弛了。

➡[书外人语] 宽容的胸怀，幽默的谈吐，是社交场合必备的素质。

君子报仇

有一个人很不满意自己的工作，他愤愤地对朋友说:“我的长官一点也不把我放在眼里，改天我要对他拍桌子，然后辞职不干。”

“你对于那家贸易公司完全弄清楚了吗？对于他们做国际贸易的窍门完全搞通了吗?”他的朋友反问。

“没有!”

“君子报仇三年不晚，我建议你好好地把他们的一切贸易技巧、商业文书和公司组织完全搞通，甚至连怎么修理影印机的小故障都学会，然后辞职不干。”他的朋友建议，“你用他们的公司，做免费学习的地方，什么东西都通了之后，再一走了之，不是既出了气，又有许多收获吗?”

那人听从了朋友的建议，从此便默记偷学，甚至下班之后，还留在办公室研究写商业文书的方法。

一年之后，那位朋友偶然遇到他:

“你现在大概多半都学会了，可以准备拍桌子不干了吧!”

“可是我发现近半年来，老板对我刮目相看，最近更总是委以重任，又升官、又加薪，我已经成为公司的红人了!”

“这是我早就料到的!”他的朋友笑着说:“当初你的老板不重视你，是因为你的能力不足，却又不努力学习；而后你痛下苦功，担当日巨，当然会令他对你刮目相看。只知抱怨长官的态度，却不反省自己的能力，这是人们常犯的毛病啊！”

➡［书外人语］ 如果你不被领导重视，不妨试试这种“报仇”方法。

造就与迷失

醉心戏剧的某人，不顾亲朋的反对，毅然选择一处并不热闹的地区，兴建了一所超水准的剧场。

奇迹出现了，剧场开幕之后，附近的餐馆一家接一家地开设，百货商店和咖啡厅也纷纷跟进。没有几年，那个地区竟然发展得非常繁荣，剧场的生意很是红火。

“看看我们的邻居，一小块地，盖栋楼就能租那么多钱，而你用这么大的地，却只有一点剧场的收入，岂不是太吃亏了吗？”那人的妻子对丈夫抱怨，“我们何不将剧场改建为商业大厦，也做餐饮百货，分租出去，单单租金就比剧场的收入多几倍！”

某人想想确实如此，就草草结束剧场，贷得巨款，改建商业大楼，怎料楼还没有竣工，邻近的餐饮百货店纷纷迁走，房价下跌，往日的繁华又不见了。更可怕的是，当他与邻居相遇时，人们不但不像以前那样对他热情奉承，反而露出敌视的眼光。

某人终于想通了，是他的剧场为附近带来繁荣，也是繁荣改变他的价值观，更由于他的改变，又使当地失去了繁华。

➡［书外人语］ 人们常因建设自己而造就别人，又因别人的造就而改变自己。在这改变中，某些人迷失了，不但迷失了自己，也迷失了那些曾被他造就的人。

可怜的花

我朋友爱养花，什么花都栽得很好。每到花开季节，满园子花香宜人，蝶飞蜂绕，很让人羡慕。于是，我和一帮朋友时常去他家赏花。朋友是个大方人，碰上爱花人，必以鲜花相赠，所以，有许多人慕名而来。

一天，我去他家时，碰上张三也在那里，正缠着我朋友不放，讨要一盆开得正艳的牡丹。奇怪的是，平素大方的朋友一反常态，说啥也不想给。

好在都是熟人，实在却不过情面。张三恳求再三，硬是把花搬走了。我朋友顿脚叹息说:“不信你等着看吧，这棵花算是死定了。”

果然，没过多久，张三搬走的牡丹就死了。朋友摇头惋惜:“果然不出所料啊!”

我问为什么。朋友说:“难道你看不出，张三这人是个势利眼吗？别人发达时，他趋之若鹜，别人倒霉时，他避之不及。”

我问:“这跟养花又有什么关系?”

朋友正色道:“用这份性情来养花，必然是花艳时百般呵护，花谢时弃之不顾。你想想看，世上又有哪一朵花是可以永开不败的呢?”　　(孙君红)

➡[书外人语] 好像因为张是中国数得着的大姓，所以“张三”们很多。对这类人，要心中有数。

买件红衣服穿

美国钢铁大王卡内基小的时候家里很穷，有一天，他放学回家时经过一个工地，看到一个穿着华丽、像老板模样的人在那儿指挥工人干活。

“请问你们在盖什么？”他走上前去问那位老板模样的人。

“要盖个摩天大楼，给我的百货公司和其他公司使用。”那人说道。

“我长大后要怎样才能像你这样？”卡内基以羡慕的口吻问道。

“第一要勤奋工作……”

“这我早知道了，老生常谈，那第二呢？”

“买件红衣服穿！”

聪明的卡内基满脸狐疑：“这……这和成功有关？”

“有啊！”那人顺手指了指前面的工人道，“你看他们都是我的手下，但都穿着清一色的蓝衣服，所以我一个也不认识……”

说完他又特别指向其中一位工人：“但你看那个穿红衬衫的工人，我长时间注意到他，他的身手和其他人差不多，但是我认识他，所以过几天我会请他做我的副手。”

成功并非你想成功就可以达到，还要有迥异于他人的智慧和思想才行。

（李 良）

➡［书外人语］ 敢于与众不同，是成功者的第一思维模式。

马屁股的宽度

有一则近于黑色幽默的小故事：

美国铁路两条铁轨之间的标准距离是 4.85 英尺。这个令人惊奇的标准，究竟从何而来？

原来这是英国的铁路标准，因为美国的铁路最早是由英国人设计建造的。那么，为什么英国人用这个标准呢？原来英国的铁路是由建电车轨道的人设计的，而这个4.85英尺正是电车所用的标准。

电车轨道标准又是从哪里来的呢？原来最先造电车的人以前是造马车的，而他们是用马车的轮宽做标准。好了，那么，马车为什么要用这个一定的轮距标准呢？因为如果那时候的马车有任何其他轮距的话，马车的轮子很快就会在英国的老路上撞坏的。为什么？因为这些路上辙迹的宽度为4.85英尺。

这些辙迹又是从何而来的呢？答案是古罗马人定的，4.85英尺正是罗马战车的宽度。如果任何人用不同的轮宽在这些路上行车的话，他的轮子的寿命都不会长。我们再问：罗马人为什么用4.85英尺作为战车的轮距宽度呢？原因很简单，这是两匹拉战车的马的屁股的宽度。

故事到此应该完结了，但事实上还没有完。下次你在电视上看到美国航天飞机立在发射台上的雄姿时，你留意着，在它的燃料箱的两旁有两个火箭推进器，这些推进器是由设在犹他州的工厂所提供的。如果可能的话，这家工厂的工程师希望把这些推进器造得再胖一点，这样容量就可以大一些，但是他们不可以，为什么？因为这些推进器造好后要用火车从工厂运到发射点，路上要通过一些隧道，而这些隧道的宽度只比火车轨道的宽度宽了一点点。

故事是颇有趣的。从一定意义上说，今天世界上最先进的运输系统的设计，或许是由两千年前的两匹战马的屁股宽度来决定的。历史惯性的力量是多么的强大，要冲破由惯性形成的规则又是多么艰难！

历史是一笔财富，规则是一种秩序，但它们同时又可能是一种沉重而严酷的束缚。要想拥有财富，主宰命运，就必须大胆地挣脱束缚，勇敢地挑战规则。

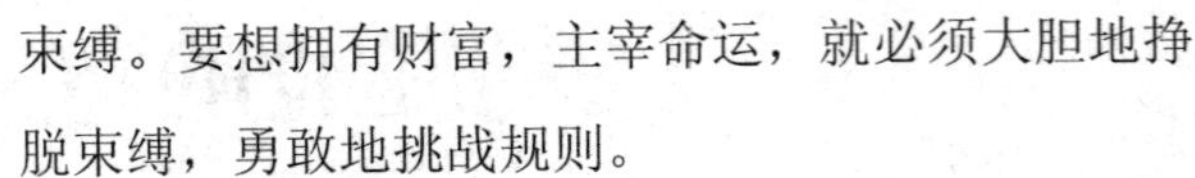

（朱华贤）

➡[书外人语] 追本溯源，科技与文明的轨迹是如此清晰明了，又如此让人震撼深思。最先进的科技中居然清晰地印刻着最原始的痕迹！

发现不拉马的士兵

在管理界，这样一个故事流传已久，一位年轻有为的炮兵军官上任伊始，到下属部队视察操练情况。他在几个部队发现相同的情况：在一个单位操练中，总有一名士兵自始至终站在大炮的炮管下面，纹丝不动。军官不解，问其原因，得到的答案是：操练条例就是这样要求的。

军官回去后反复查阅军事文献，终于发现，长期以来，炮兵的操练条例仍因循非机械化时代的规则。站在炮管下面的士兵的任务是负责拉住马的缰绳（在那个时代，大炮是由马车运载到前线的），以便在大炮发射后调整由于后坐力产生的距离偏差，减少再次瞄准所需的时间。现在大炮的自动化和机械化程度很高，已经不再需要这样一个角色了，但操练条例没有及时地调整，因此出现了“不拉马的士兵”。军官的发现使他获得了国防部的嘉奖。

也许有人会不解，这一点发现就可以获得嘉奖，这位军官真是得了个大便宜。其实此言差矣。从管理的角度看，此举大大提高了管理的效率（用最少的投入获得最大的产出），军队因此可以节省相当的资源(如果每一门炮少使用一个人的话)。如果节省的人力在另外的岗位上工作，又可以获得额外的收益。从组织的角度来进一步分析，这实际上是一个组织工作系统的优化过程。“人得其事，事得其人；人尽其才，事尽其功。”在每一个企业组织中，完善的组织结构设计和合理运作的目标就是这十六字方针。反观目前许多企业的组织结构，“不拉马的士兵”随处可见，我们的企业又如何能够高效发展呢？ （王雪莉）

➡［书外人语］司空见惯的事情，未必就合理。你只要细心观察，大胆地问为什么，总会有意想不到的收获。

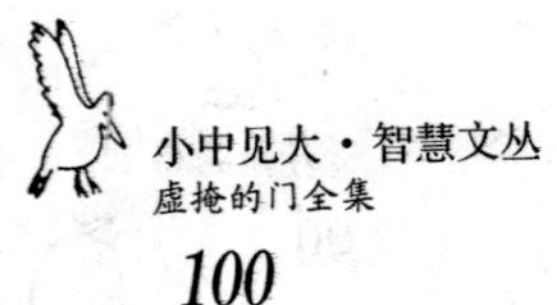

没有信誉就没有生存

说的是有一名我们的德国留学生，毕业时成绩优异得很，高材生嘛，理所当然地留在德国四处求职。拜访过很多家大公司，全都被拒绝，搞得他很伤心，很恼火，又没有别的办法，总不能让肚皮饿着吧？狠狠心咬咬牙，收起高材生的架子，选了一家小公司去求职，心想，无论如何这次再也不会被有眼无珠的德国佬赶出门啦！

结果呢？

小公司虽然小，仍然和大公司一样很有礼貌地拒绝了他。

高材生忍无可忍，终于拍案而起："你们这是种族歧视！我要控……"

对方没有让他把话说完，低声告诉他："先生，请不要大声说话，我们去另外的房间谈谈好吗？"

他们走进无人的房间，德国人请愤怒的留学生坐下，为他送上一杯茶水，然后从档案袋里抽出一张纸，放在他面前。留学生拿起看了看，是一份记录，记录他乘坐公共汽车曾经被抓住过三次逃票。他很惊讶，也更加气愤：原来就是因为这么点儿鸡毛蒜皮的事，小题大做！讲述这件事的是一位知名学者，讲到这里时他说，德国抽查逃票一般被查住的几率是万分之三，也就是说你逃一万次票才可能被抓住三次。

这位高材生居然被抓住三次逃票，在严肃严谨的德国人看来，大概那是永远不可饶恕的。当初听见这件事时，只是想我们这位留学生不该贪小便宜以至于因小失大。直到最近，不断听人说起，国际经济就是信誉经济，似乎才明白了德国人为什么把那件逃票的小事看得那么重要——一个人在三毛两角的蝇头小利上都靠不住，你还能指望在别的事情上可以信赖他吗？一旦受到金钱美女的诱惑你怎么敢信任他就不会出卖你、不会出卖公司的利益呢？一旦将银行的钱借给了他还

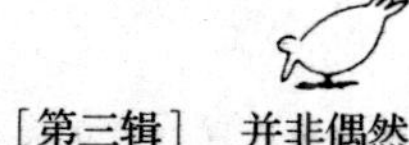

能指望他还回来吗？一旦签了合同你还能相信他会不折不扣地履行吗？

一个人的信誉、人格当然要靠自觉去做，但如果全凭自觉，怕是很难人人都自觉，其结果只能是越来越放纵，而放纵的结果是“卑鄙是卑鄙者的通行证”，而真正自觉的人只能越来越吃亏。一味强调自觉只能说明这个社会还不成熟，还太软弱。

还听人说过，在新加坡机场看见过我们的同胞拿着机票没有登上飞机，因为有证据表明，他借阅的图书还没有归还图书馆。而那些曾经在新加坡有过劣迹的，只要他还用他的真名，他就别想再踏上那片国土，因为他从前的行径都已经记录在案，有关部门随时都可以查到。

一个成熟的社会，一个有力量的社会，不但要考察每一个人，而且还要为他们建立必要的档案，这个必要的档案并不是黑档案，而是能够向有关方面证实你的可信度的。这样，银行才可能借钱给你，商人才敢跟你做生意，别人才能与你合作，公司才好聘用你，当然你也可以分期付款购房购物……只要有证据表明你是一位信誉良好的人，信誉就是你的通行证，你就可以受人尊敬地通行于这个文明社会。

如果你不讲信誉呢？只要你敢欠钱不还，或者你敢乘车逃票、撕毁合同、偷税漏税、化公为私、说谎骗人，总之，只要你敢有一次不讲信誉，你就会上了没有信誉者的黑名单，你就会失去许多许多的机会，银行当然不可能再借钱给你，再没有人愿意跟你合作，邻居都要躲着你，哪家公司都不愿雇用你，自然也就没有人愿意跟你做朋友，你在这个文明社会就难以立足。只有当这个社会不但有舆论，而且有能力惩治那些没有信誉的人时，这个社会才是健全的，我们也才能被人家信赖，我们才能够真正参与到国际经济之中去。　　（叶　公）

➡［书外人语］ 虽然我们国家现在还没有这样的档案，但每个人心中都会有的。

奇妙的石头

有一个装扮奇特的人来到一个小村庄，他向迎面而来的几位妇女说:“我有一颗神奇的汤石，如果将它放入烧开的水中，会立刻变出一锅美味的汤来，如果不相信，我现在就煮给大家喝喝看。”

于是有人就找了一个大锅，有人提了一桶水，并且架上炉子和木柴，在村子的广场上煮了起来。

这个陌生人很小心地把汤石放入滚烫的锅中，然后用汤匙尝了一口，很兴奋地说:“哇！太美味了，如果再加一点洋葱就更好了。”立刻有人冲回家拿了一堆洋葱，陌生人又尝了一口:“太棒了，如果再放些肉片就更香了。”又有一个妇人快速回家端了一盘肉出来，“再有一些蔬菜就太完美了。”陌生人又建议道。

在陌生人的指挥下，有人拿了盐、有人拿了酱油，也有人捧来其他的作料，当大家一人一碗蹲在那里享用时，他们发现这真是天底下最美味好喝的汤。

➡[书外人语] 作为领导者，要有找到和运用这种“奇妙的石头”的能力。

传口令

1910年，美军部队在一次传递口令时情况是这样的。

营长对值班军官：明晚大约8点钟左右，哈雷彗星将可能在这一地区看到，这种彗星每隔76年才能看见一次。命令所有士兵着野战服在操场上集合，我将向他们解释这一罕见的现象。如果下雨的话，就在礼堂里集合，我将为他们放映

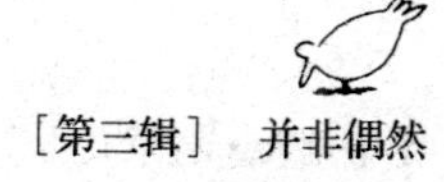

一部有关彗星的影片。

值班军官对连长：根据营长命令，明晚 8 点哈雷彗星将在操场上空出现。如果下雨的话，就让士兵们穿着野战服前往礼堂，这个 76 年才能有一次的罕见现象将在那里出现。

连长对排长：根据营长的命令，明晚 8 点，非凡的哈雷彗星将身穿野战服在礼堂中出现。如果操场上下雨的话，营长将下达另一个命令，这种命令每隔 76 年才会出现一次。

排长对班长：明晚 8 点，营长将带着哈雷彗星在礼堂中出现，这是每隔 76 年才会有的事。如果下雨的话，营长将命令哈雷彗星穿上野战服到操场上去。

班长对士兵：在明晚 8 点下雨的时候，著名的 76 岁的哈雷将军将在营长的陪同下身穿野战服开着那辆“彗星”牌汽车经过操场前往礼堂。

➡［书外人语］ 在纪律严明的军队中，都能出现如此的黑色幽默，令人捧腹之余，也足以引人深思，即：话过他人口，必然经过了他人的想象与加工。不可轻信传言。

“破窗理论”

多年前，美国斯坦福大学心理学家詹巴斗进行一项试验，他找了两辆一模一样的汽车，把其中的一辆摆在帕罗阿尔托的中产阶级社区，而另一辆停在相对杂乱的布朗克斯街区。停在布朗克斯的那一辆，他把车牌摘掉了，并且把顶棚打开。结果这一辆车一天之内就被人偷走了，而放在帕罗阿尔托的那一辆，摆了一个星期也无人问津。后来，詹巴斗用锤子把那辆车的玻璃敲了个大洞。结果呢，仅仅过了几个小时，它就不见了。

以这项试验为基础，政治学家威尔逊和犯罪学家凯琳提出了一个“破窗理论”。理论认为：如果有人打坏了一个建筑物的窗户玻璃，而这扇窗户又得不到及时的维修，别人就可能受到某些暗示性的纵容去打烂更多的窗户玻璃。久而久之，这些破窗户就给人造成一种无序的感觉。结果在这种公众麻木不仁的氛围中，犯罪就会滋生、繁荣。

“破窗理论”在企业管理中也有重要的借鉴意义。

在日本，有一种称作“红牌作战”的质量管理活动：①清理：清楚地区分要与不要的东西，找出需要改善的事物。②整顿：将不要的东西贴上“红牌”标示。③清扫：有油污、不清洁的设备贴上“红牌”，藏污纳垢的办公室死角贴上“红牌”，办公室、生产现场不该出现的东西贴上“红牌”。④清洁：减少“红牌”的数量。⑤修养：有人继续增加“红牌”，有人努力减少“红牌”。“红牌作战”的目的是，借助这一活动，让工作场所得以整齐清洁，营造舒服的工作环境，久而久之，大家遵守规则，认真工作。许多人认为，这样做太简单，芝麻小事，没什么意义。但是，一个企业产品质量是否有保障的一个重要标志，就是生产现场是否整洁。这应该是“破窗理论”比较直观的一个体现。

重要的一个方面可能在于，企业中对待随时可能发生的一些“小奸小恶”的态度，特别是对于触犯企业核心价值观念的一些“小奸小恶”，小题大做的处理是非常必要的。

美国有一家以极少炒员工著称的公司。一天，资深熟练车工杰瑞为了赶在中午休息之前完成三分之二的零件，在切割台上工作了一会儿之后，就把切割刀前的防护挡板卸下放在一旁，没有防护挡板收取加工零件更方便更快捷一点。大约过了一个多小时，杰瑞的举动被无意间走进车间巡视的主管逮了个正着。主管大发雷霆，除了目视着杰瑞立即将防护板装上之外，又站在那里控制不住地大声训斥了半天，并声称要作废杰瑞一整天的工作量。事到此时，杰瑞以为结束了，没想到，第二天一上班，有人通知杰瑞去见老板。在那间杰瑞受过好多次鼓励和表彰的总裁室里，杰瑞听到了要将他辞退的处罚通知。总裁说：“身为老员工，你应该比任何人都明白安全对于公司意味着什么。你今天少完成几个零件，少实现了利润，公司可以换个人换个时间把它们补回来，可你一旦发生事故失去健康乃至生命，那是公司永远都补偿不起的……”

离开公司那天，杰瑞流泪了，工作了几年时间，杰瑞有过风光，也有过不尽如人意的地方，但公司从没有人对他说不行。可这一次不同，杰瑞知道，他这次触犯的是公司灵魂的东西。这个故事是否能够告诉我们，对于影响深远的“小过错”，“小题大做”去处理，以防止“千里之堤，溃于蚁穴”，正是及时修好“第一个被打碎的窗户玻璃”的明智举措。（愚 顽）

➡［书外人语］ 对于一个集体，要及时修好“第一个被打碎的窗户玻璃”；对于个人，更要如此，否则，时间久了，就极容易有破罐破摔的心理。

独木桥的走法

弗洛姆是美国一位著名的心理学家。一天，几个学生向他请教：心态会对一个人产生什么样的影响？

他微微一笑，什么也不说，就把他们带到一间黑暗的房子里。在他的引导下，学生们很快就穿过了这间伸手不见五指的神秘房间。接着，弗洛姆打开房间里的一盏灯，在这昏黄如烛的灯光下，学生们才看清楚房间的布置，不禁吓出一身冷汗。原来，这间房子的地面就是一个很深的大水池，池子里蠕动着各种毒蛇，包括一条大蟒蛇和三条眼镜蛇，有好几条毒蛇正高高地昂着头，朝他们“滋滋”地吐着信子。就在这蛇池的上方，搭着一座很窄的木桥，他们刚才就是从那座木桥上走过来的。

弗洛姆看着他们，问:“现在，你们还愿意再次走过这座桥吗？”

大家你看看我，我看看你，都不做声。

过了片刻，终于有三个学生犹犹豫豫地站了出来。其中一个学生一上去，就异常小心地挪动着双脚，速度比第一次慢了好多倍；另一个学生战战兢兢地踩在小木桥上，身子不由自主地颤抖着，才走到一半，就挺不住了；第三个学生干脆弯下身来，慢慢地趴在小桥上爬了过去。

“啪”，弗洛姆又打开了房内另外几盏灯，强烈的灯光一下子把整个房间照耀得如同白昼。学生们揉揉眼睛再仔细看，才发现在小木桥的下方装着一道安全网，只是因为网线的颜色极暗淡，他们刚才都没有看出来。弗洛姆大声地问:“你们当中还有谁愿意现在就通过这座小桥?”

学生们没有做声，“你们为什么不愿意呢?”弗洛姆问道。“这张安全网的质量可靠吗?”学生心有余悸地反问。

弗洛姆笑了:“我可以解答你们的疑问了，这座桥本来不难走，可是桥下的毒蛇对你们造成了心理威慑，于是，你们就失去了平静的心态，乱了方寸，慌了手脚，表现出各种程度的胆怯——心态对行为当然是有影响的啊。”(英　涛)

➡［书外人语］认认真真地走好自己脚下的路，比总想着困难要好得多。专心于路，路就不会多难走；专心于事，事就不会太难做。

简单并富有着

沃伦•巴菲特，世界上第二富有的人，美国 CNBC 电视台曾经对他进行了专访。以下是有关他个人生活的一些有趣的片断。

• 他 11 岁时买了第一只股票，但是现在他后悔入市太晚。——“那会儿的东西都特别便宜。”

• 14 岁的时候，他用送报纸攒下来的钱买了一个小农场。——“积少成多也能干很多事情。”“鼓励你的孩子做一些生意。”

• 他还是住在奥马哈有 3 个卧室的小房子里，那是他 50 年前结婚的时候买的。他说，在那个房子里他能得到他要的一切东西。那房子甚至没有院墙和篱笆。——“只买你真正需要的东西，用同样的态度培养你的孩子，教育他们也这样做。”

• 他到哪儿都自己开车，身边没有司机和保安。——“你该怎么样就怎么样。”

• 虽然他拥有世界上最大的私人飞机公司，但是他从来不乘私人飞机出行。——“总是记得用经济的方法办事。”

• 他的公司，拥有 63 家子公司。他每年只给他下属公司的总裁写一封信，告诉他们这一年的目标。一般情况下，他尽量不召开会议或者给下属打电话。——“安排合适的人做合适的工作。”

• 他给他的总裁颁布了两条戒律：戒律一，不许赔掉你股东的一分钱。戒律二，不要忘记戒律一。——“设定目标，然后确保人们专心去实现这些目标。”

• 他不喜欢与社会高层打交道。他回家后的消遣就边吃爆米花边看电视。——“不要想着炫耀，做好你自己，做你乐意做的事情就够了。”

• 他没有手机，办公桌上也没有电脑。

• 比尔•盖茨，这个世界上最富有的人 5 年前才和巴菲特第一次见面。比尔•

盖茨以为他们没有什么共同话题，所以他只为这次会面准备了半小时的时间。但是，当两人相见后，整个会面持续了10个小时，并从此成了沃伦•巴菲特的拥趸。

巴菲特还向年轻人建议，远离信用卡(银行贷款)，要为自己投资，并且要记住：

1. 不要钱造人，而是人生钱。

2. 过尽可能简单的生活。

3. 不要别人说什么就做什么，听着就行了，做你自己觉得好的事。

4. 不要追求名牌，穿你觉得舒服的衣服。

5. 不要把钱花在不必要的事情上，而是用在真正需要的地方。

6. 总之，你的生活是你自己的，为什么要给别人机会支配我们的生活呢？

“最幸福的人不一定拥有所有最好的东西，他们只是享受人生中遇到的东西。”

➡［书外人语］沃伦·巴菲特被投资界尊称为“股神”，你愿意了解他的经验、心得，并听取他的建议吗？

生命境界 04

容 纳

人们讲述了越战结束后一个士兵的故事——

他打完仗回到国内，从旧金山给父母打了一个电话。

“爸爸，妈妈，我要回家了！但我想请你们帮我一个忙，我要带我的一位朋友回来。”

“当然可以。”父母回答道，“我们见到他会很高兴的”。

“有些事必须告诉你们”，儿子继续说，“他在战斗中受了重伤，他踩着一个地雷，失去了一只胳膊和一条腿。他无处可去，我希望他能来我们家和我们一起生活。”

“我很遗憾地听到这件事，孩子，也许我们可以帮他另找一个地方住下。”

“不，我希望他和我们住在一起。”儿子坚持。

“孩子”，父亲说，“你不知道你在说些什么，这样一个残疾人将会给我们带来沉重的负担，我们不能让这种事干扰我们的生活。我想你还是赶快回家来，把这个人给忘掉，他自己会找到活路的。”

就在这个时候，儿子挂上了电话。

父母再也没有得到他们儿子的消息。然而几天后，他们接到旧金山警察局打来的一个电话，被告知，他们的儿子从高楼上坠地而亡，警察局认为是自杀。

悲痛欲绝的父母飞往旧金山。在陈尸间里，他们惊愕地发现，他们的儿子只有一只胳膊和一条腿。

➡[书外人语] 在这道爱的考题前，自私的父母失败了，不及格的代价是把千辛万苦从战场上活着回来的儿子又推向了死亡。

最后一美元

这是一位著名流行音乐节目主持人讲的故事：

20 年前那个雨雪霏霏、北风烈烈的季节，刚刚中学毕业的我，带着对音乐的狂热，只身来到纳什维尔，希望成为一名流行音乐节目主持人。

然而，我却四处碰壁。一个月下来，口袋里差不多已空空如也。幸而一位在超级市场工作的朋友用那里准备扔掉的过期食品偷偷接济我，我才勉强度日。最后，我只剩下一美元，却怎么也舍不得把它花掉，因为上面满是我喜爱的歌星的亲笔签名。

一天早晨，我在停车场留意到一名男子坐在一辆破旧不堪的汽车里。一连两天，汽车都停在原地。而那名男子每次看到我都温和地向我挥挥手。我心里纳闷，这么大的风雪，他呆在那儿干吗?

第三天早晨，当我走近那辆汽车时，那名男子把车窗摇下来。我停住脚步，和他攀谈起来。交谈中，我了解到，他是到这里应聘的，但因早到了三天，所以无法立即工作。口袋里又没钱，只好呆在车里不吃不喝。

他忸怩片刻，然后红着脸问我是否可以借给他一美元买点吃的，日后再还我。然而，我也是自身难保。我向他解释了我的困境，不忍看到他失望的表情而转身离去。

刹那间，我想起口袋里的那一美元。犹豫了片刻，我终于下了决心。我走到车前，把钱递给了他。他的两眼顿时亮了起来。“有人在上面写满了字。”他说。他没有留意那全是亲笔签名。

那一天，我尽量不去想这珍贵的一美元。然而时来运转，就在当天早晨，一家电台通知我去录节目，薪金 500 美元。从那以后，我一炮打响，成为正式节目主持人，再不用为吃穿用度发愁。

我再没见过那辆汽车和那名男子。有时候，我在想他到底是乞丐，还是上天派来的使者。但有一点是清楚的，这是我人生碰到的一次至关重要的考试——我通过了。

➡［**书外人语**］锦上添花、顺手捎带的助人固然也是一种美德，但真正考验人格的是这最后的一美元，牺牲自己的利益去助人，能通过这样的考试的人确实难能可贵。

悠悠寸草心

日本一名牌大学毕业生应聘于一家大公司。社长审视着他的脸，出乎意外地问："你替父母洗过澡擦过身吗？""从来没有过。"青年很老实地回答。"那么，你替父母捶过背吗？"青年想了想："有过，那是我在读小学的时候，那次母亲还给了我10元钱。"

在诸如此类的交谈中，社长只是安慰他别灰心，会有希望的。青年临走时，社长突然对他说："明天这个时候，请你再来一次。不过有一个条件，刚才你说从来没有替父母擦过身，明天来这里之前，希望你一定要为父母擦一次。能做到吗？"这是社长的吩咐，因此青年一口答应。

青年虽大学毕业，但家境贫寒。他刚出生不久父亲便去世，从此，母亲为人做佣拼命挣钱。孩子渐渐长大，读书成绩优异，考进东京名牌大学。学费虽令人生畏，但母亲毫无怨言，继续帮佣供他上学。直至今日，母亲还去做佣，青年到家时母亲还没有回来。母亲出门在外，脚一定很脏，他决定替母亲洗脚。

母亲回来后，见儿子要替她洗脚，感到很奇怪："脚，我还洗得动，我自己来洗吧。"于是青年将自己必须替母亲洗脚的原委一说，母亲很理解，便按儿子的要求坐下，等儿子端来水盆，把脚伸进水盆里。

青年右手拿着毛巾，左手去握母亲的脚，他这才发现母亲的那双脚已经像木棒一样僵硬，他不由得搂着母亲的脚潸然泪下。在读书时，他心安理得地花着母亲如期送来的学费和零花钱，现在他才知道，那些钱是母亲的血汗钱。

第二天，青年如约去那家公司，对社长说："现在我才知道母亲为了我受了很大的苦，你使我明白了在学校里没有学过的道理，谢谢社长。如果不是你，我还从来没有握过母亲的脚，我只有母亲一个亲人，我要照顾好母亲，再不能让她受苦了。"

社长点了点头，说："你明天到公司上班吧。" （石 韬）

➡[书外人语] 对为你付出最多的亲人你都漠然置之，谁会指望从你这儿得到真情的回报，你又何曾会关心别人?对你周围的不孝之子敬而远之吧!

看不见的爱

夏季的一个傍晚，天色很好。我出去散步，在一片空地上，看见一个 10 岁左右的小男孩和一位妇女。那孩子正用一只做得很粗糙的弹弓打一只立在地上、离他有七八米远的玻璃瓶。

那孩子有时能把弹丸打偏一米，而且忽高忽低。我便站在他身后不远，看他打那瓶子，因为我还没有见过打弹弓这么差的孩子。那位妇女坐在草地上，从一堆石子中捡起一颗，轻轻递到孩子手中，安详地微笑着。那孩子便把石子放在皮套里，打出去，然后再接过一颗。从那妇女的眼神中可以看出，她是那孩子的母亲。

那孩子很认真，屏住气，瞄很久，才打出一弹。但我站在旁边都可以看出他这一弹一定打不中，可是他还在不停地打。

我走上前去，对那母亲说:“让我教他怎样打好吗?”

男孩停住了，但还是看着瓶子的方向。他母亲对我笑了一笑。“谢谢，不用!”她顿了一下，望着那孩子，轻轻地说，“他看不见。”

我怔住了。半晌，我喃喃地说:“噢……对不起! 但为什么?”

“别的孩子都这么玩儿。”

“呃……”我说，“可是他……怎么能打中呢?”

“我告诉他，总会打中的。”母亲平静地说，“关键是他做了没有。”

我沉默了。

过了很久，那男孩的频率逐渐慢了下来，他已经累了。他母亲并没有说什么，还是很安详地捡着石子儿，微笑着，只是递的节奏也慢了下来。我慢慢发现，这孩子打得很有规律，他打一弹，向一边移一点，打一弹，再转点，然后再慢慢移回来。

他只知道大致方向啊!

夜风轻轻袭来，蛐蛐在草丛中轻唱起来，天幕上已有了疏朗的星星。那由皮条发出的“噼啦”声和石子崩在地上的“砰砰”声仍在单调地重复着。对于那孩子来说，黑夜和白天并没有什么区别。

又过了很久，夜色笼罩下来，我已看不清那瓶子的轮廓了。“看来今天他打不中了。”我想。犹豫了一下，对他们说声“再见”，便转身向回走去。

走出不远，身后传来一声清脆的瓶子的碎裂声。（赵宇宁）

➧［书外人语］无私的爱与奉献是人类存在和世界美好的基础。只要有一个正确的大方向，有爱的支持，没有什么是做不到的。

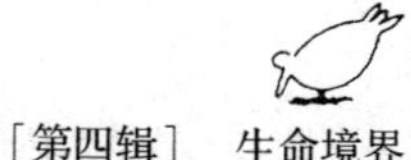

有些事不能等

一位妇人 29 岁开始守寡，带着一儿一女艰难度日，却始终不肯改嫁，怕的是让孩子受委屈。终于有一天，儿子长大成人去闯天下，落脚在另外一个城市。他一直盼望着境况好些再把母亲和妹妹接来，为此，他早为母亲准备好了一套崭新的衣裳和一双母亲最爱穿的软底鞋，只等待那喜洋洋的团聚时刻，但因为种种原因，错过了一次又一次的机会。

忽然有一天，他接到妹妹发来的电报，母亲脑溢血而突然去世。当他匆忙赶到并亲手为母亲穿上衣服和鞋子时，那种悔恨刺得他遍体鳞伤。

当年已 67 岁的舅舅在电话中给我讲完这个故事以后，我以最快的速度将故事中的妹妹——我的母亲从遥远的地方接到深圳，尽管我现在的状况距离我想给母亲的还差得很远很远，但我已深深懂得，有些事情在你想做或有能力做得更完美时却已经来不及了。

去尽一份孝心，今天就是良辰。（佟 云）

➧［书外人语］ 树欲静而风不止，子欲养而亲不待。你等得起，年迈的父母却等不起。

珍惜感情

那是一个秋日微凉的黄昏。

刚跟丈夫怄过气，一头湿漉漉的乱发披散，站在院子的当口，让风使劲吹着。

“过来！坏脾气妞儿!”说话的当儿，丈夫已拿着电吹风从房里走出来。

没好意思再别扭，便拉过一把椅子顺从地坐下来。就这样，面对着满院子灿烂的花，不说一句话，心中的怨恨却已全消了。

一头雾气渐渐地散尽了，耳畔不时地有一种温热的感觉。

“也许，几十年后的一个黄昏，像现在，你一人独坐的时候，你会想起眼前的这一刻的。”

沉默了很长时间的丈夫，突然说出这样的话来，而且在声音中还带着一丝藏不住的伤感。

“那你呢?”

丈夫关掉了手中的吹风机，看了我一眼，笑笑，然后用手摆正我的头，手中的电吹风又响了起来，好一会儿才说：

“先你而去了。”

声音是那么肯定而平静。而我好像突然明白了一直不做声的丈夫心中的那一份痛惜的感觉，就像是一个顽童突然看到了他顽劣的后果。

倘上帝真的要惩罚我，让我在几十年后独自面对这满院子的鲜花。那么，我怎么敢去细想，去揣摩丈夫此刻的伤感与痛惜。

佛说，修五百年只能同舟，修一千年才能同枕。而千年之后又能相守几时?

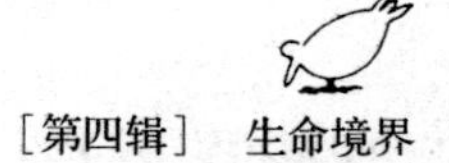

为什么敢轻易伤害的总是我最亲爱的人，只是因为只有这个人会一次又一次地原谅我。可是，就是因为这颗心永远不会背弃我，我就一直地不重视它。

真有那么一天，叫我怎样地面对满院鲜红依旧的花……（王亚丽）

➡［书外人语］ 生命中有些东西不可肆意挥洒，好好珍惜来之不易的这一世情缘吧，现时的点点滴滴也许都是将来你一个人孤苦时的珍贵回忆。

君子之争

1936年的柏林，希特勒对12万观众宣布奥运会开始。他要借世人瞩目的奥运会，证明雅利安人种的优越。

当时田径赛的最佳选手是美国的杰西•欧文斯。但德国有一跳远项目的王牌选手鲁兹•朗，希特勒要他击败杰西•欧文斯——黑种的杰西•欧文斯，以证明他的种族优越论——种族决定优劣。

在纳粹的报纸一致叫嚣把黑人逐出奥运会的声浪下，杰西•欧文斯参加了4个项目的角逐：100米、200米、4×100米接力和跳远。跳远是他的第一项比赛。

希特勒亲临观战。鲁兹•朗顺利进入决赛。轮到杰西•欧文斯上场，他只要跳得不比他最好成绩少过半米就可进入决赛。第一次，他逾越跳板犯规；第二次他为了保险起见从跳板后起跳，结果跳出了从未有过的坏成绩。

他一再试跑，迟疑，不敢开始最后的一跃。希特勒起身离场。

在希特勒退场的同时，一个瘦削、有着湛蓝眼睛的雅利安种德国运动员走近欧文斯，他用生硬的英语介绍自己。其实他不用自我介绍，没人不认识他——鲁兹•朗。

鲁兹•朗结结巴巴的英文和露齿的笑容松弛了杰西•欧文斯全身紧绷的神经。

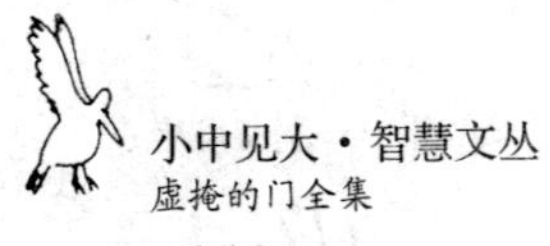

鲁兹·朗告诉杰西·欧文斯，最重要的是取得决赛的资格。他说他去年也曾遭遇同样情形，用了一个小诀窍解决了困难。果然是个小诀窍，他取下杰西·欧文斯的毛巾放在起跳板后数英寸处，从那个地方起跳就不会偏失太多了。杰西·欧文斯照做，几乎破了奥运纪录。几天后决赛，鲁兹·朗破了世界纪录，但随后杰西·欧文斯以些微之优势胜了他。

贵宾席上的希特勒脸色铁青，看台上情绪昂扬的观众倏忽沉静。场中，鲁兹·朗跑到杰西·欧文斯站的地方，把他拉到聚集了12万德国人的看台前，举起他的手高声喊道："杰西·欧文斯！杰西·欧文斯！杰西·欧文斯！"看台上经过一阵难挨的沉默后，忽然齐声爆发："杰西·欧文斯！杰西·欧文斯！杰西·欧文斯！"杰西·欧文斯举起另一只手来答谢。等观众安静下来后，他举起鲁兹·朗的手朝向天空，声嘶力竭地喊道："鲁兹·朗！鲁兹·朗！鲁兹·朗！"全场观众也同声响应："鲁兹·朗！鲁兹·朗！"

没有诡谲的政治，没有人种的优劣，没有金牌的得失，选手和观众都沉浸在君子之争的感动里。

杰西·欧文斯创造的8.06米的纪录保持了24年。他在那次奥运会上荣获4面金牌，被誉为世界上最伟大的运动员之一。

多年后杰西·欧文斯回忆说，是鲁兹·朗帮助他赢得4面金牌，而且使他了解，单纯而充满关怀的人类之爱，是真正永不磨灭的运动员精神，所创的世界纪录终有一天会被继起的新秀突破，而这种运动员精神永不磨灭。　（胡志成）

➡ [书外人语] 君子之交如水一样淡泊纯净，君子之争既催人奋发向上，又像春风一样温暖和煦，洁净人的胸怀。

生命的清单

五官科病房里同时住进来两位病人，都是鼻子不舒服。在等待化验结果期间，甲说，如果是癌，立即去旅行，首先去拉萨。乙也同样表示。

结果出来了。甲得了鼻癌，乙长的是鼻息肉。

甲列了一张告别人生的计划表离开了医院，乙住了下来。甲的计划表是：去一趟拉萨和敦煌；从攀枝花坐船一直到长江口；到海南的三亚以椰子树为背景拍一张照片；在哈尔滨过一个冬天；从大连坐船到广西的北海；登上天安门；读完莎士比亚的所有作品；力争听一次瞎子阿炳原版的《二泉映月》；成为北京大学的一名学生；要写一本书……凡此种种，共 27 条。

他在这张生命的清单后面这样写道：我的一生有很多梦想，有的实现了，有的由于种种原因，没有实现。现在上帝给我的时间不多了，为了不遗憾地离开这个世界，我打算用生命的最后几年去实现还剩下的这 27 个梦。

当年，甲就辞掉了公司的职务，去了拉萨和敦煌。第二年，又以惊人的毅力和韧性通过了成人考试，成为北京大学中文系的一名学生。这期间，他登上了天安门，去了内蒙古大草原，还在一户牧民家里住了一个星期。现在，这位朋友正在实现他出一本书的夙愿。

有一天，乙在报上看到甲写的一篇散文，打电话去问甲的病，甲说，我真的无法想象，要不是这场病，我的生命该是多么的糟糕。是它提醒了我，去做自己想做的事，去实现自己想去实现的梦想，现在我才体味到什么是真正的生命和人生。你生活得也挺好吧! 乙没有回答。因为在医院时说的一切，早已因患的不是癌症而放到脑后去了。

（刘燕敏）

➡［书外人语］在这个世界上，我们每个人都患有一种癌症，那就是不可抗拒的死亡。我们之所以没有像那患鼻癌的人一样，列出一张生命的清单，抛开一切多余的东西，去实现梦想，也许是因为我们认为自己还会活得更久。也许正是这一点差别，使我们的生命有了质的不同：有些人把梦想变成了现实，有些人把梦想带进了坟墓。

海明威的六堂课

抗日战争时期，莱德勒少尉服役的美国海军炮艇“塔图伊拉”号停泊在重庆。这天，他兴致勃勃地参加当地举办的一种碰运气的“不看样品的拍卖会”。

那位拍卖商是以恶作剧而闻名遐迩的，所以当拍卖一个密封的大木箱时，在场的人都肯定箱里装满了石头。然而，莱德勒却开价30美元，拍卖商随即喊道：“卖了!”打开木箱，里面竟是两箱威士忌酒——战时重庆极珍贵的酒。于是，众人大哗，那些犯酒瘾的人出价30美元买一瓶，却被莱德勒回绝了，他说他不久要被调走，正打算开一个告别酒会。

当时，在重庆的美国著名作家海明威也犯了酒瘾，他来到“塔图伊拉”号炮艇对莱德勒说:“听说你有两箱醉人的美酒，我买六瓶，要什么价?”

莱德勒婉言拒绝了。

海明威掏出一大卷美钞，说:“给我六瓶，你要多少钱都行!”莱德勒想了一想说：“好吧，我用六瓶酒换你六堂课，教我成为一个作家，如何?”作家做了个鬼脸，笑道:“老兄，我可是花了好几年功夫才学会干这行，这价可够高的。好吧，成交了!”如愿以偿的莱德勒连忙递上六瓶威士忌。

接着的五天里，海明威不失信用地给莱德勒上了五堂课，莱德勒很为自己的成功得意，他以六瓶酒得到美国最出名的作家指点。海明威眨眨眼说:“你真是个精明的生意人。我只想知道，其余的酒你曾偷偷灌下多少瓶?”莱德勒说:“一瓶也没有，我要全留着开告别酒会用呢。”

海明威有事要提前离开重庆，莱德勒陪他去机场，海明威微笑道:“我并没忘记，这就给你上第六堂课。”在飞机的轰鸣声中，他说:“在描写别人前，首先自己要成为一个有修养的人……”作家接着说:“第一要有同情心，第二能以柔克刚，千万别讥笑不幸的人。”莱德勒说:“这与写小说有什么相干?”海明威一字一顿地说:“这对你的生活是至关重要的。”

正在向飞机走去的海明威突然转过身来，大声道:“朋友，你在为你的告别酒会发请柬前，最好把你的酒抽样检查一下! 再见，我的朋友!”

回去后，莱德勒打开一瓶又一瓶酒，发现里面装的全是茶。他明白，海明威早就知道了实情，然而只字未提，也未讥笑人，依然遵诺践约。此时，莱德勒才懂得，海明威教导他要做一个有修养的人的含义。

➡［书外人语］ 古龙小说《绝代双骄》中有个恶人谷，恶人谷中的恶人有个叫做“损人不利己”白开心，他的下场很不“开心”。别人上当吃亏、遭遇不幸时，你准备采取什么样的态度呢?

慈悲与智慧

日本的白隐禅师，是位生活纯净的修行者，因此受到乡里居民的称颂，都认为他是个可敬的圣者。

有一对夫妇，在他住处附近开了一家食品店，家里有一个漂亮的女儿。不料，夫妇俩发现女儿的肚子无缘无故地大起来。

这种见不得人的事，使得她的父母震怒异常! 好端端的黄花闺女，竟做出不可告人的事。在父母的逼问下，她起初不肯招认那个人是谁，但经过一再苦逼之后，她终于吞吞吐吐说出“白隐”两字。

她的父母怒不可遏地去找白隐理论，但这位大师不置可否，只若无其事地答道：

“就是这样吗?”

孩子生下来后，就被送给白隐。此时，他的名誉虽已扫地，但他并不以为然，只是非常细心地照顾孩子——他向邻居乞求婴儿所需的奶水和其他用品，虽不免横遭白眼，或是冷嘲热讽，他总是处之泰然，仿佛他是受托抚养别人的孩子一般。

事隔一年后，这位没有结婚的妈妈，终于不忍心再欺瞒下去了。她老老实实地向父母吐露真情：孩子的生父是在鱼市工作的一名青年。

她的父母立即将她带到白隐那里，向他道歉，请他原谅，并将孩子带回。

白隐仍然是淡然如水，他没有表示，也没有乘机教训他们；他只是在交回孩子的时候，轻声说道:“就是这样吗?”仿佛不曾发生过什么事；即使有，也只像微风吹过耳畔，霎时即逝。

白隐超乎“忍辱”的德行，赢得了更多、更久的称颂。

想想我们所遇到的挫折或耻辱，比之白隐，又算得了什么?白隐泰然自若，淡然处世的情怀，真不愧为一代禅师!

“就是这样吗?”那么慈悲，那么轻柔。那是恒久的忍耐化为无形的坚毅，那是凡事包容化成无上悲悯。

“就是这样吗?”无数的干戈，都化成了片片的玉帛。

“就是这样吗?”短短的一句话里，蕴含了无限的慈悲与智慧。（林新居）

➡［书外人语］ 本来无一物，何处惹尘埃。当看到和尚的名片上印着”处级待遇“时，我们不必讥笑他，而是应想一想，我们心中是否有佛?

富翁的大房檐

从前有位善心的富翁，盖了一栋大房子，他特别要求营造的师傅，把那四周的房檐，建得加倍的长，使贫苦无家的人，能在下面暂时躲避风雪。

房子建成了，果然有许多穷人聚集檐下，他们甚至摆摊子做起买卖，并生火煮饭。嘈杂的人声与油烟，使富翁不堪其扰；不悦的家人，也常与在檐下的人争吵。

冬天，有个老人在檐下冻死了，大家交口骂富翁不仁。

夏天，一场飓风，别人的房子都没事。富翁的房子因为屋檐特长，居然被掀了顶。村人们都说这是恶有恶报。

重修屋顶时，富翁要求只建小小的房檐，因为他明白：施人余荫总让受施者有仰人鼻息的自卑感，结果由自卑成了敌对。

富翁把钱捐给慈善机构，并盖了一间小房子，所能荫庇的范围远比以前的房檐小，但是四面有墙，是栋正式的屋子。许多无家可归的人，都在其中获得暂时的庇护，并在临走时问这栋房是哪位善人捐建的。

没有几年，富翁成了最受欢迎的人，即使在他死后，人们还为继续受他的恩泽而纪念他。

➡［书外人语］施恩虽不图报，但也总不至于结怨呀，好的愿望还需有好的方法才会有好的结果。

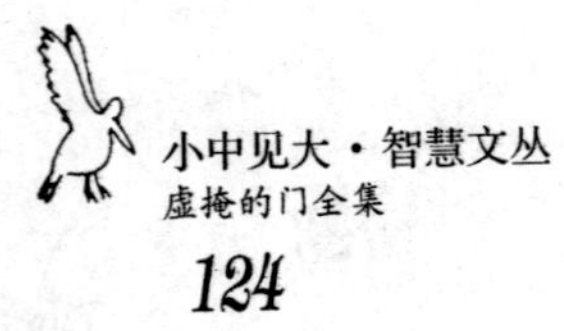

两种贫穷

（一）

这是两个人写的。

一个人写道：一位富甲一方的企业家到西南某省的一个贫困地区考察。当他目睹当地一户贫困人家吃饭的情形时，禁不住直落泪。原来这户人家全家老小吃饭装饭的碗，竟是几只破得不能再破的陶罐，更让他吃惊的是全家连一双筷子也没有，吃饭时都是直接用手抓。

菩萨心肠的企业家无比地同情，便许诺给这户人家物质的帮助。可是当他走出他们的家门后，又马上改变了主意：他看到这户人家的房前屋后都长着极适合做筷子的竹子。

另一个写道：一位记者到一位生活在贫困线以下的女工家里“送温暖”。这位女工的男人早几年病逝，欠下了好多钱，两个孩子，其中一个有残疾。女工微薄的薪水养三个人，还要还债。但记者在见到这位女工时，却发现她脸上的笑容就像她的房间一样明朗：漂亮的门帘是自己用纸做的，灶间的调味品尽管只有油盐两种，但油瓶和盐罐却擦得干干净净。记者进门时女工递给她的拖鞋，鞋底竟是用旧解放鞋的鞋底做的，再用旧毛线织出带有美丽图案的鞋帮，穿着好看又暖和。

女工说，家里的冰箱洗衣机都是邻居淘汰下来送给她的，用用蛮好；孩子很懂事，做完功课还帮她干活……

（二）

这是两个人看到的。

一个人看到：在一个美丽的乡村，一天来了一个乞丐，这个乞丐看上去只有30来岁，长得很结实。乞丐每天端着一个破碗到村民家中讨饭，他的要求不高，

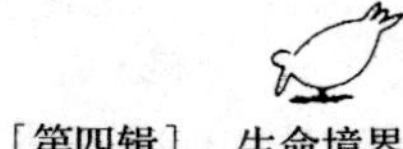

无论是稀饭还是馒头他从不嫌弃。

日子稍稍长了，便有人看中他的身材和力气，想让他去帮着打打零工，并许之以若干工钱。岂料此等好事，该乞丐竟一口回绝。说:“给人打工挣点钱多苦，远不如讨饭来得省力省心。”

另一个看到：每天傍晚，某居民新村都会有一个老人到垃圾箱里捡垃圾。老人是个驼背，这使得他原本就矮小的身材愈发显得矮小。老人每次从垃圾箱里拾垃圾都仿佛是在进一场战斗。为了拾到垃圾，他必须将脸紧紧地靠在垃圾箱的口子上，否则他的手就不足以够到里面的“宝贝”。而那个口子正是整个垃圾箱最脏的地方。

老人每次拾完垃圾都像打了一场胜仗，他完全不顾及别人脸上的那种鄙夷。看着那些可以换钱的“战利品”，走在新村的小路上，他总是显得格外的高兴。

➡ [书外人语] 这是两个人说的。

一个人说：同样是贫穷，一种是不思进取的懒惰，一种是直面生活的勤勉；一种是人格的湮灭，一种是不屈的抗争。两种境遇确实让人唏嘘。

另一个人说：是呀，同样是贫穷，有的人会贫困潦倒，有的人却心在梦在。难怪有人断言，物质上的贫穷并不可怕，可怕的是精神上的贫穷。

苦难与天才

上帝像精明的生意人，给你一分天才，就搭配几倍于天才的苦难。

世界超级小提琴家帕格尼尼就是一位同时接受两项馈赠又善于用苦难的琴弦把天才演奏到极致的奇人。

他首先是一位苦难者。4 岁时一场麻疹和强直性昏厥症，已使他快入棺材。

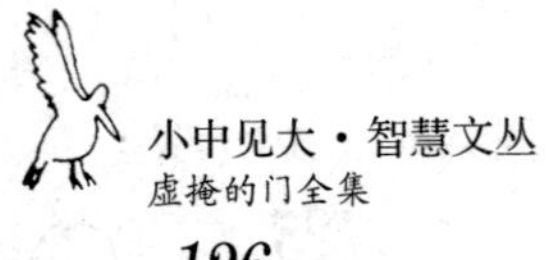

7 岁患上严重肺炎，不得不大量放血治疗。46 岁牙床突然长满脓疮，只好拔掉几乎所有牙齿。牙病刚愈，又染上可怕的眼疾，幼小的儿子成了他手中的拐杖。50 岁后，关节炎、肠道炎、喉结核等多种疾病吞噬着他的肌体。后来声带也坏了，靠儿子按口型翻译他的思想。他仅活到 57 岁，就口吐鲜血而亡。死后尸体也备受磨难，先后搬迁了 8 次。

上帝搭配给他的苦难实在太残酷无情了。

但他似乎觉得这还不够深重，又给生活设置了各种障碍和漩涡。他长期把自己囚禁起来，每天练琴 10 至 12 小时，忘记饥饿和死亡。13 岁起，他就周游各地，过着流浪生活。他一生和 5 个女人发生过感情纠葛，其中有拿破仑的遗孀。姑嫂间为他展开激烈争夺。在他眼中这也不是爱情，而只是他练琴的教场。除了儿子和小提琴，他几乎没有一个家和其他亲人。

苦难才是他的情人，他把她拥抱得那么热烈和悲壮。

他其次才是一位天才。3 岁学琴，12 岁就举办首次音乐会，并一举成功，轰动舆论界。之后他的琴声遍及法、意、奥、德、英、捷等国。他的演奏使帕尔马首席提琴家罗拉惊异得从病榻上跳下来，木然而立，无颜收他为徒。他的琴声使卢卡观众欣喜若狂，宣布他为共和国首席小提琴家。在意大利巡回演出产生神奇效果，人们到处传说他的琴弦是用情妇肠子制作的，魔鬼又暗授妖术，所以他的琴声才魔力无穷。维也纳一位盲人听他的琴声，以为是乐队演奏，当得知台上只他一人时，大叫“他是个魔鬼”，随之匆忙逃走。巴黎人为他的琴声陶醉，早忘记正在流行的严重霍乱，演奏会依然场场爆满……

他不但用独特的指法弓法和充满魔力的旋律征服了整个欧洲和世界，而且发展了指挥艺术，创作出《随想曲》、《无穷动》、《女妖舞》和 6 部小提琴协奏曲及许多吉他演奏曲。几乎欧洲所有文学艺术大师如大仲马、巴尔扎克、肖邦、司汤达等都听过他演奏并为之激动。音乐评论家勃拉兹称他是“操琴弓的魔术师”。歌德评价他“在琴弦上展现了火一样的灵魂”。李斯特大喊:“天啊，在这四根琴弦中包含着多少苦难、痛苦和受到残害的生灵啊!”

上帝创造天才的方式便这般独特和不可思议。

人们不禁问，是苦难成就了天才，还是天才特别热爱苦难?

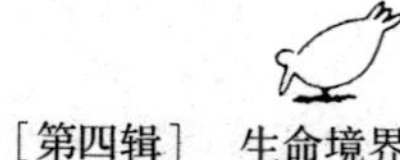

这问题一时难以说清。但人们分明知道，弥尔顿、贝多芬和帕格尼尼被称为世界文艺史上三大怪杰，居然一个成了瞎子、一个成了聋子、一个成了哑巴！——或许这正是上帝用他的搭配论摁着计算器早已计算搭配好了的呢。

（梦 萌）

➡ [书外人语] 苦难是最好的大学，当然，你必须首先不被其击倒，然后才能成就自己。

成功者的第一课

加油站学到的工作作风

美国独立企业联盟主席杰克·法里斯：

13 岁时，我开始在父母的加油站工作，站里有三个加油泵、两条修车地沟和一间打蜡房。父亲负责修车，母亲负责记账和收钱。我想学修车，但父亲让我在前台接待顾客，他说："儿子，汽车总在变化，而人却不会，你需要先学会了解人。"

当汽车开进来时，我在车子停稳前就站在司机门前，忙着去检查油量、蓄电池、传动带、胶皮管和水箱。我总是多干一些，帮助擦去车身、挡风玻璃和车灯上的污渍。我注意到，如果我干得好，顾客还会再来。

每周都有一位老太太开着她的车来清洗和打蜡，该车内的地板凹陷极深，因而很难打扫。车的主人又极难打交道，每次当我们给她把车准备好时，她都要再仔细检查一遍，让我们重新打扫，直到清除每一缕棉绒和灰尘她才满意。我实在不愿意再侍候她了，但父亲告诫我："孩子，这是你的工作！不管顾客说什么或做什么，你都要记住做好你的工作，并以应有的礼貌去对待顾客。"

我每天放学后就开始为父母工作，星期六和暑假则从早上 6 点 15 分一直干到晚上 7 点。开始，父母一小时付我 50 美分，3 年后给我涨到 1.1 美元。在父母的帮助下，我还学会了如何安排自己的收入。我将收入的10%放在一个钱罐里，礼拜日捐给教堂，通过它我认识到了慈善的重要性；20%同父母的20%放在一起作为膳宿费，但后来我发现这是父母为我准备的教育费；另外20%是我自己的储蓄；剩下的50%则由我自己支配，购买我想要的东西。

正是在加油站的工作不仅使我学到了严格的职业道德和应该如何对待顾客，而且认识到了家庭小企业所面临的挑战：我的父母既是老板、经理、又必须是服务员。

努力尝试才能成功

在世界各地拥有4300家快餐店的温迪国际公司创始人、商务经理戴维•托马斯：

12岁时，我们家迁到田纳西州的诺克斯维尔，我设法使一位餐馆老板相信我已16岁，他才雇我做便餐柜台的招待，每小时25美分。

餐馆老板弗兰克和乔治•雷杰斯兄弟是希腊移民，刚来美国时，他们曾干过洗盘子和卖热狗的工作。他们极为坚强，并为自己定下了非常高的标准，但从来不要求雇员做他们自己做不到的事。

弗兰克告诉我:“孩子，只要你愿意努力尝试，你就能为我工作；如果你不努力尝试，你就不能为我工作。”他所说的努力尝试包括从努力工作到礼貌待客等一切内容。当时通常的小费是一个10美分的硬币，但如果我能很快把饭菜送给顾客并服务周到，有时就能得到25美分小费。我记得我曾尝试自己一个晚上能接待多少顾客，结果创下了100位的纪录。

通过第一份工作，我认识到，只要你努力工作并专心致志，你就会成功!

15美分的教益

新泽西——曼哈顿航运线的老板兼A—P—T卡车运输公司的总裁阿瑟•因佩拉托雷：

我10岁那年正是经济大萧条时期的1935年，我在一辆大运货卡车上工作，每天要向100家商店递送特别食品，干12小时的工作只能挣一个三明治、一杯饮料和50美分。在没有食品递送的日子里，我在街角的一家糖果店工作。一天，我在桌底下拾到15美分并把它交给了老板。老板扶着我的双肩承认，钱是他故

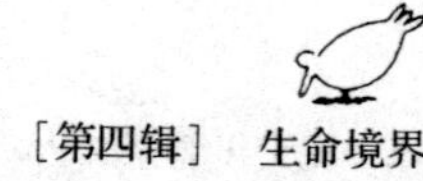

意放在那儿的，以看看他能否信任我。后来，我一直为他工作到上完高中，我知道是我的诚实使我在美国经济最困难的时期保住了自己的工作。

在后来的年代里，我干过许多工作：侍者、停车场服务员、房子清洁工等。再后来，当我的卡车运输生意挣扎着度过四个连续亏损的惨淡之年时，我就回想起自己在糖果店学到的关于信任的一课，它是使我同别人一起工作、创业，并最后使我的生意成功的关键。

➡ [书外人语] 说起成功经验，每个人的感触都不一样，这是个性所在，但共性是他们都找到一个宝贵的人生信条，并能持之以恒。

皇帝与磨坊

德国皇帝威廉一世曾在波茨坦建了一座离宫，有一座古老的磨坊就在这离宫的围墙外面不远处。

一次，威廉一世到波茨坦巡视，住进了离宫，登上高处远眺波茨坦市的全景，但许多景物却被那座磨坊挡住了。威廉一世大为扫兴，即传令随员去找磨坊主人，洽谈买下这座磨坊后即行拆除。谁知磨坊主人却十分藐视这个皇帝，对前来洽谈的人员说:“我这个磨坊代代相传，无法计算它的价值。”

威廉一世听后勃然大怒，立即令人将磨坊拆毁。磨坊主人对此并不恐惧，一边袖手旁观任其拆毁，一边自言自语道:“当皇帝的可以这样胡作非为，我们国家的法律还有什么用?”不久，即为此事向最高法院提起上诉。最高法院根据德国的法律判决威廉一世重建磨坊，并赔偿磨坊主人的损失。威廉一世只得将业已拆毁了的磨坊重新修建起来。

数十年后，威廉一世和磨坊的主人都相继去世了。磨坊主人的儿子却不能守

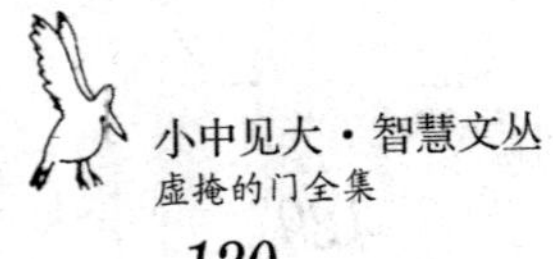

其旧业，乃至破产，因此写信给当时的皇帝威廉二世，并在信中述说自己的父亲与威廉一世的交涉。威廉二世读信后，十分感慨，亲笔回信说：

“可爱的邻人：我怎么忍心让你丢掉这份产业?你应当竭力保住这份产业，并传之子孙，使其世世代代在你家主权之下。这件事与我们国家关系极大，这座磨坊应当长期保留下来，以作为我们国家司法独立和裁判公正的纪念。你现在很困难，我十分同情，今赠给你6000马克，供你偿还债务。你亲爱的邻人威廉复。”

磨坊主人的儿子收到威廉二世的信以后，再不提及出售磨坊这件事，并且教育其子孙珍惜这份祖传遗产，因此这座磨坊一直保存至今。

➡ [书外人语] 有的文明古国，有许许多多的名人伟人纪念建筑，但唯独找不到一座这样的磨坊。

《独立宣言》的“缺憾”

在美国，《独立宣言》是广受尊重的历史文件，其地位也许仅次于联邦宪法。《独立宣言》的原件珍藏于华盛顿国家档案馆，是美国的无价之宝。

这样一份神圣的、庄严的文件，有谁能料到，其中竟有两处“缺憾”。

原来，当初这份文件成稿以后，大家发现遗漏了两个字母，没有人认为应该重新抄写一遍，只是在行间把这两个字母加了上去，并打上了“∧”的脱字符号。在上面签字的56名美国精英，并未因此认为这有辱这份赋予国家自由的文件的圣洁。

《独立宣言》文字简约，篇幅不大，重新抄写得工整漂亮并不难做到。别说这样重要的文件，就是一份普通的公文也有多少官僚为之而斤斤计较。但这种细枝末节的完美于问题的实质有无影响呢?值不值得把宝贵的时间精力花费在这上

面呢?

56名胸怀全局、不拘小节、务实而又浪漫的精英们签下自己的大名，就迅速去为了文件的内容而奋斗去了。世界上完美无缺的文件很多，但成为国宝的有几件呢?

➡[书外人语] 形式上的细枝末节再完善，也不过是个形式而已，内容如何，执行的情况如何才是一份文件的价值所在。

井里观天与天上观井

我在瑞典遇到一个我国的留学生，他和我谈起自己看问题时视野的变化。他的小学是在山村里上的，他的比较对象仅限于他的同学，能在学校里考第一，就认为和世界第一差不多了，最羡慕的是一个同学在县城里有亲戚，有一枝六棱的好铅笔(当时山村小学里用的都是两分钱一枝的劣质圆铅笔)。那时他想，自己对个世界的唯一需求就是一枝六棱的好铅笔，写起来又黑又快。

由于小学成绩优异，他考上了县城的中学。这里都是各村的好学生，自己再不能稳拿第一了，于是产生了嫉妒：比自己好的同学原来都有六棱的好铅笔，自己虽然也有了，可是太晚了，天道不公啊！嫉妒也会产生动力，经过几年的苦读，他居然又成为县中第一了。那时，唯一的不满足是没有一枝好钢笔:“人与人之间还是不平等的，为什么我没有好钢笔呢?”

中学毕业后他又考上了大学，而且在北京，“真是‘朝为田舍郎，暮登天子堂’，在这个世界上还有什么希求呢?”没想到，好景不长，没过上一年，学习成绩在班上非但不能名列前茅，就连中等也保不住了。为什么呢?原来城里的同学是好铅笔成堆，好钢笔成把，早上鸡蛋牛奶，晚上香花水果学出来的；他们的父

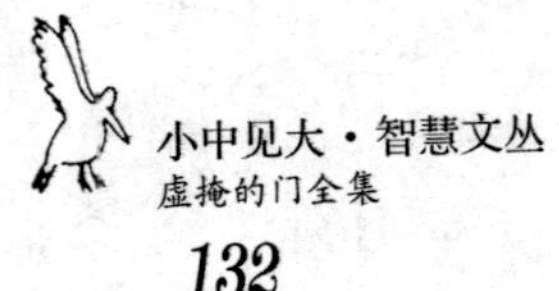

母在机床边上一站，在办公室里一坐，每月几十块钱就拿到手了。想想自己，早上一个窝头还舍不得吃完，给晚上留一半；父母如牛似马在地里爬来滚去，一整年也挣不到几十块钱。“合理”又从何谈起呢?不久，“文化大革命”就开始了……

他说:“我现在来到了国外，亲眼看到了五光十色的西方世界，嫉妒、自卑、怨恨却突然一扫而光了。这使我百思不得其解，为什么呢?为什么这些像毒蛇一样缠绕我几十年的幽灵，会在一个早上不翼而飞了呢?原来自己选取的比较系统发生了变化，看到的不再是自己的同学、同事和邻居，而是看到了世界，这浩瀚无垠、气象万千的世界使我认识到坐井观天的个体争斗只有一个苦果：自相残杀。而追悔过去的比较方式只能使自己步步倒退。从小学到大学，自己的比较系统几乎没有扩大一步，自己的比较方法居然没有提高一点。世界才能让人看到民族、国家、历史和未来。你看，我现在一点都不嫉妒这里瑞典同学的好条件了，而是更多地想到自己的历史责任。”

（吴季松）

➡［书外人语］有的人在蜗牛角上打架，有的人携手在太空漫步。为争夺父母遗产而争斗的亲兄妹很多，我想这些人一则没有看到井外天空的眼光，二则没有自己开创事业的本领，三则没有骨肉亲情，乃世上最可怜之人。“窝里斗”也是如此。

伟大是管理自己

伟大的一种表现形式就是管理自己，而不是领导别人。我经常跟王石出去玩，爬山。他爬山大约只用了5年时间。就把七大洲最高峰都爬完了，加上南极点北极点，“7+2”。对于当时已经接近50岁的人来说，做到这样很不简单。那他是怎么样做到的呢？

我们发现，在山上，我们和他最大的区别在于他能管理自己。比如他说几点进帐篷就几点进帐篷。为保持能量，食物再难吃他都往下咽，而我觉得不好吃就宁愿挨饿。比如在山上应该下午5点睡觉，若是聊得高兴我们8点才睡，第二天肯定爬不了。在珠峰7000多米的地方，不管别人再怎么说外面风景好，他都克制着自己不出帐篷，因为动一次能量就损耗一次。

当时跟他一起爬的还有另一个朋友大刘，大刘属于兴奋型的，8000米以下时你在看电视直播里看到的都是他的镜头。他太放纵了，没有管理好自己，结果没劲儿了，到8000米时就打退堂鼓，他恐惧了，知道自己体力不行了。王石以业余运动员的身份能爬上去，管理好自己的能力是非常关键的。而且每次他都认真做爬山前的准备工作，比如涂防晒油，要求涂两层，他一定涂两层，而且涂得特别厚。

再比如说他的原则性。我们有一次在成都喝啤酒，要冰镇的，小姑娘半天拿不出来，后来拿出来的不是冰镇的。小姑娘开始解释，王石马上严肃起来，说："你说有冰镇的，如果没有，你就应该告诉我们。假如你说有冰镇的是为了哄我们坐下，你就是在骗我们，我不吃了。"说完拍屁股就走。大家说都坐下了，就这样吧。王石说，那你们吃，我自己走。我们出国时一起吃饭，王石坚决不吃中餐。大家因为各种因素到了中餐厅，他宁愿坐在那儿，就是不吃。他对自己非常负责任，时时管理自己。普通人这么也行那么也行，王石却是说不做什么，就是不做什么。

多数公司领导者说不做，遇到便宜就会动心。一次，原三九的老板赵新先介绍了很大一块地给万科做别墅，对王石说："地白使，你做，做完后分钱，不要地钱。"王石看完后说："我不做，因为万科做这个并不擅长。"万科只擅长做中产阶级的郊区别墅，他情愿介绍给别人做。

据我观察，伟大就是管理自己。过去我们总以为伟大是领导别人，这实际上是错的。当你不能管理自己的时候，你便失去了所有领导别人的资格和能力。当一个人走向伟大的时候，千万要先把自己管理好，管理好自己的金钱，自己周边的人脉和社会关系，管理好自己的行为。你管理好了自己，我们称之为自律，称之为守法，很多类似的美德就有了。管理好自己，才能取得领导的资格，才能在

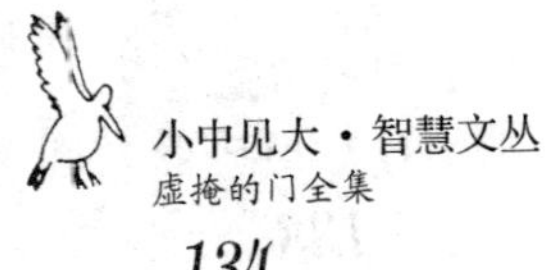

组织中成为最好的成员。其他成员多少有些放纵，而你是最好的成员，所以大家会信任你，才敢把希望寄托在你——一个首先能管理好自己的人身上。所以要成功，首先在于管理自己，而不是领导别人。

柳传志也是这样。我们有一个小团体，十三四个人，十几年来，每年“五一”，这些老男人都会找个地方玩一个星期。那年我们一起在新西兰南岛度假，有一天，老柳在车上宣传不能迟到:“如果有人迟到，我就翻脸，一天不理他!”还说要罚钱，迟到一次罚100美金。结果第一天有一个人迟到了，他马上翻脸，说:“我今天不理你，你别和我说话。”结果大家都傻了，他那边就真的不和那人说话，坚持原则。从那以后，就再没人迟到了。（冯　仑）

➡［书外人语］　管理好自己，是一切伟大事业的基石。

民国第一位抗日烈士

这是惨烈的一幕。史家称，外交官持节被戕，亘古罕有!

1928年，南京国民政府北伐，日本以保护侨民为由出兵山东。5月1日，北伐军进入济南，日本军队和浪人在街道上设置防御工事，双方发生冲突。为平息事态，5月3日，国民政府战地政务委员会外交处主任兼山东特派交涉员蔡公时，率领外交随员来到济南与日军交涉。

当晚，50余名日本兵闯入交涉署，大肆抢掠，将外交文件、地图等弃置满地，国民政府旗帜和孙中山画像也被撕毁。蔡公时用日语同日本兵理论:“这是中国政府外交机关，非军事单位……日军应尊重睦邻友谊和外交礼节……”日本兵不等蔡公时说完，就用枪托将他打翻在地，又将署内其他中方外交人员一起捆绑，轮番毒打。

此时，一名日军士兵进来宣读其司令官所下屠杀外交官员的命令，蔡公时镇定地将这个消息翻译给大家："日本兵要剥去衣服，枪毙我们。我们没法，赴死可也。"

日本兵上前，先将蔡公时的耳朵割掉，又残忍地将其鼻子割下，双目剜掉。据后来侥幸逃出的勤务兵张汉儒回忆："当时我虽已血流满面，痛之彻骨，但还惦记着蔡公时主任不知被日军作践成什么样子。我借手电所见，诸人大多有耳无鼻、有鼻无耳、血肉模糊，其状之惨，令人毛骨悚然。蔡主任被削下鼻子，割去双耳，挖去双目后，整个头部和胸前被鲜血染红。"

在极度痛楚中，蔡公时仍大声怒斥不止："日军决意杀害我们，唯次国耻，何时可雪？野兽们，中国人可杀不可辱！"日本兵见蔡公时骂不绝口，便将刺刀捅入他嘴里，使劲旋转，将其舌头剜掉。

是夜，蔡公时与交涉署十余名随员全部被枪毙。他们在赴任不到一天之内，壮烈殉国。

日军进而重炮攻城，5月11日，济南城失陷。据调查，这期间日军屠戮中国民众近8000人，是为"五三惨案""济南惨案"或"山东惨祸"。史学家称，这是南京大屠杀前，现代国际史上最惨无人道的一幕。

蔡公时是诗人，早年他曾写过谒黄花岗七十二烈士墓的七律。"英雄血和杜鹃开""不抱丹心莫错来""功名都在死中求"等句，忠义之气溢于言表，读来让人荡气回肠。

蔡公时也是民国以来第一位抗日烈士。李烈钧的题词称赞他为"外交史上第一人"；冯玉祥为他题词"誓雪国耻"；李宗仁题词"民族精神，千古卓绝"；徐悲鸿曾为他创作过巨幅油画《蔡公时济南被难图》。 （徐百柯）

➡ [书外人语] 为了民族的独立和尊严，有多少仁人志士慷慨赴死？为国为民，丹心热血，这是生命的最高境界。

但你没有

有一天我看着你微笑
我说“我爱你”并等着你说话
我以为你看见了我
我以为你会听见　但你没有
我要你到外头来和我玩球
我想你会听我的　但你没有
我画一张图要给你看
我想你会保存它　但你没有
我在树林后头做了一个堡垒
我想你会跟我在那儿露营　但你没有
我发现了一些毛虫可以一起去钓鱼
我想你会去　但你没有
我需要和你聊聊　分享我的想法
我想你愿意　但你没有
我告诉你一些我希望你一起参加的游戏
我想你一定会来　但你没有
我要求你和我共享我的青春时光
我以为你会　但你没有
我的国家要我参战　你要我平安返家
但我没有

（[美]史坦·盖柏哈特）

➡[书外人语]　“你只要求了我一次，我却没有做到，真是对不起。”这个没有平安返家的年轻人会对心爱的姑娘真诚地道歉，这个有些矜持任性的姑娘会原谅他吗?会原谅自己吗?

请为你的冷漠付费

1935年，时任纽约市市长的拉瓜地亚，曾在一个位于纽约的贫穷脏乱的区域的法庭上，旁听了一桩偷窃案的审理。

被控罪犯是一位老妇人，被控罪名为偷窃面包。在讯问到她是否清白或愿意认罪时，老妇人嗫嚅着回答:“我需要面包来喂养我那几个饿着肚子的孙子，要知道，他们已经两天没吃到任何东西了……”

审判长答道:“我必须秉公办事，你可以选择10美元的罚款，或者是10天的拘役。”

判决宣布之后，拉瓜地亚从席间站起身来，脱下帽子，往里面放进10美元，然后面向旁听席上的其他人说:“现在，请每个人另交50美分的罚金，这是我们为我们的冷漠所付的费用，以处罚我们竟让祖母偷东西来喂养孙儿这样的事发生在我们所在的城市的过失。”

无人能够想象得出那一刻人们的惊讶与肃穆，每个人都悄无声息地、认认真真地捐出了50美分。

（兰 兰）

➡ [书外人语] 这个世界温暖与冷漠，同大人物有关系，同我们每个人也有关系。

完美的错误

1945年，我的外祖父是一名木匠。有一天，他正在赶着做一批板条箱，那是教堂用来装衣服运到中国去救助孤儿的。干完活回家的路上，外祖父伸手到他的衬衫口袋里去摸他的眼镜，突然发现眼镜不见了。他在脑子里把他这一天做过的事情重放了一遍，然后他意识到发生了什么：在他不注意的时候，眼镜从衬衫的口袋里滑出去，掉进了其中一只他正在钉钉子的板条箱里。他的崭新的眼镜就这样漂洋过海去了中国。

当时美国正值大萧条时期，外祖父要养活6个孩子，生活非常困难。而那副眼镜，是那天早上他刚花了20美元买来的。他为要重新买一副眼镜烦恼不堪。“这不公平，”在沮丧的回家途中，他嘀咕道，“上帝啊，我一向对你忠诚，把我的时间和金钱都奉献给你，可是现在，你看……”

半年后，抗日战争胜利，中国那所孤儿院的院长——一位美国传教士，回美国休假。在一个星期天，他来到了外祖父所在的这所芝加哥的小教堂。他一开始便热忱地感谢了那些援助过孤儿的人们。“但最重要的是，”他说，“我必须感谢去年你们送给我的那副眼镜。大家知道，日本人扫荡了孤儿院，毁坏了所有东西，包括我的眼镜。我当时已经绝望了。就算我有钱，在当时也没有办法重新配一副眼镜。由于眼睛看不清楚，我开始天天头疼，我和我的同事天天祈祷着能有一副眼镜出现。然后，你们的箱子就运到了。当我的同事打开箱盖时，他们发现一副眼镜躺在那些衣服上。”

院长停顿了许久，好让自己的话音降低一些。然后，带着众人的悬念，他继续道:“各位乡亲，当我戴上那副眼镜时，我发现它就像是为我度身定做的一样！我的世界顿时清晰，头也不疼了。我要感谢你们，是你们为我做了这一切！”

人们听着，纷纷为这副奇迹般的眼镜而欢呼。但是他们同时也在想，这位院

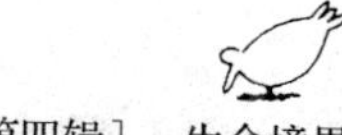

长肯定是搞错了，我们可没有送过他眼镜啊。在当初的援助物资目录上，没有眼镜这一项。

只有一个人清楚这是怎么回事。他静静地站在后排，眼泪流到了脸上。在所有的人当中，只有这个平凡的木匠知道，上帝是以怎样一种不平凡的方式创造了奇迹。

（易行译）

➡ [书外人语] 有些奇迹仿佛用常理难以解释，于是我们宁愿相信，冥冥之中，有位万能的上帝在用悲悯的目光注视着我们，并给善良的人们安排着一些奇迹般的小插曲。有一份爱心，有一份信心，总会有奇迹发生的。

马戏团

当我还是个少年的时候，父亲曾带着我排队买票看马戏。排了老半天，终于在我们和票口之间只隔着一个家庭。这个家庭让我印象深刻：他们有 8 个在 12 岁之下的小孩。他们穿着便宜的衣服，看来虽然没有什么钱，但全身干干净净的，举止很乖巧。排队时，他们两个两个成一排，手牵手跟在父母的身后。他们很兴奋地叽叽喳喳谈论着小丑、大象，今晚必是这些孩子们生活中最快乐的时刻了。

他们的父母神气地站在一排人的最前端。这个母亲挽着父亲的手，看着她的丈夫，好像在说："你真像个佩着光荣勋章的骑士。"而沐浴在骄傲中的他也微笑着，凝视着他的妻子，好像在回答："没错，我就是你说的那个样子。"

卖票女郎问这个父亲，他要多少张票？他神气地回答："请给我 8 张小孩的两张大人的，我带全家看马戏。"

售票员开出了价格。这人的妻子扭过头，把脸垂得低低的。这个父亲的嘴唇颤抖了，他倾身向前，问："你刚刚说是多少钱？"

售票员又报了一次价格。这人的钱显然不够。但他怎能转身告诉那 8 个兴致勃勃的小孩，他没有足够的钱带他们看马戏？

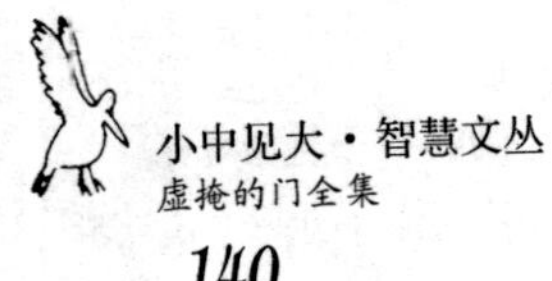

我的父亲目睹了一切。他悄悄地把手伸进口袋，把一张20元的钞票拉出来，让它掉在地上(事实上，我们一点儿也不富有)，他又蹲下来，捡起钞票，拍拍那人的肩膀，说："对不起，先生，这是你口袋里掉出来的!"

这人当然知道原因。他并没有乞求任何人伸出援手，但深深地感激有人在他绝望、心碎、困窘的时刻帮了忙。他直视着我父亲的眼睛，用双手握住我父亲的手，把那张20元的钞票紧紧压在中间，他的嘴唇发抖着，泪水忽然滑落他的脸颊，答道："谢谢，谢谢您，先生。这对我和我的家庭意义重大。"

父亲和我回头跳上我们的车回家。那晚我并没有进去看马戏，但我们也没有徒劳而返。

([美]丹·克拉克)

➡[书外人语] “掉”下来的这张20元钞票对两个家庭都意义重大。

境由心造 05

凭空想象出的灾难

一天晚上，在漆黑偏僻的公路上，一个年轻人的汽车抛了锚：汽车轮胎爆了！年轻人下来翻遍了工具箱，也没有找到千斤顶。怎么办?这条路半天都不会有车辆经过，他远远望见一座亮灯的房子，决定去那个人家借千斤顶。

在路上，年轻人不停地在想：

“要是没人来开门怎么办?”

“要是没有千斤顶怎么办?”

“要是那家伙有千斤顶，却不肯借给我，那该怎么办?”

……

顺着这种思路想下去，他越想越生气，当走到那间房子前，敲开门，主人刚出来，他冲着人家劈头就是一句：

“他妈的，你那千斤顶有什么稀罕的。”

弄得主人丈二和尚摸不着头脑，以为来的是个精神病人，“砰”的一声就把门关上了。

在这么一段路上，年轻人走进了一种常见的“自我失败”的思维模式中，经过不停的否定，他实际上已经对借到千斤顶失去了信心，认为肯定借不到了，及至到了人家门口，他就情不自禁地破口而骂了。在我们平时的生活中，也有许多人会对自己做出一系列不利的推想，结果就真的把自己置于不利的境地。

➡［书外人语］在做一件事前，你是否常在心中对自己说：可能不行吧，万一怎么样怎么样，结果可能还没去做，你就没有信心了，事情十有八九就会朝着你设想的不利方向发展。

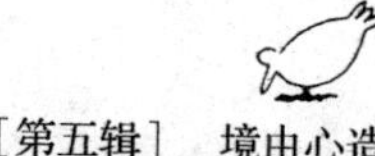

潜水艇中的15个小时

二战快结束时，有个叫罗勃•摩尔的小伙子正在海军服役。他讲述了亲身经历的一件事。

“1945年3月，我在中南半岛附近276英尺的海下，学习到了人生最重要的一课。当时我正在一艘潜水艇上，我们从雷达上发现了一支日本舰队——一艘驱逐护航舰、一艘油轮和一艘布雷舰——朝我们这边开过来。我们发射了五枚鱼雷，都没有击中。突然那艘布雷舰直朝我们开来（一架日本飞机把我们的位置用无线电通知了它）。我们潜到150英尺深的地方，以免被它侦察到，同时做好应付深水炸弹的准备，还关闭了冷却系统和所有的发电机。

“三分钟后，天崩地裂。六枚深水炸弹在四周炸开，把我们直压海底——276英尺的地方。深水炸弹不停地投下，整整15个小时，有十几个二十个就在离我们50英尺左右的地方爆炸——要是深水炸弹距离潜水艇不到17英尺的话，潜艇就会炸出洞来。

“当时，我们奉命静静地躺在自己的床上，保持镇定。我吓得几乎无法呼吸，不停地对自己说：‘这下可死定了’。潜水艇的温度几乎有摄氏40度，可我却怕得全身发冷，一阵阵冒冷汗。15个小时后，攻击停止了，显然那艘布雷舰用光了所有的炸弹而离开了。

“这15个小时，在我感觉好像有1500万年，我过去的生活一一在眼前出现，我记起了做过的所有坏事和曾经担心过的一些很无聊的小事。我曾经担心过：没有钱买自己的房子，没有钱买车，没有钱给妻子买衣服。下班回家，常常和妻子为一点芝麻小事而争吵。我还为我额头上的一个小疤——一次车祸留下的伤痕——发过愁。

“所有这些年来的愁苦烦恼，在此时此刻都显得那么荒谬、渺小，而我过去

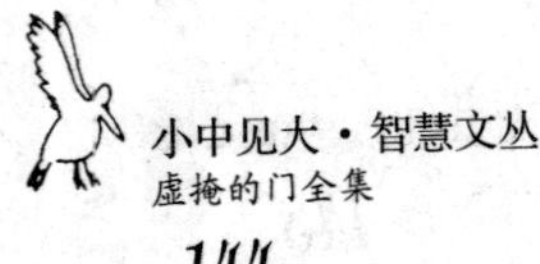

居然对它们很在意。”

➡ ［书外人语］我们今天不可能再去海底体验那15个小时，但有没有可能不再为额头上的伤疤而烦恼呢？

境由心造

一位朋友有着这样一天的经历：

那天，我站在一个珠宝店的柜台前，把一个装着几本书的包放在旁边。在我挑选珠宝时，一个衣着讲究，仪表堂堂的男士也过去看珠宝，我礼貌地把我的包移开。但这个人却愤怒地瞪着我，告诉我他是个正人君子，绝对无意偷我的包裹。他觉得他受到了侮辱，重重地把门关上，走出了珠宝店。

“哼！神经病。”莫名其妙地被人这么嚷了一通，我也很生气，也没心思再看珠宝了，出门开车回家。

马路上的车像一条巨大而蠢笨的毛毛虫，缓慢地蠕动。看着前后左右的车我就生气：哪来这么多车；哪来的这些臭司机，简直不会开车；那家伙开那么快，不要命了；这家伙真慢，怎么学的车，真该扣他教练奖金……

后来我与一辆大型卡车同时到达一个交叉路口，我想：“这家伙仗着他的车大，一定会冲过去。”当我下意识地准备减速让行时，卡车却先慢了下来，司机将头伸出窗外，向我招招手，示意我先过去，脸上挂着一个开朗、愉快的微笑。在我将车子开过路口时，满腔的不愉快突然全部无影无踪，心胸豁然开朗。

珠宝店中的男士不知从哪儿接受了愤怒，又把这种坏情绪传染给我，带上这种情绪，我眼中的世界都充满了敌意。每件事、每个人都在和我作对，直到看到

卡车司机灿烂的笑容，他用好心情消除了我的敌意。有了快乐的心情，才听得到鸟儿的歌唱。

世界没有改变，改变的是心情。

➡［书外人语］　别人冲你生气，是因为他有气而不一定是你的错。如果都能传染微笑而消除敌意，世界该有多美丽。

生命的价值

有一个生长在孤儿院中的小男孩，常常悲观地问院长：“像我这样的没人要的孩子，活着究竟有什么意思呢？”

院长总笑而不答。

有一天，院长交给男孩一块石头，说：“明天早上，你拿这块石头到市场上去卖，但不是‘真卖’，记住，无论别人出多少钱，绝对不能卖。”

第二天，男孩拿着石头蹲在市场的角落，意外地发现有不少人好奇地对他的石头感兴趣，而且价钱愈出愈高。回到院内，男孩兴奋地向院长报告，院长笑笑，要他明天拿到黄金市场去卖。在黄金市场上，有人出比昨天高 10 倍的价钱来买这块石头。

最后，院长叫孩子把石头拿到宝石市场上去展示，结果，石头的身价又涨了 10 倍，更由于男孩怎么都不卖，竟被传扬为“稀世珍宝”。

男孩兴冲冲地捧着石头回到孤儿院，把这一切告诉给院长，并问为什么会这样。

院长没有笑，望着孩子慢慢说道：

“生命的价值就像这块石头一样，在不同的环境下就会有不同的意义。一块不起眼的石头，由于你的珍惜、惜售而提升了它的价值，竟被传为稀世珍宝。你

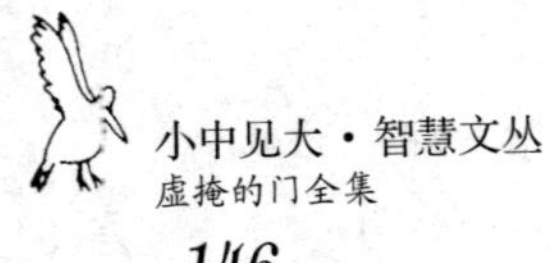

不就像这块石头一样?只要自己看重自己，自我珍惜，生命就有意义，有价值。”

➡ [书外人语] 自己把自己不当回事，别人更瞧不起你，生命的价值首先取决于你自己的态度，珍惜独一无二的自己，珍惜这短暂的几十年光阴，然后再去不断充实、发掘自己，最后世界才会认同你的价值。

改 变

几十年前，纽约北郊曾住着一位姑娘名叫艾米丽，她自怨自艾，认定自己的理想永远实现不了。她的理想也就是每一位妙龄姑娘的理想：跟意中人——一位潇洒的白马王子结婚，白头偕老。艾米丽整天梦想着，可周围的姑娘们都先后成家了，她成了大龄女青年，她认为自己的梦想永远不可能实现了。

在一个雨天的下午，艾米丽在家人的劝说下去找一位著名的心理学家。握手的时候，她那冰凉的手指让人心颤，还有那凄怨的眼神，如同坟墓中飘出的声音，苍白憔悴的面孔，都在向心理学家说：我是无望的了，你会有什么办法呢?

心理学家沉思良久，然后说道:“艾米丽，我想请你帮我一个忙，我真的很需要你的帮忙，可以吗?”

艾米丽将信将疑地点了点头。

“是这样的。我家要在星期二开个晚会，但我妻子一个人忙不过来，你来帮我招呼客人。明天一早，你先去买一套新衣服，不过你不要自己挑，你只问店员，按她的主意买。然后去做个发型，同样按理发师的意见办，听好心人的意见是有益的。”

接着，心理学家说:“到我家来的客人很多，但互相认识的人不多，你要帮我主动去招呼客人，说是代表我欢迎他们，要主动帮助他们，特别是那些显得孤单的人。我需要你帮助我照料每一个客人，你明白了吗?”

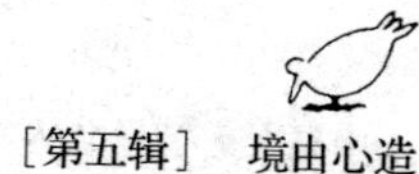

艾米丽一脸不安，心理学家又鼓励她说："没关系，其实很简单。比如说，看谁没咖啡就给他端一杯，要是太闷热了，开开窗户什么的。"艾米丽终于同意一试。

星期二这天，艾米丽发式得体，衣衫合身，来到了晚会上。按着心理学家的要求，她尽职尽力，只想着帮助别人。她眼神活泼，笑容可掬，完全忘掉了自己的心事，成了晚会上最受欢迎的人。晚会结束后，有三个青年都提出要送她回家。

一个星期又一个星期，三个青年热烈地追求着艾米丽，她最终答应了其中一位的求婚。心理学家作为被邀请的贵宾，参加了他们的婚礼。望着幸福的新娘，人们说心理学家创造了一个奇迹。

（[美]奥斯勒）

➡ [书外人语] 老想着自己，顾影自怜，孤芳自赏，结果就是你走不进别人心里，别人也走不进你的世界。只要尝试一下忘掉自己，帮助别人，一切都会改变。

神奇的小卡片

绩效管理顾问艾伦曾为美国陆军部训练军官，谈起那次训练，她说了以下这个故事：

在上课的军官当中，有位上校对于激励技巧的使用颇不以为然。在训练课程结束之后大约一个星期，那位上校负责一份重要的简报，由于他做得十分出色，他的上司——一位将军想要赞美他。将军找了一张黄色的图画纸，把它折成一张精美的卡片，外边写上"太棒了!"里边则写了些奖励的话，然后召见他，当面称赞他，并把那张卡片交给了他。

上校把卡片拿在手中读了一遍，读完之后僵直地站在那里愣了一会，然后头也不抬地走出了办公室。

将军有点莫名其妙，心想：是不是我做错了什么。心中不安的将军尾随上校出来看看，结果，让他感到美妙的是上校到每个办公室都去转了一圈，向人炫耀他那张卡片。

故事还没完，那位上校此后把这招运用得比将军还好，他为自己专门设计印刷了一批用来赞美别人的专用卡片。

➡［书外人语］学会赞美别人，就是为自己的前进搭桥铺路。记得一位著名成功人士谈及成功经验时说：最重要的一点是他曾发誓每天都要赞美别人。

敢不敢大声说话

在日常生活中，我们常说："这个人性格开朗"或说"那个人很内向。"其实，"开朗"或"内向"的印象，并非由性格来判断，而是由自我表现的方式所决定的。

日本心理学大师多湖辉曾讲述了他亲自经历的一件事：

不久前，我一位朋友给我打电话，说："我们公司现在急需一名职员，你那儿有没有合适的人选？"恰好，我的一位学生刚刚毕业，也符合条件，我便让他去面试。

那天晚上，朋友的电话就过来了。我满以为他告诉我录取我学生的好消息。谁知他竟说："你的那位学生看上去能力不错，人品也可以，但我觉得他过于忧郁，感觉不好，所以决定不用他。"一听此话，我马上意识到这个学生是有这样一个缺点——平常说话细声细气，仿佛是喃喃自语。

我马上对朋友说："你再给他一次面试机会吧，他其实是个很开朗优秀的学生。"朋友拗不过我，答应了。同时我告诉那个学生，让他说话一定要大声点。

结果，这次朋友的反应不一样了。他说："我觉得他并不那么忧郁，也许第一次他太紧张了。"最后，这个学生被录取了。

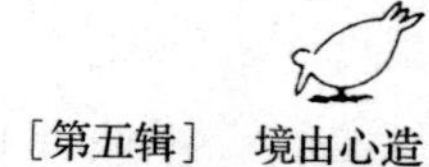

➡［书外人语］ 快乐的情绪可以感染别人，忧郁的表情也会影响别人，谁都不愿与一个成天不开心的人共事。况且，连话都不敢大声说，还能指望你去做什么？

知足常乐可不是吃老本

可口可乐公司前任董事长保尔•奥斯汀曾这样说过：最糟糕的事就是一个高级主管对公司在市场上的成就沾沾自喜，尤其是公司处于最佳时期。任何时候，只要你一满足，就等于你在发出一条“停止前进”的命令。

这种危险有时表现得并不很明显，吃老本的人有时并没有意识到自己正在衰退。有许多聪明人在这方面栽跟头，他们认为自己的成绩是显而易见的，提升和奖赏都应降临到自己头上，这种自满情绪是很危险的。下边这个故事就说明了这一点。

在美国的一个大公司中，有两个人在争夺第一把交椅。一个是当时的第二号人物，一个是第四号人物。

第二号人物当时业绩辉煌，他确信凭自己的成绩担任总裁毫无问题，没有必要去进行任何竞选活动。而此时那位本来处于劣势的第四号人物，除了积极工作外，还聘用了一位公共关系专家，到处活动、演讲，拜访公司下属的地区分部经理，和每个董事详谈，与董事长套近乎。谈话中的侧重点并不放在以往的业绩上，而是极力描述如何开拓更美好的公司前景。渐渐地，他头上显露出总裁的光环，那位目瞪口呆的第二号人物最后愤然辞职。

➡［书外人语］ 任何时候，成绩只能说明过去，过分注重老本，用以往的成绩说话远没有用未来的工作计划更有分量。千万别沾沾自喜地吃老本。

以前和现在

诊所中，几位医生在聊天。不知为什么，谈到初夜。“有些印第安和非洲的民族，为了减少新婚之夜女人的痛苦，让她好好享受鱼水之欢，会在结婚之前，由巫师动个小手术，”一位医师说，“多聪明，又多开明。”

“落到咱们中国，修补还来不及呢。”一位医师笑道。

“是啊，”他的太太立即接过话，“有时候，新婚第二天大早，两口子等在诊所门口，一个哭，一个愁，找我先生鉴定。”

“嗳，甭提了，”又一位医师说，“我有个得子宫颈癌的患者，大概有50多岁了。有一天，她丈夫陪着来，我告诉他们病情时，他都静静地听，临走，他太太出去了，他突然回过头问我：‘听说性伴侣多，容易得子宫颈癌。’我没答话，他居然盯着我说：‘我也不清楚太太婚前怎么样，只知道，初夜没有落红。’”医师盯着大家问：“想想，结婚30多年的老夫老妻，在太太得了癌症之后，居然还说这话……”

“完美与破碎没有一定的界限，全看你从哪个角度去看。”有位朋友，指着她手上的镯子说。那是一副有金有玉的镯子。两条弯弯的翠玉，用纯金镶在一起。

“这原本是个完整的玉镯子，不小心摔断了，玉好，舍不得扔，就用黄金接起来，不也挺美的吗?”她伸出手，摇了摇，又笑笑：“很奇怪，洋人见了，赞美得不得了，问我在哪儿买的。可碰到中国人就不同了，他们看一眼，就会露出很奇怪的表情，‘哦，摔断了，接起来的。’”

她又展示另一只手上的翠玉戒指，“瞧，摔碎的那一块，磨了磨，镶成戒指，配成一对不比原来还美吗?”

➡ [书外人语] 何必猜以前是什么样子，最重要的是现在的完美。

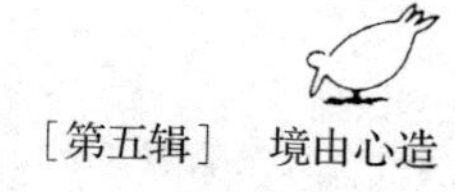

潜意识中的内疚感

本来大家平起平坐，亲密无间，可某一天，你发达了，你有了一个新的界面，这时你会如何对待这些以往成天混在一起的老朋友呢?其实，这时候很多人潜意识中会产生一种内疚感。

美国卓有成就的记者、作家皮特•哈密尔在自传《纵酒的一生》中，提供了一个最好的例子。

皮特在一个工人居住区长大，经济不景气时，大批工厂关闭，大白天酒吧里也坐满了闷头喝酒的人。父亲督促皮特学些蓝领阶层的糊口本领，可他却想当一个作家。“你以为你是谁?”这是四邻对他的大抱负做出的一致反应。

事实证明，皮特最终实现了自己的理想，成为一个才华出众的文人。但出于潜意识中的赎罪心理，他开始经常与老朋友一起酗酒。“那些人认为他们是失意者，而我是发达者，如果我仅仅是他们中的一个酒鬼，穿着他们的鞋出去呕吐，又有谁会说我是势利眼，说我忘了朋友呢?喝得醉醺醺地，说明我没有觉得自己多神气，也不会忘本。”

但光阴却迅速地在烂醉迷糊中一闪即逝，最后，皮特终于意识到，不管他自以为欠朋友们什么，但绝不欠一样东西——得肝硬化早逝。他收起了酒瓶，开始重新做人。

你成功了，把朋友甩开距离，这并不是你的过失，即使在一起再也没有共同语言，共同的娱乐方式，也不存在谁欠谁的问题，也不意味着你神气起来，瞧不起老朋友。如果你觉得不对劲，那么你愿意重新退回原处去过老日子吗?

➧ [书外人语] 朋友本就是生命旅途中的同路人，有的人可能会陪伴你走较长的路，有的人则要短些。但接着往前走，会有新朋友。

难回平常

有一位女子，出生于一个平常的家庭，做一份平常的工作，嫁了一个平常的丈夫，有一个平常的家，总之，她十分平常。

忽然有一天，报纸大张旗鼓地招聘一名特型演员，演王妃。她的一位好心朋友替她寄去一张应聘照片，没想到，这个平常女子从此开始了她的“王妃”生涯。

太艰难了，她阅读了许多有关王妃的书，她细心揣摩王妃的每一缕心事，她一再重复王妃的一颦一笑、一言一行……

不像，不像，这不像，那也不像！导演、摄影师无比挑剔，一次又一次让她重来……

现在，平常女子已能驾轻就熟地扮演“王妃”了，进入角色已无需费多少时间。糟糕的是，现在她要想回复到那个平常的自己却非常困难，有时要整整折腾一个晚上。每天早晨醒来，她必须一再提醒自己“我是谁”，以防止毫无来由地对人颐指气使；在与善良的丈夫和活泼的女儿相处时，她必须一再告诫自己“我是谁”，以避免莫名其妙地对他们喜怒无常。

平常女子深感痛苦地对人说：一个享受过优厚待遇和至高尊崇的人，回复平常实在是太难了。

说这话时，她仍然像个“王妃”。

（莫小米）

➡ [书外人语] 假作真时真亦假，许多人被“戏装”给异化了，以至于曲终人散后，他还卸不下妆来，也找不到自己。

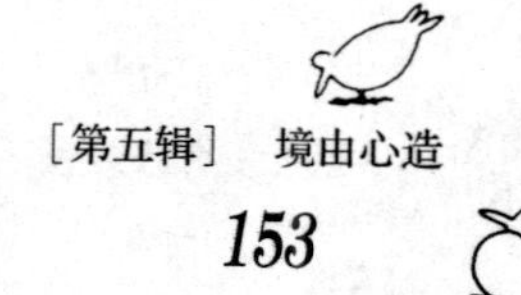

“我没说她偷了我的钱”

有人做过这样一个试验。

20个人围成一个圈，随机指定其中一人为龙头，由他想一句话，低声转述给左边一人，此人再向左传，依此类推，等这句话再传回龙头耳中时，与他原先说出那句话早已大相径庭，不知所云了。

闲话就是这样产生并渐被加工、失真的，二手传播不可信的另一个原因还在于，我们无法确定当事人是怎样说的，这一点很重要，语气神态不同，意思也就大为不同。

比方说有这样一句话：

“我”没说她偷了我的钱。（可是有人这么说）

我“没”说她偷了我的钱。（我确实没这么说）

我没“说”她偷了我的钱。（可是我是这么暗示的）

我没说“她”偷了我的钱。（可是有人偷了）

我没说她“偷了”我的钱。（可是她对这钱做了某些事）

我没说她偷了“我的钱”。（她偷了别人的钱）

我没说她偷了我的“钱”。（她偷了别的东西）

从头到尾一字不差的一句话，语气、神态、声调不同，就会有如此不同的含义。别人给你传来的一句话，你怎么能轻下结论呢？

➡［书外人语］ 中国有句古话：来传是非者，必是是非人。因为这种事情确实没什么意思，最好的办法是一不相信，二不传播。

约翰的胡子以及英若诚的游戏

约翰留胡子已有多年，忽然他准备把胡子剃掉，可是他又有点犹豫：朋友、同事会怎么想，他们会不会取笑我?

经过数天的深思熟虑，他终于下决心只留个小胡子。第二天上班时，他已有足够的心理准备来应付最糟的状况。结果出乎意料，没有人对他的改变有任何评语，大家匆匆忙忙来到办公室，紧紧张张地做着各自的事情。事实上，一直到中午休息时没一个人说过一个字。

最后他忍不住先问别人:“你觉得我这样子如何?”

对方一愣:“什么样子?”

“你没注意到我今天有点不一样吗?”

同事这才开始从头到脚打量他，最后终于有人嚷出:“噢! 你留了八字胡。”

著名表演艺术家英若诚也讲过一个类似的故事。他出生成长在一个大家庭中，每次吃饭都是几十口子人坐在大餐厅中。有一次他突发奇想，决定跟大家开个玩笑。吃饭前，他把自己藏在饭厅中一个不被注意的柜子中，想等到大家遍寻不着时再跳出来。

让小英若诚大为尴尬的是，大家丝毫没有注意到他的缺席。酒足饭饱，大家离去，他才焉焉地走出来吃了些残汤剩菜。自那以后，他就告诉自己：永远不要把自己看得太重要，否则就会大失所望。

➡［书外人语］ 不要以为自己是世界的中心，每天对着镜子琢磨半小时决定用哪种口红、哪条领带，你的苦心也许根本就没有人注意。大家都在做自己的事，你也把注意力放在事上吧，不要总惦记着别人怎么样评价你。

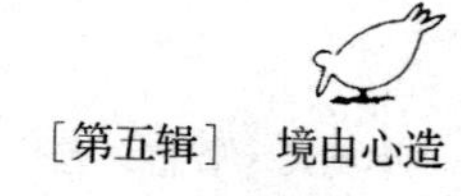

房子与馅饼

在一次重要的比赛上，一位国内跳高运动员面临着冲击金牌的最后一跳。教练说:“跳过这两厘米，你的房子就到手了。”结果她就是没跳过这两厘米。

在洛杉矶奥运会上，当受了伤的跳水王子洛加尼斯同样面临着冲击金牌的最后一跳时，教练对他说的是:“你的妈妈在家等着你呢。跳完这轮，你就可以回家吃你妈妈做的小馅饼了。”洛加尼斯用他的毅力和精神风貌征服了裁判。

同样是激励性诱导，一所房子与妈妈的小馅饼，在运动员的心理上引起的反应有什么不同呢?

运动心理专家研究表明：在重要时刻，如果一味地加重其心理负担，反而会影响到运动员的发挥。但如果将很重要的目标简单化、生活化，反而给运动员产生一种轻松的心理，有助于其正常甚至超常发挥。这就是沉甸甸的房子与轻松美味的小馅饼会产生不同效果的原因。

➡ [书外人语] 在关键时刻注意给自己打气加油的方式，宁愿想可爱的小馅饼而不要想房子。

鸟　笼

有两个人曾经打赌。约翰说，如果自己送给乔治一个鸟笼，并且挂在乔治房中的显眼地方，那么他就会买只鸟回来。

乔治不信，说养只鸟多麻烦啊，我肯定不会买。

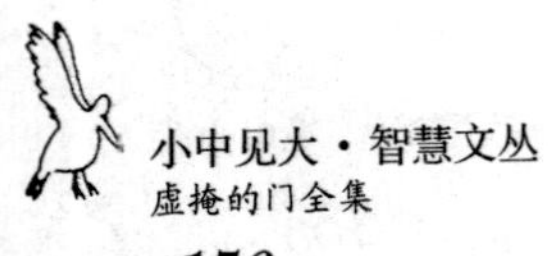

约翰就去给乔治买了一个漂亮的鸟笼，让乔治挂在客厅中引人注意的地方。

结果可想而知。只要人们走进乔治的客厅，就会问他：

“乔治，你的鸟什么时候死了，怎么回事?”

“我从来没养过鸟。”乔治回答。

“那么，你要只鸟笼干什么呀?”朋友奇怪地看着乔治，看得乔治都觉得自己好像真的有了什么问题：缺少爱心，漠不关心动物……

乔治最后还是去买了只鸟，放入那个漂亮笼子中，因为他发现，这比无休止地向大家解释要简单得多。

➡ [书外人语] 人们经常是在头脑中挂上笼子，然后不得已往里边装上些什么东西。

等待三天

访美的一位中国女作家在纽约街头遇着一位卖花的老太太。这位老太太穿着相当破旧，身体看上去也很虚弱，但脸上却是祥和高兴的神情。女作家挑了一朵花说:“你看起来很高兴。”

“为什么不呢?一切都这么美好。”

“对烦恼，你倒真能看得开。”女作家随口说了一句。

老太太的回答令女作家大吃一惊:“耶稣在星期五被钉上十字架时，是全世界最糟糕的一天，可三天后就是复活节。所以，当我遇到不幸时，就会等待三天，一切就恢复正常了。”

“等待三天”，多么平凡而又充满哲理的一种生活方式，它把烦恼和痛苦抛下，全力去收获快乐。

➡[书外人语] 对任何不幸与痛苦都要在心中划定一个下限，过期就让它们统统作废。

有一个人可以帮你

一个经理，他把全部财产投资在一种小型制造业上。由于世界大战爆发，他无法取得他的工厂所需要的原料，因此只好宣告破产。金钱的丧失，使他大为沮丧。于是，他离开妻子儿女，成为一名流浪汉。他对于这些损失无法忘怀，而且越来越难过。到最近，甚至想要跳湖自杀。

一个偶然的机会，他看到了一本名为《自信心》的小书。这本书给他带来勇气和希望，他决定找到这本书的作者，请作者帮助他再度站起来。

当他找到作者，说完他的故事后，那位作者却对他说："我已经以极大的兴趣听完了你的故事，我希望我能对你有所帮助，但事实上，我却绝无能力帮助你。"

他的脸立刻变得苍白。他低下头，喃喃地说道："这下子完蛋了。"

作者停了几秒钟，然后说道："虽然我没有办法帮助你，但我可以介绍你去见一个人，他可以协助你东山再起。"刚说完这几句话，流浪汉立刻跳了起来，抓住作者的手，说道："看在老天爷的分上，请带我去见这个人。"

于是作者把他带到一面高大的镜子面前，用手指着镜子说："我介绍的就是这个人。在这世界上，只有这个人能够使你东山再起。除非坐下来，彻底认识这个人，否则，你只能跳到密歇根湖里。因为在你对这个人作充分的认识之前，对于你自己或这个世界来说，你都将是个没有任何价值的废物。"

他朝着镜子向前走几步，用手摸摸他长满胡须的脸孔，对着镜子里的人从头到脚打量了几分钟，然后退几步，低下头，开始哭泣起来。

几天后，作者在街上碰见了这个人，几乎认不出来了。他的步伐轻快有力，头抬得高高的。他从头到脚打扮一新，看来是很成功的样子。"那一天我离开你的办公室时，还只是一个流浪汉。我对着镜子找到了我的自信。现在我找到了一份年薪三千美元的工作。我的老板同意先预支一部分钱给我的家人。我现在又走上成功之路了。”他还风趣地对作者说:“我正要前去告诉你,将来有一天,我还要再去拜访你一次。我将带一张支票,签好字,收款人是你,金额是空白的,由你填上数字。因为你介绍我认识了自己,幸好你要我站在那面大镜子前,把真正的我指给我看。”

➧[书外人语] 自信心是一个人做事情与活下去的支撑力量,没有了这种信心,就等于自己给自己判了死刑。

不要急

多年以前在我们那条街上曾经发生过一起令人唏嘘的车祸,死于车祸的是一个初为人父的男子。据说是婴儿的尿布在那个阴雨天都用完了,而头天洗的尿布都在工厂的锅炉房烘烤着,婴儿的母亲让做父亲的去工厂取那些尿布来救急,这件事情使年轻的父母心急火燎的,那男子的自行车骑得飞快,结果被一辆卡车撞了。

后来事故现场的目击者都说,他的自行车确实骑得太快了,他赶路太急了。

想起这个不幸的故事完全是缘于最近流行的一句话,不要太急哦。我第一次听到这句话是在牌桌上,我打牌一直没什么风度,输多了就很急躁。那位朋友相反,输得越多人越轻松,而且妙语连珠,他从来不急,是真正那种好牌风的人。有一次他像是对自己也像是对我们说,不要太急了。他的声音使热闹的骂声沸腾的牌桌突然安静下来,然后我们听见那位朋友说,最近流行这句话,这句话真好。

这确实是一句好话,是不多见的具有劝世意义的流行话语。不知怎么,又想起另一个好脾气的朋友。有一次他的孩子发高烧,他的妻子急得手忙脚乱,光着脚抱着孩子就往医院冲,而那位朋友一如既往地穿戴整齐才尾随妻儿而去。事后

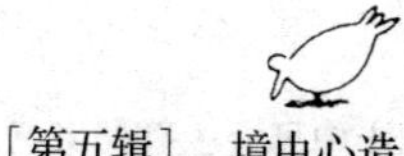

他妻子指责他，他说，再怎么急也不至于光着脚出门呀。他妻子便一时无言以对。

我想人的性情通达至此，生活便是另一种坦荡的境界了。那两位朋友对于危机的处理方法出于天生的性情，其实也是一种对生活的态度。他们不肯受制于危机的打压，他们用理性控制着自己生活中的每一个细节，如此，危机便仅仅成为正常生活的一个部分了。

不要太急了。对于大多数人来说，这是金玉良言，但做起来却不容易。急躁不是美德，却几乎是我们共有的思维和行为方式。每一次急躁都有其自然而然的理由，正如你的小宝贝没有尿布换了，而尿不湿这种新产品还没有面世；正如你在牌桌上大输特输，而你口袋里的筹码却不多了；正如你的孩子高烧40℃，病因却不详。你有理由着急，但是我们却总是容易忘记这个常识：急有什么用?

不要太急了，说的是嘛，我们急了这么多年，生活中该有的有了，不该有的还是没有，急出什么名堂来了？一着急说不定就像那个不幸的父亲，为了尿布而葬了自己的性命。我不提倡市侩哲学，但我一直认为为了生命献出生命是值得的，为了尿布献出生命却是很可惜的。

（苏 童）

➡［书外人语］ 情急之下，方寸大乱，更易出错。步子可以快一点，但头脑要冷静一点，心态平和是解决一切问题的关键。

借 钱

台湾名作家刘墉某日到一位教授家拜访，适逢教授的一位朋友去还钱。那人走了之后，教授就拿着钱感叹说:“失而复得的钱，失而复得的朋友。”

刘墉听了，不解地问后一句话的意思。

教授说:“我把钱借给朋友，从来不指望他们还。因为我想，如果他没钱而不想还，一定不好意思来；如果他有钱而想赖账，也一定不好意思再来，那么我吃亏也就一次，等于花点钱，认清了一个坏朋友。谈到朋友借钱，只要数目不太大，我总是会答应的，因为朋友应该有通财之谊。至于借出去之后，我从不去催讨，因为这难免伤了和气。因此每当我把钱借出去时，总有既借出去钱又借出去朋友的感觉。而每当他们把钱还回来时，我便有金钱与朋友一起失而复得的感觉。”

➡［书外人语］中国人朋友之间借钱打条子的很少，朋友间“过钱”，其实是把人放在天平上过秤。

明哲保身

一辆公共汽车上，一位男士忽然发现有个小偷正在把手伸进一位妇女的手提包中。他大声咳嗽了一声，以期引起那位妇女的警觉，不料那小偷却回过头来恶狠狠地瞪了他一眼，吓得他赶紧将目光移向别处。小偷见他如此害怕自己，趁势又蹭到他身边，半偷半抢地把他的钱包也给拿走了。男人一边压住“砰砰”的心跳，一边心中暗自庆幸：幸好今天包里没装多少钱，就当送给这小子了，妈的。

听完这个故事，一位留学生朋友又讲了一件他亲自经历的事。

他刚到国外不久，一天到位华人朋友开的餐厅中帮忙。有两个雇员临时有事请了假，忙不过来，朋友就打电话叫他去了。

快关门时，闯进两个抢匪，用枪指着他和朋友，把柜台中的钱洗劫一空。抢匪一走，他立即打电话报警，奇怪的是朋友反而劝他算了，他不解，朋友说：待会儿你就知道了。

警察迅速地赶到了。一位精干的白人警察步入店内，询问他们事发经过。他绘声绘色地把经过描述了一番，警察在小本上随便记了一番，便开车走了。

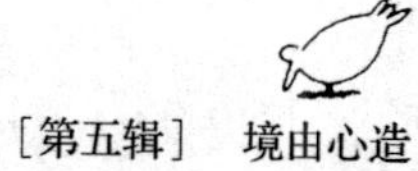

朋友说，认倒霉吧，准没结果。他不相信，当地警察的认真及效率是很有口碑的，为什么如此悲观呢？

原来，刚开始遇上此类情况时，华人必是积极报案，警察也认真高效地处理，可到要证人出庭作证时，华人往往害怕报复，而不愿出庭作证，这样使警察的努力顿成白辛苦。时间长了，警察对华人的类似小案件便应付了事，而罪犯们也就爱抢华人。朋友讲完这其中缘由，他半天都说不出话来。

➡ [书外人语] 明哲保身的结果是坏人更加嚣张，自己付出更大的代价。

杂草与花园

杰克·伦敦写出《马丁·伊登》后，声名鹊起，财源滚滚，不仅在加利福尼亚州建了别墅，而且在大西洋海滨购置了豪华游艇。然而拥有这一切之后，厌倦、空虚、落寞和无聊也接踵而至，最后他被这些给弄疯了，1916 年服毒自杀在自己的别墅里。

法捷耶夫 29 岁时就登上了苏联文坛，并以《青年近卫军》一书坐上苏联作协总书记的交椅。然而，自此以后他再没有写出一篇小说，因为他忙着出访、开会、作报告去了。

一座花园无论多么美丽，如果不经常拔草和修剪，仅一个夏天，就能使它彻底地荒芜。一些有建树或想有建树的人，如果不注意排除掉无聊的东西，是非常危险的。

（刘燕敏）

➡ [书外人语] 一个人的时间、精力及心灵的空间都是有限的，不要让美好的花给无聊的草腾地儿，坚守住一些心灵深处的东西。

怀才不遇

小王和小李是艺术系的同班同学，小李毕业后因父亲的关系，进入某报社担任美术设计工作。

不甚如意的小王，每次看见小李在报上刊出的作品，就痛骂报社只认人情，不长眼睛。但是原本远不及小王的小李，由于报社的工作环境好，经常能接触最新的材料与作品，加上困而后学的努力，几年后树立了独特的风格，也闯出了不小的名声。

小王终于不再讥评小李，因为长久地怨天尤人，使他由一时的怀才不遇，变为真正的外强中干，作品的水准，已经远远瞠乎小李之后了。

这社会上诚然有许多不公平的事，唯一的方法是加倍地努力，以求出头，使自己有能力创造一个未来公平的社会；如果只知自怨自艾，恐怕原本短期的时运不济，终要成为长期的命运多舛了。

➡［书外人语］世上没有绝对的公平，如果总是抱怨怀才不遇，一则说明你没有推销自己的才华；二则你有的那点才还太小。

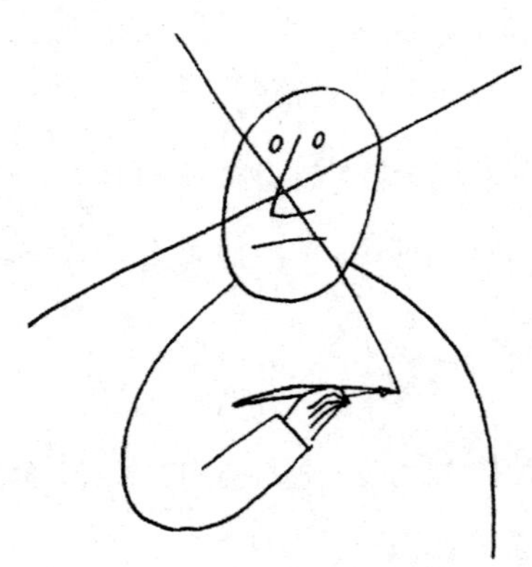

用行动治疗恐惧

曾有一位40出头的经理人员苦恼地来见心理专家拿破仑•希尔。他负责一个大规模的零售部门。

他很苦恼地解释说:“我怕会失去工作了，我有预感我离开这家公司的日子不远了。”

“为什么呢?”

“因为统计资料对我不利。我这个部门的销售业绩比去年降低了7%，这实在糟糕，特别是全公司的销售额增加了65%。最近，商品部经理把我叫去，责备我跟不上公司的进度。”

“我从未有过这样的感觉。”他继续说，“我已经丧失掌握的能力，我的助理也感觉出来了。其他的主管也觉察到我正在走下坡路。好像一个快淹死的人，旁边站着一群旁观者等着我没顶。”

“我猜我是无能为力了，我很害怕，但是我仍希望会有转机。”

拿破仑•希尔反问他:“只是希望能够吧?”接着希尔停了一下，没等他回答又接着问:

“为什么不采取行动来支持你的希望呢?”

“请继续说下去。”他说。

“有两种行动似乎可行。第一，今天下午就想办法将那些销售数字提高。这是必须采取的措施。你的营业额下降一定有原因，把原因找出来。你可能需要一次廉价大清仓，好买进一些新颖的货物，或者重新布置柜台的陈列；你的销售员可能也需要更多的热忱。我并不能准确指出提高营业额的方法，但是总会有方法的。最好能私下与你的商品经理商谈。也许他正打算把你开除，但假如你告诉他你的构想，并征求他的意见，他一定会给你一些时间去进行。只要他们知道你能找出解决的办法，他们是不会做划不来的事情的。”

希尔继续说:“还要使你的助理打起精神，你自己也不能再像一个快淹死的人，要让你周围的人都知道你还活得好好的。”

这时他的眼神又露出勇气。

然后他问道:“刚才你说有两项行动，第二项是什么呢?”

“第二项行动是为了保险起见，去留意更好的工作机会。我并不认为在你采取积极的改进措施、提高销售额后，工作不会保不住。但是骑驴找马，比失业了再找工作容易十倍。”

一段时间后这位一度遭受挫折的经理打电话给希尔：

“我们上次见过以后，我就努力去改进。最重要的步骤就是改变我的推销员。我以前都是一周开一次会，现在是每天早上开。我真的使推销员们又充满了干劲，大概是看我有心改革，他们也愿意更努力。

“成果当然也出现了。我们上周的周营业额比去年的高得多，而且比所有部门的平均业绩也好得多。

“喔，顺便提一下，还有个好消息，我们谈过以后，我就得到两个工作机会。当然我很高兴，但我都回绝了，因为这里的一切又变得十分美好。”

➡［**书外人语**］ 没游过泳的人站在水边，没跳过伞的人站在机舱门口，都是越想越害怕，人处于不利境地时也是这样。治疗恐惧的办法就是行动，做起来就不知道害怕了。

关于幸福的联想

假如将全世界各种族的人口根据不同的标准按一个一百人的村庄的比例来计算的话，那么，这个村庄将有：

57 名亚洲人；21 名欧洲人；14 名美洲和大洋洲人；8 名非洲人；52 名女人

和 48 名男人；30 名白人和 70 名非白人；30 名基督教徒和 70 名非基督教徒；89 名异性恋和 11 名同性恋；6 人拥有全村财富的 89%，而这 6 人均来自美国；80 人住房条件不好；70 人为文盲；50 人营养不良；1 人正在死亡；1 人正在出生；1 人拥有电脑；1 人(对，只有 1 人)拥有大学文凭。

如果我们以这种方式认识世界，那么忍耐与理解则变得再明显不过了。也请记住下列信息：

如果今天早上你起床时身体健康，没有疾病，那么你比其他几百万人更幸运，他们甚至看不到下午的太阳了；

如果你从未尝过战争的危险、牢狱的孤独、酷刑的折磨和饥饿的滋味，那么你的处境比其他 5 亿人更好；

如果你能随便进出教堂或寺庙而没有任何被威胁、暴行和杀害的危险，那么你比其他 30 亿人更有运气；

如果你的冰箱里有食物，身上有衣可穿，有房可住及有床可睡，那么你比世上 75%的人更富有；

如果你在银行里有存款，钱包里有票子，口袋里有零钱，那么你属于世上 8%最幸运之人；

如果你父母双全，没有离异，那么你的确是那种很稀有的地球之人；

如果你读了这封信，那么你刚刚得到了一个双重的祝福，因为有人想到了你，而你并不属于那另外 20 亿文盲。

所以，去工作而不要以挣钱为目的；去爱而忘记所有别人对你的不是；去跳舞而不管是否有他人关注；去唱歌而不要想着有人在听；去生活就像这世界是天堂。

（何 来）

➡［书外人语］ 你是不是觉得自己很幸福?

过期的机票

美国魏特利博士是著名的行为学专家。他常常到世界各地演讲，而且总是马不停蹄地一场接一场。

有一次，他结束了一场演讲，就赶着回加州。在他抵达机场的时候，飞机已要起飞了。他拼命地赶往登机门，可是入口已经关闭。他颓然地坐在候机室里，等待着下一班飞机。大约在一个小时之后，有消息传来：刚刚那班飞机，在空中飞行时，因为螺丝钉断裂，使得飞机双翼的引擎盖脱落，造成飞机无法平衡飞行而坠海，机上乘客全数罹难。

后来，魏特利博士一直保留着那张过期的机票。每当他遇到不顺心事或遭遇挫折时，他总会将那张泛黄的过期机票再拿出来看一次。这时，他心中所有的不平与怨气，都会瞬间消失得无影无踪。因为经过那次死亡之约后，他觉得每一天都格外珍贵。

➡［书外人语］ 生命其实是很脆弱的，有太多的偶然可以终止生命的旅程。因此，只要我们活着，还有什么可抱怨的呢?

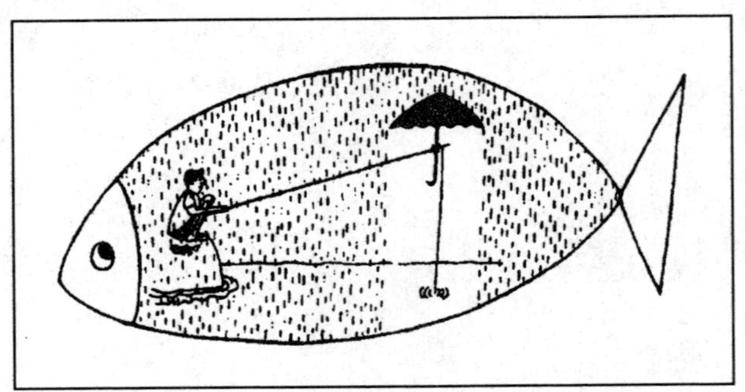

海军陆战队的生与死

有个年轻人，届逢兵役年龄，抽签的结果，正好抽中下下签，最艰苦的兵种——海军陆战队。年轻人为此整日忧心忡忡，几乎到了茶不思、饭不想的地步。年轻人深具智慧的祖父，见到自己的孙子这般模样，便寻思要好好开导他——

老祖父:“孩子啊，没什么好担心的。当了海军陆战队，到部队中，还有两个机会，一个是内勤职务，另一个是外勤职务。如果你分发到内勤单位，也就没什么好担心的了！”

年轻人问道:“那，若是被分发到外勤单位呢?”

老祖父:“那还有两个机会，一个是留在本岛，另一个是分发外岛。如果你分发在本岛，也不用担心呀！”

年轻人又问:“那，若是分发到外岛呢?”

老祖父:“那还是有两个机会，一个是后方，另一个是分发到最前线。如果你留在外岛的后方单位，也是很轻松的！”

年轻人再问:“那，若是分发到最前线呢?”

老祖父:“那还是有两个机会，一个是站岗卫兵，平安退 五；另一个是会遇上意外事故。如果你能平安退伍，又有什么好怕的！”

年轻人问:“那么，若是遇上意外事故呢?”

老祖父:“那还是有两个机会，一个是受轻伤，可能送回本岛；另一个是受了重伤，可能不治。如果你受了轻伤，送回本岛，也不用担心呀！”

年轻人最恐惧的部分来了，他颤声问:“那……若是遇上后者呢?”

老祖父大笑:“若是遇上那种情况，你人都死了，还有什么好担心的?倒是我要担心，那种白发人送黑发人的痛苦场面，可不是好玩的喔！”

➡ [书外人语] 每件事情、每个问题都会有正反两面，在客观冷静地分析后，内心最深处的恐惧，也许就会自行化为乌有。

偷窃自己的人

贝利是20世纪20年代人人皆知的珠宝大盗，他偷盗的对象，都是有钱有地位的上流人士。他还是位艺术品鉴赏家，所以有“绅士大盗”之称。贝利因偷盗被捕，被判刑18年。出狱后，全国各地的记者纷纷前来采访他，其中有位记者问了一个有趣的问题:“贝利先生，你曾偷了许多很有钱的人家，我想知道，蒙受损失最大的人是谁?”

贝利不假思索地说:“是我。”

记者们哗然。贝利接着解释说:“以我的才能，我应该能成为一个成功的商人、华尔街的大亨，或是对社会很有贡献的一分子；但我不幸选择了做小偷，成了一个向自己偷盗东西最多的人——各位都知道，我生命中四分之一的时间，是在监狱里消耗掉的。”

同样的事例并不鲜见。宁格是一位造诣很深的画家，他曾经花费了很多精力，以鬼斧神工的技艺，一笔一画地手工绘制了一张20美元的钞票。和贝利一样，他也因触犯法律而被捕了。具有讽刺意味的是，宁格画一张20美元钞票所耗费的时间，跟他画一张可以卖到500美元的肖像画所需的时间几乎是相同的。但不管怎么说，这位天才的画家，却是一个小偷。可悲的是，被偷得最惨的人不是别人，正是他自己。

贝利和宁格，他们都是天分很高的聪明人，在某一领域，他们完全可以凭借自己的本领赢得成功，占有自己的一席之地。

向自己行窃者，其实大有人在。为什么人们会干这种蠢事呢?这是因为，他们没有真正认识自己，不知道自己的价值何在。他们不相信，正面地、充分地发挥自己的才华，便是走在通向成功的光明大道上。他们更不知道，通过不正当的手段谋取钱财，实际上是在走一条死胡同。其实，任何一个不相信自己，从而未

能充分发挥自身才能的人，都可以说是偷窃自己的人。人的一生是短暂的，你没有把自己的能量充分发挥出来，你在干着不该干的事情，这就是在蹉跎光阴，就是在虚掷生命，就是在偷盗自己最珍贵的东西。偷盗自己，你的损失是巨大的。你被小偷偷了东西，不论是什么都不可怕，都可能用钱再买回来。可怕的只是你偷你自己：因为这样的偷盗，在你自己看来，似乎是可以找到“借口”的，因而它常常在你麻痹的时候发生，并且还会延续下去。

偷盗自己，从小处说，是贻误了自己；从大处说，则会导致社会生产力降低，也等于向社会偷窃。所以我们每一个人都需要反省一番：我是不是一个偷窃自己的人？

（张洪浩）

➡ [书外人语] 对自己的人生不负责任，便如同偷窃自己。

换 体

有两个人，一个是体弱的富翁，一个是健康的穷汉。他们相互羡慕。富翁为了得到健康，乐意让出他的财富；穷汉为了成为富翁，愿意随时舍弃健康。

一位闻名世界的外科医生钻研出了人体交换技术。富翁赶紧提出要和穷汉交换脑袋的建议，穷汉迫不及待地同意了。也就是说如果手术成功，富翁会变穷，但能得到健康的身体；穷汉会富有，但将病魔缠身。

手术果真成功了。于是穷汉成为富翁，富翁变成了穷汉。

但不久，成了穷汉的富翁由于有了强健的体魄，又有着赚钱的经验，渐渐地又积起了财富。可同时，他总是担忧着自己的健康，一感到些轻微的不舒服便大惊小怪。由于他总是那样担惊受怕，久而久之，他那极好的身体又回到原来那种多病的状态里；或者说，他又回到以前那种富有而体弱的状态中。

那么，另一位新富翁又怎么样了呢?

他总算有了钱，但身体孱弱。然而，他总是忘不了自己是个穷汉，有着穷人的思维。他不想用换体得来的钱相应的建立一种新生活，而是不断地把钱浪费在无用的投资里，应了“老鼠不留隔夜食”这句老话。钱不久便挥霍殆尽，他又变成了穷汉。然而，由于他无忧无虑，换脑时带来的疾病竟然不知不觉地消失了，他又像以前那样有了一副健康的身子骨。

最后，两个人又都回复到原来的境况。

➡［书外人语］ 乍一看，文中所述之事太过戏剧化；细想想，其实这一切又何尝不是事情的必然结局呢!只有改变了思维方式与心态，一个人才能真正焕然一新。否则，任何物质与形式上的改变也是徒然。

喜爱你的工作

一群心理学家做了一项归纳研究。

他们找了20个刚大学毕业，决定做自己喜欢的工作的人；另外也找了同样学历和年龄，决定先投身热门行业，赚到钱，再做自己喜欢的事情的20个人。20年后，在两个对照组中发现，做自己喜欢的工作的20个人，有18个成为百万富翁，而后者只有一个成为百万富翁。

➡［书外人语］ 坚持做自己喜欢的事情，迟早会成功。而做自己不喜欢的事情，即使当下看起来不错，但不会有什么长久的发展，因为你从心里不喜欢它的话，就不可能激发出全部的热情和创造力，你就难以超越别人；反过来，这样又会进一步打击你的自信，形成恶性循环。

相由心生

一个雕塑家有一天发现自己的面貌越来越丑了。他的“丑”，并非指肤色、五官 (他原来长得很不错的)，而是指他的神情、神态，怎么就那样的“狡诈”、“凶恶”、“古怪”，以至于使面相本身也让人觉得可恶可怕。

他遍访名医，均无办法。因为，吃药也好，整容也好，都无法医治五官之间的“关系”——无法医治一个人的愁眉苦脸，无法医治“满脸横肉，凶神恶煞”。

一个偶然的机会，他游历一座庙宇时，把自己的苦衷向长老说了。长老说，我可以治你的“病”，但不能白治，你必须为我先做一点事——雕塑几尊神态各异的观音像。

雕塑家接受了这个条件。在中国古老的传统文化中，观音是慈祥、善良、圣洁、宽仁、正义的化身，观音的面相神情，自然就是人们心中这些概念的形象化、典型化。

雕塑家在塑造过程中不断研究、琢磨观音的德行言表，不断模拟观音的心态和神情，达到了忘我的程度。他相信自己就是观音。

半年后，工作完成了，同时，他惊喜地发现自己的相貌已经变得神清气爽，端正庄严。他感谢长老治好了他的病。

“不，”长老说，“病是你自己治好的。”

这时，雕塑家找到了自己当初“变丑”的病根——过去两年，他一直在雕塑夜叉！正所谓“相由心生，相随心灭”。

➡ [书外人语] 相由心生，指的是内心的意念多会反映在面部表情上。人存暴戾之气，自是面目狰狞；内心平和安详，自然就慈眉善目。面部表情、言谈举止都可说是一个人精神气质的外在反映。工作中可以接触“夜叉”，但绝不可让“夜叉”长居心中。

态度与行为

有一个人和朋友在住家附近的商店买东西，他礼貌地对店员说了声:“谢谢。”但店员却紧绷着一张脸，没有理会。

他们走出商店时，朋友说:“那家伙服务态度很差。”

这人对朋友说:“他每天都是这样。”

朋友说:“既然他每天都这样。那你为什么还对他那么客气呢?”

这人回答:“为什么我要让他的态度来决定我的行为呢?”

➧［书外人语］道理一经说穿，好像很简单，但想想我们平时的行为很多不都是被别人的态度决定的吗?

快　乐

香港的记者曾问李嘉诚:“你以为一生之中，最快乐的赚钱一刻是什么时候?”李说:“开一间临街小店，忙碌终日，日落打烊时，紧闭店门，在昏暗灯下与老伴一张一张数钞票。”李嘉诚的答案令记者措手不及。但这真是妙答啊，一点都不做作，谁都会对这样的快乐会心一笑。快乐的标准是一根可以无限拉伸的橡皮筋，你的欲望越大，它拉得就越长，快乐的标准也就越高。李嘉诚是智慧的，把

快乐的标准降下来，降到人人都拥有的境地，那就快乐了。

澳大利亚还有位华籍企业家谢英福，当时马来西亚有一家国营钢铁厂经营不景气，亏损高达1.5亿元。首相马哈迪找到他，请他担任公司总裁，他不假思索地答应了。在别人看来，这是一个错误的决定，因为钢铁厂债重难还，生产设备落后，员工凝聚力涣散，这是一个巨大的洞，根本无法填平的洞。

但谢英福却坦然对媒体说："当年我来到马来西亚时，口袋里只有5元钱，这个国家令我成功，现在我要报效这个国家，如果我失败了，那就等于损失了5元钱。"年近六旬的谢英福从别墅里搬出来，住进了那家破败的钢铁厂，三年后，工厂起死回生，开始大量创造财富。

5元钱每个人都拥有，但当你拥有1万元、1百万元、1千万元的时候，还会以5元的标准衡量自己的快乐吗？快乐像跳高，跳杆越低，我们就会越轻松，越无所畏惧。

➡ [书外人语] 将快乐的标准定得低一些，岂非每天都很快乐?

二十分钟

11岁那年的一天，我和爸爸照例出门去散步，经过北区河畔殡仪馆门口的时候，爸爸突然停住脚步，问了我一个莫名其妙的问题："几点了？"我看了看表，告诉他是10点5分。然后爸爸问我看到了什么。"没有什么特别值得注意的，"我回答，"一群人——大概150个，正排队进殡仪馆。""眼力不错。"爸爸满意地点点头，接着他提起别的话题，跟我讨论起体育新闻来。说了快半个小时，我发现他还没有离开殡仪馆的意思，就问："我们要不要继续散步？"爸爸没有立刻回答我，却突然提出了第二个奇怪的问题："儿子，你现在能看到什么？"我向殡

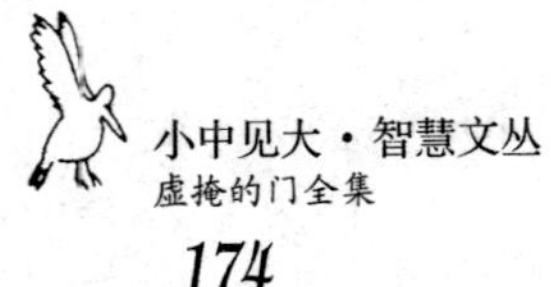

仪馆门口望去，刚才进去的人现在又排队出来了。

“还是没有什么特别的，”我耸耸肩，“估计是追悼会刚结束，进去的人已经出来了。”“非常正确，”他说，“你看看现在几点了。”我说是10点50分。爸爸点点头，若有所思地说:“对，人的一生总结起来也不过就这么长时间。”我疑惑地抬起头:“什么时间？爸爸，我不明白您在说什么。”“你看，儿子，追悼会上牧师宣读悼词，也就是对死者一生的总结。宣读悼词不过短短的20分钟，很多当时被认为是巨大的挫折或者伟大的成就，其实只是微不足道的小事，根本进不了这20分钟。你长大以后，无论是沮丧还是得意的时候，都要想想我这句话，你将发现眼前的道路会变得开阔许多。”（[英]斯图尔特·弗兰克）

➡ [书外人语] 我们要投入地生活，认真地做好眼前的事情，但又不能太在意和计较得失。

爱的较量 | 06

美丽的歧视

高考落榜，对于一个正值青春花季的年轻人，无疑是一个打击。八年前，我的同学大伟就正处于这种境地。而我则考上了京城的一所大学。

当我进入大学三年级时，有一日大伟忽然在校园里寻到了我，原来，他也是北京某名牌大学的一员了。

“祝贺你——”我说。

“是该祝贺。你知道吗？两年前我一直认为自己完了，没什么出息了，可父母对我抱有很大希望，我被迫去复读——你知道‘被迫’是一种什么滋味吗？在复读班，我的成绩是倒数第五……”

“可你现在……”我迷惑了。

“你接着听我说。有一次那个教英语的张老师让我在课堂上背单词。那会儿我正读一本武侠小说。张老师很生气，说：‘大伟，你真是没出息，你不仅糟蹋爹娘的钱还耗费自己的青春。如果你能考上大学，全世界就没有文盲了。’我当时仿佛要炸开了，我噌地跳离座位，跨到讲台上指着老师说：‘你不要瞧不起人，我此生必定要上大学。’说着我把那本武侠小说撕得粉碎。你知道，第一次高考我分数差了100多分，可第二年我差17分，今年高考，我竟超了80多分……，我真想找到张老师，告诉他：我不是孬种……”

三年后，我回到我高中的母校，班主任告诉我：教英语的张老师得了骨癌。我去看他，他兴致很高，其间，我忍不住提起了大伟的事……

张老师突然老泪横流。过了一会儿，他让老伴取来了一帧旧照片，照片上，一位书生正在巴黎的埃菲尔铁塔下微笑。

张老师说：“18年前，他是我教的那个班里最聪明也最不用功的学生。有一次，我在课堂上讲：‘像你这样的学生，如果考上大学，我头朝地向下转三圈……’”

“后来呢？”我问。

“后来同大伟一样，”张老师言语哽咽着说，“对有的学生，一般的鼓励是没有用的，关键是要用锋利的刀子去做他们心灵的手术——你相信吗？很多时候，别人的歧视能使我们激发出心底最坚强的力量。”

两个月后，张老师离开了人世。

又过了四年，我出差至京，意外地在大街上遇到大伟，读博士的他正携了女友悠闲地购物。我给大伟讲了张老师的那席话……

在熙熙攘攘的人群中，大伟突然泪流满面。

在那以后的时光里，我一直回味着大伟所遭遇的满含爱意却又非常残酷的歧视。我感到，那“歧视”蕴含着一种催人奋进的力量。对大伟和那位埃菲尔铁塔下留影的学生而言，在他们的人生征途中，张老师的“歧视”肯定是最宝贵最美丽的。

(胡子宏)

➡ [书外人语] 知耻而后勇，有痛的感觉就没有失去生命力。锥子扎不出血的麻木，实际上就是一种心灵的死亡。

母亲的较量

作家北野曾提出这样一个观点：民族的较量实际上是年轻女人的较量。他是通过在不同国家所见到各类母亲对孩子的不同教育方式而得出的这个结论。

有一次，北野在中国农村看到，几个小孩在一块儿玩，一个被另一个欺负了。那个被打孩子的妈妈听见哭声赶过来，厉声吼道:“你干吗打他，再打他我揍死你。”

这使他想起在英国曾见过的同样一个场景。那位被欺负小孩的母亲却对另外几个小孩子讲:“你们为什么欺负他呢？难道你们不友好吗？”

英国母亲在跟小孩讲道理，而那位中国妈妈对孩子没什么理由好讲。这种中国妈妈的教育方式起码有两点不好的后果：一是使孩子养成依赖性，依赖强权；二是会养成一种非理性性格。

还有一次，北野在一位英国朋友家玩，三岁的小男孩要与北野一块洗澡，北野答应了但没有这样做。结果孩子的妈妈急了：你怎么可以骗孩子呢，你不愿意去可以不答应嘛。北野很不好意思，同时也想起在我们国家的一个普遍说法：哄孩子。被哄大的孩子会相信别人吗？

北野讲完了他的故事，我又想起老家一位老师的故事。

那位老师是村中的一位民办教员，他有三个女儿，都在读书，大女儿在读高中。家里的日子过得紧巴巴的，有人劝他：孩子学习成绩一般，估计考不上大学，回家种地算了。这位老师回答说：我知道她考不上大学，可她将来要做母亲啊，今天多读些书，对她将来教育孩子会有用的。

➡［书外人语］决定要小孩真是人一生最需负责任的决策，这是你为社会提供的最终产品。母亲的素质就是民族未来的素质。

人生最好的教育

（一）

一个青年来到城市打工，不久因为工作勤奋，老板将一个小公司交给他打点。他将这个小公司管理得井井有条，业绩直线上升。有一个外商听说之后，想同他洽谈一个合作项目。当谈判结束后，他邀这位也是黑眼睛黄皮肤的外商共进晚餐。晚餐很简单，几个盘子都吃得干干净净，只剩下两只小笼包子。他对服务小姐说，请把这两只包子装进食品袋里，我带走。外商当即站起来表示明天就同

他签合同。第二天，老板设宴款待外商。席间，外商轻声问他，你受过什么教育？他说我家很穷，父母不识字，他们对我的教育是从一粒米、一根线开始的。父亲去世后，母亲辛辛苦苦地供我上学。她说俺不指望你高人一等，你能做好你自个儿的事就中……在一旁的老板眼里渗出亮亮的液体，端起酒杯激动地说：我提议敬她老人家一杯——你受过人生最好的教育！

一个人受过苦，便知道珍惜；一个在贫寒中长大的人，不会不知道勤俭的重要；一个自小就知道努力做事的人，不会不对自己和他人负责……

贫穷并不可怕，可怕的是人在贫穷中什么也学不到，并进而失去人的自尊。

（二）

一个相貌平平的女孩，在一所极普通的中专学校读书，成绩也很一般。她得知妈妈患了不治之症后，想减轻一点家里的负担，希望利用暑假这两个月的时间挣一点钱。她到一家公司去应聘，韩国经理看了她的履历，没有表情地拒绝了。女孩收回自己的材料，用手掌撑了一下椅子站起来，觉得手被扎了一下，看了看手掌，上面沁出了一颗红红的小血珠，原来椅子上有一只钉子露出了头。她见桌子上有一条石镇纸，于是拿来用它将钉子敲平，然后转身离去。可是几分钟后，韩国经理却派人将她追了回来，她被聘用了。

一个在爱中长大的人，他最好的回报也是爱。当爱促使一个人去做他很难做到的事情时，这足以证明爱的力量！

而在一件很细小的、与自己无关的事情上也能体现出对别人体贴和关心的人，他所受到的爱的教育无疑是成功的。

（三）

有一个岗位需要招人，先后来了四位应聘者。在招聘条件一栏中，有一项条件是必须具备两年以上的工作经验。前三位应聘者都称自己有类似的工作经验，但面对应聘者的考问，很快显示出自己对这一行的无知。最后来了一位男学生，他坦率地对招聘者说，自己不具备这方面的工作经验，但对这项工作很感兴趣，并且有信心经过短暂的实践后，能够胜任它。招聘者毫不犹豫地录用了他。此后他和那个招聘者曾经有过一段对话，那个招聘者说，有很多求职的人在介绍自己的情况时并不诚实，而他为什么能够诚实相告呢？他说小时候有一次他捡了钱，奶奶问他时，他撒了谎。奶奶朝他的屁股上重重地打了一下，然后告诫他："穷不可怕，只要你诚实，你就有救！"他说他永远记得奶奶说的这句话。试想一个不敢正视自己的不足、只能依靠骗来取得众人信任的人，他能行得远吗？

一个诚实的人，其实是最需要勇气。他必须敢于面对事实和真理，在别人含含糊糊、唯唯诺诺的时候，勇敢地指出真相。

诚实比一切智谋都好，而且它是智谋的基本条件。（胡 平）

➡［书外人语］ 把孩子送进学校，只是去学习一些知识，做人最基本的东西不一定是在课堂上学到的，父母千万不要忘记还要教给孩子一些书本外的东西，而且教的时候要以身作则。

这条小鱼在乎

有这么一个故事。

在暴风雨后的一个早晨，一个男人来到海边散步。他一边沿海边走着，一边注意到，在沙滩的浅水洼里，有许多被昨夜的暴风雨卷上岸来的小鱼。它们被困在浅水洼里，回不了大海了，虽然近在咫尺。被困的小鱼，也许有几百条，甚至几千条。用不了多久，浅水洼里的水就会被沙粒吸干，被太阳蒸干，这些小鱼都会干死的。

男人继续朝前走着。他忽然看见前面有一个小男孩，走得很慢，而且不停地在每一个水洼旁弯下腰去——他在捡起水洼里的小鱼，并且用力把它们扔回大海。这个男人停下来，注视着这个小男孩，看他拯救着小鱼们的生命。

终于，这个男人忍不住走过去："孩子，这水洼里有几百几千条小鱼，你救不过来的。"

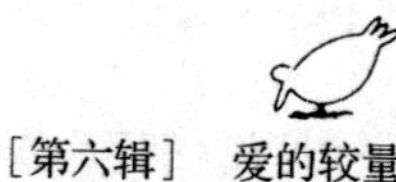

“我知道。”小男孩头也不抬地回答。

“哦？那你为什么还在扔？谁在乎呢？”

“这条小鱼在乎！”男孩儿一边回答，一边拾起一条鱼扔进大海。“这条在乎，这条也在乎！还有这一条、这一条、这一条……”

今天，你们在这里开始大学生活。你们每一个人，都将在这里学会如何去拯救生命。虽然你们救不了全世界的人，救不了全中国的人，甚至救不了一个省的一个市的人，但是，你们还是可以救一些人，你们可以减轻他们的痛苦。因为你们的存在，他们的生活从此有所不同——你们可以使他们的生活变得更加美好。这是你们能够并且一定会做得到的。

在这里，我希望你们勤奋、努力地学习，永远不要放弃！记住：“这条小鱼在乎！这条小鱼也在乎！还有这一条、这一条、这一条……”

（这是一位在中国某医学院任职的美国老师的演讲。他在把讲稿让校方过目时，一位领导不知为何竟很不喜欢，让他重写。后来外教还是坚持用了这篇演讲稿。我想他讲的这个故事也许不仅仅适合医学院学生，所以译过来与大家共享。——译者注）

(田　辉)

➡ [书外人语] 勿以善小而不为，勿以利小而不做；积小善终成大德，积小成终成大功。

好老师与好学生

1960年，哈佛大学罗森塔尔博士曾在加州一所学校中做过一个著名的实验。

新学年开始时，他让校长把三位老师叫进办公室，对他们说：“根据过去三四年来的教学表现，你们是本校最好的老师。为了奖励你们，今年我们特别挑选了三班全校最聪明的学生给你们教。这批学生的智商比同龄的孩子都要高，希望你们能有更好的成绩。”

老师们表现出掩饰不住的喜悦。临出门时，校长又叮咛：要像平常一样教他们，不要让孩子或家长知道他们是被特意挑选出来的。

一年之后，这三班的学生成绩是整个学区中最优秀的，比平均分数值高出两三成。

这时候校长才告诉老师们真相，这些学生并不是刻意选出来的，而只是随机抽选出来的普通学生。三位老师万万没有想到事实会如此，只有归功于自己教得好。

校长不好意思再告诉他们另一个真相：他们三个也是在教师中随机抽出来的。但整个结果就如博士所料：这三位老师觉得自己很优秀，充满了信心与自豪，工作中自然也就格外卖力气，而且他们认为学生也是好学生，肯定会有好的结果。结局自然就皆大欢喜，全都真的优秀起来。

➡［书外人语］别人的表扬与期待，自我肯定的心理暗示，都会使普通的日子变得更加阳光灿烂。你不妨一试。

左手与右手

故事发生在小学校里。课堂上老师提问的时候，一名同学总是举手，可老师叫起他来的时候他却答不上来，引得下面的同学窃笑不已。

老师找到他问他为什么要这样，他说如果老师提问时他不举手，同学会在课下叫他傻瓜。于是，这个老师就和他有了这样一个约定，当他真会的时候就高高地举起左手，不会的时候就举起右手。渐渐地，这名同学越来越多地举起他骄傲的左手，越来越多、越来越好地回答出老师的课堂提问，这个原本极有可

能在太多的嘲笑中沉沦的孩子也由一个差生转变成了一个好学生。(杨丽红)

➡ [书外人语] 被重视、被关爱是一种催人向上的重要力量，对成长期的孩子尤其是这样。近年来经常看到报上关于一些教师恶劣行为的报道，让人激愤难当。一个缺乏爱心的老师会毁掉一个或几个孩子，这样的老师多了，就会毁掉民族的希望。教师是阳光下最灿烂的职业，那么教师的不称职应是阳光下最让人痛心的不称职。

莫须有与想当然

记得在小学的时候，每星期有作文课。国文教师除了在作文卷上有批语外，还把全班的作文排好了名次，当堂唱名发还。如名次排在后面，显得非常难堪，所以大家对作文都很努力。我本来就喜欢作文，再加上努力，所以作文发还时，常是名字在前几名之中。

一次作文题目是“北风”还是“春风”，我已记不清了，做完了自己很得意。当时觉得下星期发还时，我一定是在前几名之中。没有想到，不仅前几名没有我，甚至中间也没有，而是排在最后一个。我根本不明白是怎么回事了。

下了课，去问国文老师，老师说:“这不像你这个小学生写的，一定是抄自什么杂志上的。”我惊讶得不得了，我说:“确实是我写的。”教师说:“你不可能写这么好，你是抄的，你如果说你不是抄的，拿出证明来！”我反抗也无从反抗起，委屈地哭了一场。

小孩时的多少事情，现在几乎都忘了，唯独这次所受的委屈，总是记得清清楚楚。

事情竟然无独有偶，我在大学三年级时，又出现一次类似的事。那是考交流电路的课，有一道最低还是最高功率的问题，教授所讲过的是用微分求最大或最

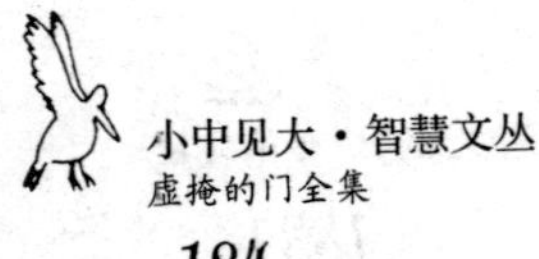

小的方法。我在考试时，嫌那个方法麻烦，竟异想天开，用几何作圆，利用切线的关系，找出了答案来。那一次考试，我又是很得意，却没有想到这一题竟然得了零分——教授说不会微分。而这个几何方法呢，一定是从别处抄来的。于是我在小学所受的委屈又再版一次。

时光流水似的逝去，我在美国当了教授，遇到又一次类似的事件，不过我扮演的不是学生，而是教师的角色。

有一个美国学生提出一篇学期论文，当做期末考试。我翻来覆去地看他这篇论文，发现不仅风格清新，而且创意满纸，令人不能相信是一个大学生所作。

我很自然地怀疑他是从什么地方抄来的。问题就这么极端：如果是抄来的，只有给不及格；如果不是抄来的，那就太好了。我到图书馆查了两天最新到的期刊，看看有无类似的东西，却不得要领。于是请教一位同事，问他该怎么办。

我这位同事对我提出的问题，倒显得有些惊异。他说："如果你不能查出你学生是抄来的，你就不能说他是抄来的。你的学生并没有义务去证明他不是抄来的，这是罗马法的精神；文明与野蛮的分际，就在这么细微的差别上。我觉得这是常识，你却觉得这是个问题，好奇怪！"

听了这一番教训后，我倒没有什么惭愧的感觉，而是想起中国文化中好多好多莫须有与想当然的故事。

(陈之藩)

➡［书外人语］任何一种科学技术、方法、体制的接轨，都须建立在文化接轨的基础上，否则会造成空中楼阁。

蔷薇的启示

A

路边开满了带刺的蔷薇花，三个步行者打这里路过。

第一个脚步匆匆，他什么也没看见。

第二个感慨万千，叹了口气:“天！花中有刺。”

第三个却眼睛一亮:“不，应当说刺中有花。”

第一个人挺麻木，他看不到风景；第二个人挺悲观，风景对于他没有意义；至于第三个嘛，是个乐观主义者。

那么您呢？您是哪一个？

B

路边的蔷薇热烈地开着，三个人走了过来，入迷地看着。

第一个欣喜若狂，伸手就摘，结果被刺得鲜血淋漓。

第二个见此情景，赶紧缩回了正想摘花的手。

第三个则小心翼翼地伸出手来，把其中最漂亮的那一朵摘了下来。

当晚，三个都做了个梦：第一个被梦中的刺吓得大喊救命，第二个对着梦中的蔷薇无奈地叹着气，第三个则被花的明媚簇拥着，在梦中，他听到了蔷薇的笑声。

C

老师在上课，津津有味地讲着蔷薇。

讲完了，老师问学生:“你最深刻的印象是什么？”

第一个回答:“是可怕的刺！”

第二个回答:“是美丽的花！”

第三个回答:“我想，我们应当培育出一种不带刺的蔷薇。

多年之后，前两个学生都无所作为，唯有第三个学生以其突出的成就闻名远近。

(张玉庭)

➡ [书外人语] 乐观的态度，谨慎的方法，远大的抱负，是生命有所成就的必要条件。

可怜的老头

哈佛大学校长来北京大学访问时，讲了一段自己的亲身经历。

有一年，校长向学校请了三个月的假，然后告诉自己的家人，不要问我去什么地方，我每个星期都会给家里打个电话，报个平安。

校长只身一人，去了美国南部的农村，尝试着过另一种全新的生活。在农村，他到农场去打工，去饭店刷盘子。在田地做工时，背着老板吸支烟，或和自己的工友偷偷说几句话，都让他有一种前所未有的愉悦。

最有趣的是最后他在一家餐厅找到一份刷盘子的工作，干了四个小时后，老板把他叫来，跟他结账。老板对他说:“可怜的老头，你刷盘子太慢了，你被解雇了。

“可怜的老头”重新回到哈佛，回到自己熟悉的工作环境后，却觉得以往再熟悉不过的东西都变得新鲜有趣起来，工作成为一种全新的享受。

这三个月的经历，像一个淘气的孩子搞了一次恶作剧一样，新鲜而有趣。更重要的是，回到一种原始状态以后，就如同儿童眼中的世界，一切都那么有趣，也不自觉地清理了原来心中积攒多年的“垃圾”。

➡ [书外人语] 定期给自己复位归零，清除心灵的污染，才能更好地享受工作与生活。

大师的学生

一位音乐系的学生走进练习室。在钢琴上，摆着一份全新的乐谱。

“超高难度……”他翻动着乐谱，喃喃自语，感觉自己对弹奏钢琴的信心似乎跌到了谷底，消靡殆尽。

已经三个月了！自从跟了这位新的指导教授之后，不知道，为什么教授要以这种方式整人。

勉强打起精神。他开始用十指奋战、奋战、奋战……琴音盖住了练习室外教授走来的脚步声。

指导教授是个极有名的钢琴大师。授课第一天，他给自己的新学生一份乐谱。“试试看吧！”他说。乐谱难度颇高，学生弹得生涩僵滞、错误百出。“还不熟，回去好好练习！”教授在下课时，如此叮嘱学生。

学生练了一个星期，第二周上课时正准备让教授验收，没想到教授又给了他一份难度更高的乐谱，“试试看吧！”上星期的课，教授提也没提。学生再次挣扎于更高难度的技巧挑战。

第三周。更难的乐谱又出现了。同样的情形持续着，学生每次在课堂上都被一份新的乐谱所困扰，然后把它带回去练习，接着再回到课堂上，重新面临两倍难度的乐谱，却怎么样都追不上进度，一点也没有因为上周的练习而有驾轻就熟的感觉，学生感到越来越不安、沮丧和气馁。

教授走进练习室。学生再也忍不住了。他必须向钢琴大师提出这三个月来何以不断折磨自己的质疑。教授没开口，他抽出了最早的那份乐谱，交给学生。“弹奏吧！”他以坚定的目光望着学生。

不可思议的结果发生了，连学生自己都惊讶万分，他居然可以将这首曲子弹奏得如此美妙、如此精湛！教授又让学生试了第二堂课的乐谱，学生依然呈现超高水准的表现……演奏结束，学生怔怔地看着老师，说不出话来。

“如果，我任由你表现最擅长的部分，可能你还在练习最早的那份乐谱，就不会有现在这样的程度……”钢琴大师缓缓地说。 （家 贤）

➡［书外人语］人，往往习惯于表现自己所熟悉、所擅长的领域。但其实正是困难与压力才造就了我们的能力与进步。

学无止境

这是美国东部一所规模很大的大学毕业考试的最后一天。在一座教学楼前的阶梯上，有一群机械系大四学生挤在一起，正在讨论几分钟后就要开始的考试。他们的脸上显示出很有信心，这是最后一场考试，接着就是毕业典礼和找工作了。

有几个说他们已经找到工作了。其他的人则在讨论他们想得到的工作。怀着对四年大学教育的肯定，他们觉得心理上早有准备，能征服外面的世界。

即将进行的考试他们知道只是轻易的事情。教授说他们可带需要的教科书、参考书和笔记，只要求考试时他们不能彼此交头接耳。

他们喜气洋洋地走进教室。教授把考卷发下去，学生都眉开眼笑，因为学生们注意到只有五个论述题。

三个小时过去了，教授开始收集考卷。学生们似乎不再有信心，他们脸上有可怕的表情。没有一个人说话，教授手里拿着考卷，面对着全班同学。教授端详着面前学生们担忧的脸，问道:“有几个人把五个问题全答完了？”

没有人举手。

“有几个答完了四个？”

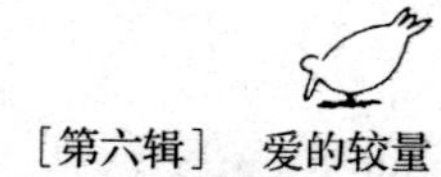

仍旧没有人举手。

“三个？两个？”

学生们在座位上不安起来。

“那么一个呢？一定有人做完了一个吧？”

全班学生仍保持沉默。

教授放下手中的考卷说：“正是我预期的。我只是要加深你们的印象，即使你们已完成四年工程教育，但仍旧有许多有关工程的问题你们不知道。这些你们不能回答的问题，在日常操作中是非常普遍的。”

于是教授带着微笑说下去：“这个科目你们都会及格，但要记住，虽然你们是大学毕业生，你们的教育才开始。”

时间消逝，这位教授的名字已经模糊，但他的训诫却不会模糊。

[美]斯坦伯格

➡ [书外人语] 授人以鱼不若授之以渔，学多少现成的知识也不如培养出自我学习的能力与方法。现代教育早已是终身教育的概念，活到老学到老已是每人必要的思想准备。

谁 错 了

故事之一：电影舞星佛莱德·艾斯泰尔1933年到米高梅电影公司试镜后，在场导演给的纸上评语是：“毫无演技，前额微秃，略懂跳舞。”后来，艾斯泰尔把这张纸裱起来，挂在比弗利山庄的豪宅中。

故事之二：彼得·丹尼尔小学四年级时，常遭班主任菲利浦太太的责骂：“彼得，你功课不好，脑袋不行，将来别想有什么出息。”彼得直到26岁时仍大字识不了几个，有次一位朋友念了一篇《思考才能致富》的文章给他听，彼得深受震动，此后就变了一个人。现在他买下了他当年打架闹事的街道，并且出了一本书，书名叫做《菲利浦太太，你错了》。

故事之三：发表《进化论》的达尔文当年决定放弃行医时，遭到父亲的斥责："你放着正经事不干，整天只管打猎、捉耗子，将来怎么办。"另外达尔文在自传上透露："小时候，所有的老师和长辈都认为我资质平庸，我与聪明是沾不上边的。"

故事之四：罗丹的父亲曾抱怨自己有个白痴儿子。在众人眼中，他也是个前途无"亮"的学生，艺术学院考了三次还考不进去。他叔叔绝望地说：孺子不可教也。

故事之五：爱因斯坦四岁才会说话，七岁才会认字，老师给他的评语是："反应迟钝，不合理，满脑子不切实际的幻想。"他曾遭到退学的命运，在申请瑞士联邦技术学院时也被拒绝。而他死后，许多科学家都在研究他的大脑与常人不同之处。

故事之六：丘吉尔小学六年级时曾遭留级，他的前半生也充满失败和挫折，直到62岁才当上首相。

故事之七：一代围棋大师吴清源幼时酷爱下棋，但家贫，生计常无着落。舅舅曾让他学一技之长，他不干。舅舅生气：下棋能当饭吃？吴答曰：能。十多岁时在段祺瑞府下棋，月支八块大洋，足以养家糊口。东渡日本后，曾击败所有高手，独霸棋坛。

➡ ［书外人语］ 你是否得到过别人给你的"低度评估"，你能否证明给他看：他错了！

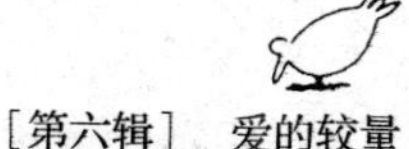

溺爱意味着什么

一位母亲为她的孩子伤透了心，她不得不去找心理问题的专家。

专家问，孩子第一次系鞋带的时候打了个死结，你是不是不再给他买有鞋带的鞋子？夫人点了点头。专家又问，孩子第一次洗碗的时候，弄湿了衣服，你是不是不再让他走近洗碗池？夫人称是。

专家接着说，孩子第一次整理自己的床铺，整整用了一个小时，你嫌他笨手笨脚，对吗？这位母亲惊愕地看了专家一眼。专家又说道，孩子大学毕业去找工作，你又动用了自己的关系和权力。这位母亲更惊愕了，从椅上站起来，凑近了专家说：你怎么知道的？

专家说，从那根鞋带知道的。夫人问，以后我该怎么办？专家说，当他生病的时候，你最好带他去医院；他要结婚的时候，你最好给他准备好房子；他没有钱时，你最好给他送钱去。这是你今后最好的选择，别的，我也无能为力。

在孩子成长的道路上，存在着一个非常温柔的陷阱，这是那些过分庇护孩子的父母亲手挖掘的，掉进陷阱里的孩子，由于被剥夺了犯错误和改正错误的机会，从而也失去了长大成人的权利。 (刘燕敏)

➡［书外人语］从不撒手让孩子自己走的母亲，就只有一直管下去了，因为你的孩子一直也没断掉奶。

坏邻居

在美国东部有一所非常著名的学府，它的名字几乎为全世界的知识分子所知晓，它的入学需要平均90分以上的成绩，它一门课的学费，可以相当于普通家庭整月的开销，它的学生常穿着印有校名的T恤在街上招摇……

但是，这个学校有着严重的困扰，因为它紧邻一个治安极坏的贫民区，学校的玻璃经常被顽童打破，学生的车子总是失窃，学生在晚上被抢已不是新闻，女学生甚至遭到强暴的命运。

“我们这么伟大的学校，怎能有那么糟糕的邻居。”董事会议愤怒地一致通过:“把那些不上路的邻居赶走！”方法很简单——以学校雄厚的财力把贫民区的土地和房屋全部买下，改为学校校园。

于是校园变大了。但是问题不但没有解决，反而变得更严重了，因为那些贫民虽然搬走，却只是向外移，隔着青青的草地，学校又与新贫民区相接，加上广大的校园难于管理，治安是更糟了。

董事会失去了主意，请来当地的警官共谋对策。

“当你们与邻居相处不来时，最好的方法不是把邻人赶走，更不是将自己封闭，反而应该试着去了解、沟通，进而影响、教育他们。”警官说。

校董们相顾半晌，哑然失笑，他们发现身为世界最著名学府的董事，竟然忘记了教育的功能。

他们设立了平民补习班，送研究生去贫民区调查探访，捐赠教育器材给邻近的中小学，并辅导就业，更开辟部分校园为运动场，供青少年们使用。

没有几年，这所学校的环境治安已经大大地改善，而那邻近的贫民区，更眼看着步入了小康。

➡［书外人语］ 教育是缩小精神上、物质上贫富差距的最根本方法。想与你的差劲邻居和平相处的最好方法就是去帮助他、影响他。贫富、好坏差距过大，绝不会有长治久安。

老师的眼泪

上高中的时候，我们班只是个普通班，比起学校里抽出的尖子生组成的六个实验班来说，考上大学的机会不多，因此除几个学习好的同学很努力外，我们大多数人都只是等着毕业混个文凭，然后找个工作。

班上的班主任兼英语老师是个刚从师范学院毕业的学生，他非常敬业，每日催着我们学习学习再学习，作业作业再作业。但是说归说，由于许多人抱着破罐子破摔的想法，我们的成绩却仍然上不去，在全校各科考试中屡屡倒数。

直到高二的一次英语联考，张榜公布的我们班的成绩却破天荒地超过几个实验班的学生，这使我们接连兴奋了好几天。

发卷的时候到了，老师平静地把卷子发给我们。我们欣喜地看着自己几乎从没考过的高分，老师说："请同学们自己计算一下分数。"数着数着，我的分竟比实际分数高出20分，同学们也纷纷喊了起来："老师给我们怎么多算了20分。"课堂上乱了起来。

老师把手摆了一下，班上静了下来。他沉重地说："是的，我给每位同学都多加了20分，这是我为自己的脸面也是为你们的脸面多加的20分。老师拼命地教你们，就是希望你们为老师争口气，让老师不要在别的老师面前始终低着头，也希望你们不要在别的班的同学面前总是低着头。"

老师接着说："我来自山村，我的父母都去得早，上中学时我曾连红薯土豆都吃不起；大学放暑假，我每天到建筑工地拉砖，曾因饥饿而晕倒。但我就是凭着一股要强的精神上完师院，生活教会我在任何时候都不能服输。而你们只不过分在普通班就丧失了信心，我很替你们难过。”

这时候教室里安静极了，我和我的同学们都低下了头。老师继续说:“我希望我的学生们也做要强的人，任何时候都不服输，现在还只是高二，离高考还有一年多的时间，努力还来得及，愿你们不靠老师弄虚作假就挣回足够的分数，让老师能把头抬起来，继续要强下去。”

“同学们，拜托了！”说完，老师低下头，竟给我们深深地鞠了一躬。当他抬起头的时候，我们看到他的眼睛流出了泪水。

“老师。”班里的女生们都哭了起来，男生们的眼里也含满了泪水。

那一节课，我们什么也没有学，但一年后的高考，我们以普通班的身份夺得了全校高考第一名。据校长讲，这是学校的历史上是从未有过的。

我们每一个学生都记住了老师的眼泪。

（杨旭辉）

➡［书外人语］上帝把你分到了一个“人生普通班”：没有显赫门庭，没有万贯家财，没有骄人容颜，没有过人天赋，那么你能不能考过“重点班”呢？

托尔斯泰灯

最早这是一盏大号的煤油灯，吊挂在俄罗斯图拉州列夫·托尔斯泰故居的屋顶上。灯罩巨大，比灯罩更大的是下方一张直径近两米的圆桌，桌面上等距离地立着十几块隔板，隔板直接与灯罩连接，均匀地平分了灯光。这就是矗立在19世纪俄罗斯文学高峰上的巨人列夫·托尔斯泰的发明。

孩子长到三四岁就要开始识字读书，怎样培养孩子的阅读习惯，并让他们从阅读中发现快乐？当了父亲的托尔斯泰就构思出这盏“连桌灯”，或者叫“桌连灯”。最初这张大桌子上只有三块隔板，宽宽敞敞地坐着他们夫妇和一个孩子。

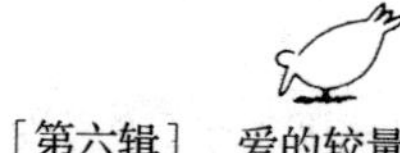

后来他的夫人陆续为他生下了十三个孩子，其中有两个夭折，到最后这张大桌子均匀地分布了十三块隔板。

每到晚上，全家人必须都坐到同一盏灯下阅读，可以读圣经，读课文或其他自己喜欢的书，找不到书读的孩子就得读托尔斯泰的手稿。教育的意义不全在内容，而是教育的手段。这捎带着也是一种测试，看哪些或哪个年龄段的孩子，喜欢或不喜欢他的手稿，他的哪部小说的手稿受到了孩子们的欢迎，或者相反。

这一习惯一直延续下来，煤油灯曾改成汽油灯，再后来有了电，灯就更亮了。托尔斯泰不在家的时候，孩子们围着他们的母亲阅读；父母都不在的时候，孩子们自己读。他们“常常是充满期待地等着晚上全家共同阅读”。

每个人心里都有一盏灯，人不是由于决心才有毅力，应该是由于习惯而有毅力。一个人的精神成长史，取决于他的阅读史。只有阅读才能最有效地培养人的精神生活习惯，而好的习惯又形成性格，性格决定人生。教育孩子的目的就在于性格的培养。

这需要有常性。而托尔斯泰正好是个有常性的人，他从19岁开始写日记，一直坚持到晚年。他的后人因得益于他的教育，至今还兴旺发达地生活在俄罗斯和欧洲其他地方。

（蒋子龙）

➡［书外人语］ 你是怎样培养孩子阅读习惯的？你和孩子一块读过书吗？

被上帝咬过的苹果

有一个盲人，小时候深为自己的缺陷烦恼沮丧，认定这是老天在惩罚他，自己这一辈子算完了。后来一位老师开导他说：“世上每个人都是被上帝咬过一口的苹果，都是有缺陷的人。有的人缺陷比较大，是因为上帝特别喜爱他的芬芳。”

他很受鼓舞，从此把失明看做是上帝的特殊钟爱，开始振作起来，向命运挑战。若干年后，他成了一个著名的盲人推拿师，为许多人解除了病痛，他的事迹被写进当地的小学课本。

把人生缺陷看成“被上帝咬过一口的苹果”，这个思路太奇特了，尽管这有点自我安慰的阿Q精神。可是，人生不如意事十之八九，这个世界上谁不需要找点理由自我安慰呢？而且，这个理由又是这样的善解人意，幽默可爱。

世界文化史上有著名的三大怪杰，文学家弥尔顿是瞎子，大音乐家贝多芬是聋子，天才的小提琴演奏家帕格尼尼是哑巴，如果用“上帝咬苹果”的理论来推理，他们也都是由于上帝特别喜爱，狠狠地咬了一大口的缘故。

就说帕格尼尼吧，4岁时出麻疹，险些丧命；7岁时患肺炎，又几近夭折；46岁时牙齿全部掉光；47岁时视力急剧下降，几乎失明；50岁时又成了哑巴。上帝这一口咬得太重了，可是也造就了一个天才的小提琴家。帕格尼尼3岁学琴，即显天分；8岁时已小有名气；12岁时举办首次音乐会，即大获成功。之后，他的琴声几乎遍及世界，拥有无数的崇拜者，他在与病痛的搏斗中，用独特的指法弓法和充满魔力的旋律征服了整个世界。著名音乐评论家勃拉兹称他是“操琴弓的魔术师”，歌德评价他“在琴弦上展现了火一样的灵魂”。有人说，上帝像精明的生意人，给你一分天才，就搭配几倍于天才的苦难。这话真不假。

上帝吝啬得很，决不肯把所有的好处都给一个人，给了你美貌，就不肯给你智慧；给了你金钱，就不肯给你健康；给了你天才，就一定要搭配点苦难……当你遇到这些不如意时，不必怨天尤人，更不能自暴自弃，顶好的办法，就是像那个老师那样去自励自慰：我们都是被上帝咬过的苹果，只不过上帝特别喜欢我，所以咬的这一口更大罢了。

（陈鲁民）

➡［书外人语］也许每个人都是上帝精心设计的一个作品，他巧妙地安排好了一切。只不过有许多时候，上帝是把苦难放在表面，而把才华用各种方式藏了起来。

没有一种草不是花朵

那时我们还居住在深山里的乡下，我还是个十五六岁的孩子。春天，小草刚被融雪洗出它们嫩嫩的芽尖时，老师告诉我们，学校准备组织我们搭车到百里外的县城去参加作文竞赛。我们一听又兴奋又担忧，兴奋的是我们能够坐上大汽车去县城里看看，担忧的是，我们这群山里的孩子，作文能赛过城里的学生吗？

头发花白的老校长看出了我们的忧虑，他就说:“你们常常上山下田，谁能说出一种不会开花的草？”

不会开花的草？蒲公英是会开花的，它的花朵金黄金黄的，秋天时结满了降落伞似的小绒球；汪汪的狗尾草也是会开花的，它狗尾巴似的绿穗穗就是它的花朵；就连那些麦田里的荠荠草也是会开花的，它的花洁白洁白的，有米粒那么大，像早晨被太阳镀亮的一颗颗晶莹的露珠。我们想来想去，把每一种草都想遍了，可是谁也没有想出有哪一种草是不会开花的。我们想了半天都摇摇头说:“老师，没有一种草是不开花的，所有的草都会开出自己的花朵。”

老校长笑了，说:“是的，孩子们，每一种草都是一种花，栽在精美花盆里的花是一种草，而生长在田地边和山野里的草也是一种花啊。不论生活在哪里，你们和其他人一样，都是一种草，也都是一种花。记住，没有一种草是不会开花的，再美的花朵也是一种草！”

几十年过去了，当我从深山里的乡下走进都市里的大学，当我从乡下青年成为城市缤纷社会的一员，当我面对一束束流光溢彩的鲜花和一次次雷鸣般的掌声时，我从不自卑，也没有浮躁过。我总会想起老校长的那句话——没有一种草是不会开花的，而每一种花朵也是一种草。

（李雪峰）

➡[书外人语] 记不清是哪一首民歌这样唱道:“丢下一粒籽，发了一棵芽。”有的籽丢在舒适的花房里，有的籽则在荒芜的山坡上；花房里的因有更多的关爱而绚丽娇艳，山坡上的则默默地挣扎抗争。但请记住，娇艳的也许脆弱，简陋的也许更坚强；况且，每一片绿、每一朵花都是大自然赐予的生命，没有十全十美，也没有本质不同。

身教的爸爸

有一个人习惯在每天工作之前先到镇上的酒馆喝一杯酒。在一个下大雪的早晨，他吻别妻小之后，又径自向酒馆走去。没走多远，他感觉有人跟在后面，当他转过身来时，发现他的孩子正踩着他留在雪中的鞋印并且兴奋地喊着："爸爸，你看，我正在踩你的脚印！"

孩子的话使他为之一愣，心想："我要上酒馆，但儿子却跟随我的脚步！"

从那天起，他再也不光顾酒馆了。

➡[书外人语] 身教胜似言传，我们可以称之为"后天遗传"。

我愿做一粒米

始为人师的那一年，我才20岁，是一群中学生的班主任。与很多老师一样，依据成绩的好坏，我将班里的学生划分成优差等。

有一次，我要求每个学生写一篇《我爱祖国》的短文。第二天，作文本交上来，我先抽出几个优等生的，看了看，没有什么新意，无非是"长大了建设祖

国、报效祖国”或是“将来为祖国多作贡献”之类的空话套话。依次看下来，几乎千篇一律，剩下最后一本了，是班上一个差等生的，我不经意地打开，上面只有一句话:“如果祖国是一只雄鸡，我宁愿是一粒米。”

那一刻，我被震撼了，不仅仅为它的新意，我更感到，这个孩子，他是懂得情感，懂得爱的呀，而这种懂得，恐怕要比单纯的考满分重要得多。

从那时起，在我的教师字典里，再不存在“差等生”。（付玲莉）

➡［书外人语］ 教育改革的目的，就是要让所有的教师字典里，都不存在“差等生”的字样。

哈佛图书馆墙上的训言

1. 此时打盹，你将做梦；而此刻学习，你将圆梦。

2. 我荒废的今日，正是昨天殒身之人祈求的明日。

3. 觉得为时已晚的时候，恰恰是最早的时候。

4. 勿将今日之事拖到明日。

5. 学习时的痛苦是暂时的，未学到的痛苦是终生的。

6. 学习这件事，不是缺乏时间，而是缺乏努力。

7. 幸福或许不排名次，但成功必排名次。

8. 学习并不是人生的全部。但既然连人生的一部分——学习也无法征服，还能做什么呢？

9. 请享受无法回避的痛苦。

10. 只有比别人更早、更勤奋的努力，才能尝到成功的滋味。

11. 谁也不能随随便便地成功，它来自彻底的自我管理和毅力。

12. 时间在流逝。

13. 现在流的口水，将成为明天的眼泪。
14. 狗一样地学，绅士一样地玩。
15. 今天不走，明天要跑。
16. 投资未来的人是终于现实的人。
17. 受教育程度代表收入。
18. 一天过完，不会再来。
19. 即使现在，对手也在不停的翻动书页。
20. 没有艰辛，便无收获。

➧[书外人语] 请记住这些训言，像哈佛学生一样要求自己。

改变人生的一句话

卡耐基小时候是一个公认的非常淘气的坏男孩。

在他9岁的时候，他父亲把继母娶进家门。当时他们是居住在维吉尼州乡下的贫苦人家，而继母则来自较好的家庭。

他父亲一边向她介绍卡耐基，一边说："亲爱的，希望你注意这个全郡最坏的男孩，他可让我头疼死了，说不定会在明天早晨以前就拿石头扔向你，或者做出别的什么坏事，总之让你防不胜防。"

出乎卡耐基意料的是，继母微笑着走到他面前，托起他的头看着他，接着又看着丈夫说："你错了，他不是全郡最坏的男孩，而是最聪明、但还没有找到地方发泄热忱的男孩。"

继母说得卡耐基心里热乎乎的，眼泪几乎滚落下来。就是凭着她这一句话，他和继母开始建立友谊；也就是这一句话，而成为激励他的一种动力，使他日后创建了成功的28项黄金法则，帮助千千万万的普通人走上成功和致富的光明大

道。因为在继母来之前没有一个人称赞过他聪明，他的父亲和邻居认定他就是坏男孩，但是继母就只说了一句话，便改变了他的生命。

卡耐基 14 岁时，继母给他买了一部二手打字机，并且对他说，她相信他会成为一位作家，他接受了她的想法，并开始向当地的一家报纸投稿。他了解继母的热忱，也很欣赏她的那股热忱，他亲眼看到她用她的热忱如何改善他们的家庭。

来自继母的这股力量，激发了他的想象力，激励了他的创造力，帮助他和无穷智慧发生联系，使他成为 20 世纪最有影响力的人物之一。 （孙海玉）

➡［书外人语］ 卡耐基在中国有多少读者，全世界有多少人受过他的影响?没有人能说出准确的数字——而这一切，竟源自于他继母的这样一句话!

课不能停

纽约的冬天常有大风雪，扑面的雪花不但令人难以睁开眼睛，甚至呼吸都会吸入冰冷的雪花。有时前一天晚上还是一片晴朗，第二天拉开窗帘，才发现已经积雪盈尺，连门都推不开了。

遇到这样的情况，公司、商号常会停止上班，学校也通过广播宣布停课。可是令人不解的是，惟有公立小学，即使那雪已经积得难以举步，却仍然要上课。只见黄色的校车，艰难地在路边接着小孩子，老师则一大早就口中喷着热气，铲去车子前后的积雪，小心翼翼地开车去学校。

据统计，10年来纽约的公立小学只因为超级暴风雪停过7次课。这是多么令人惊讶的事实。犯得着在大人都无须上班的时候让孩子去学校吗?小学的老师也太倒霉了吧?

于是，每逢大雪而小学不停课时，都有家长打电话去骂。妙的是，每个打电话的人，反应全是一样——先是怒气冲冲地责问，然后满口道歉，最后笑容满面地挂上电话。原因是，学校告诉家长：在纽约有许多百万富翁，但也有不少赤贫的家庭。后者白天开不起暖气，供不起午餐，孩子的营养全靠学校的免费午饭（甚至可以多拿些回家当晚餐），学校停课一天，穷孩子就受一天冻，挨一天饿，所以老师们宁愿自己苦一点，也不愿意停课。

或许有家长会说：何不让富裕的孩子在家里，让贫穷的孩子去学校享受暖气和营养午餐呢？学校的答复是：我们不愿让那些穷苦的孩子感到他们是在接受救济，因为施舍的最高原则，是保持受施者的尊严。（刘 墉）

➡[书外人语] 这样的学校不仅是知识的殿堂，而且是道德的殿堂。

点亮心烛 | 07

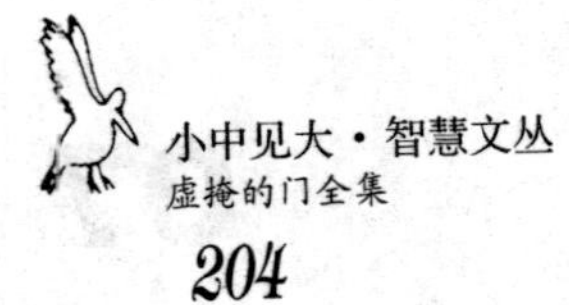

富翁与修女

一位修女要为孤儿院募款，因此特别去拜访一位吝啬的富翁。

当天富翁因为股票跌停，心情不佳，又认为修女来的不是时候，大为光火，挥手就打了修女一记耳光。但这修女不还手也不还口，只是微笑地站着不动。

富翁更恼火，骂道："怎么还不滚！"

修女说："我来这里的目的，是为孤儿募款，我收到您给我的礼物，但是他们还没有收到礼物。"

富翁大受感动，以后每个月自动送钱到孤儿院去。

➡［书外人语］ 神圣的使命、坚定的信念、忍辱负重的精神和不卑不亢的态度，终究使这位修女达到了目的。

高　山

有一对兄弟背着沉重的货物辛苦地在酷热的太阳底下走着，两人必须越过一座山才能将货物拿到对面的村落里去卖。

走了没多远，满身大汗、受不了酷热的哥哥说："天气这么热，还要爬过这座山才能到对面去，以后我再也不要去那里做生意了。"

同样一身是汗的弟弟说："我的想法跟你不一样，如果这座山还能再高一些，那该多好呀！"

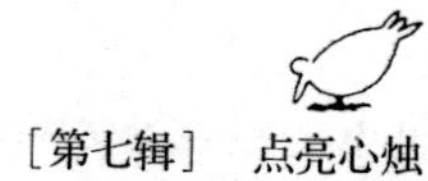

哥哥不以为然地问:“山再高一点，有什么好处呢?”

弟弟回答说:“如果山再更高一些，其他人就会像你一样，因为吃不了苦而退缩，这样一来我就有更多做生意的机会，就可以赚更多的钱了。”

哥哥听了弟弟的话后，不禁为自己的懒惰感到惭愧。

➡[书外人语] 简单易做之事，必然从事者众多，竞争激烈。难度增加了，多数人知难而退，利润自然会丰厚。

点亮心烛

第二次世界大战期间，一个多云黯然的午后。英国小说家西雪尔·罗伯斯照例来到郊外的一个墓地，拜祭一位英年早逝的文友。就在他转身准备离去时，竟意外地看到文友的墓碑旁有一块新立的墓碑，上面写着这样一句话:

全世界的黑暗也不能使一支小蜡烛失去光辉!

炭火般的语言，立刻温暖了罗伯斯阴郁的心，令他既激动又振奋。罗伯斯迅速地从衣兜里掏出钢笔，记下了这句话。他以为这句话一定是引用了哪位名家的“名言”。为了尽早查到这句话的出处，他匆匆地赶回公寓，认真地逐册逐页翻阅书籍。可是，找了很久，也未找到这句“名言”的来源。

于是，第二天一早他又重回墓地。从墓地管理员那里得知：长眠于那个墓碑之下的是一名年仅10岁的少年，前几天，德军空袭伦敦时，不幸被炸弹炸死。少年的母亲怀着悲痛，为自己的儿子做了一个墓，并立下了那块墓碑。

这个感人的故事令罗伯斯久久不能释怀，一股澎湃的激情促使罗伯斯提笔疾书。很快，一篇感人至深的文章从他的笔尖流淌出来。

几天后，文章发表了。故事转瞬便流传开来，如希望的火种，鼓舞着人们为胜利而执著前行的脚步。

许多年后，一个偶然的机会，还在读大学的布雷克也读到了这篇文章，并从中读出了那句话的隽永与深刻。布雷克大学毕业后，放弃了几家企业的高薪聘请，毅然决定随一个科技普及小组去非洲扶贫。

“到那里，万一你觉得天气炎热受不了，怎么办？”

“非洲那里闹传染病，怎么办？”

“那里一旦发生战争，怎么办？”

面对亲友们那异口同声的劝说，布雷克很坚定地回答：“如果黑暗笼罩了我，我决不害怕，我会点亮自己的蜡烛！”

一周后，布雷克怀揣着希望去了非洲。在那里，经过布雷克和同伴们的不懈努力，用他们那点点烛光，终于照亮了一片天空，并因此被联合国授予“扶贫大使”的称号。

蜡烛虽纤弱，却有熠熠的光芒围绕着它。

其实，我们每个人都是一支这样的蜡烛。当一个人在气馁、失败，甚至感到有些绝望时，不妨激活自己，点亮心烛。黑暗消失了，留下来的却是一个令人惊叹的奇迹。

（高 兴）

➡[书外人语] 点亮自己的心烛，也就驱走了黑暗。

面 包

小克莱门斯上学了。教书的霍尔太太是一位虔诚的基督徒，每次上课之前，她都要领着孩子们进行祈祷。有一天，霍尔太太给孩子们讲解《圣经》，当讲到“祈祷，就会获得一切”的时候，小克莱门斯忍不住站了起来，他问道：“如果我

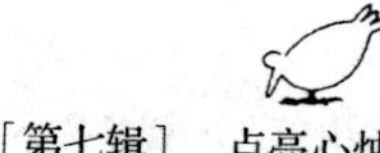

祈祷上帝，他会给我想要的东西吗?”

“是的，孩子，只要你愿意虔诚地祈祷，你就会得到你想要的东西。”

小克莱门斯特别想得到一块很大很大的面包，因为他从来没有吃过那样诱人的面包。而他的同桌，一个金头发的小姑娘每天都会带着一块这么诱人的面包来到学校。她常常问小克莱门斯要不要尝一口，小克莱门斯每次都坚定地摇头，但他的心是痛苦的。

放学的时候，小克莱门斯对小姑娘说:“明天我也会有一块大面包。”回到家后，小克莱门斯关起门，无比虔诚地进行祈祷，他相信上帝已经看见了自己的表情，上帝一定会被自己的诚心感动的！然而，第二天起床后，当他把手伸进书包的时候，除了一本破旧的课本什么也没有发现。他决定每天晚上坚持祈祷，一定要等到面包降临。

一个月后，金头发的小姑娘笑着问小克莱门斯:“你的面包呢?”

小克莱门斯已经无法继续自己的祈祷了。他告诉小姑娘，上帝也许根本就没有看见自己在进行多么虔诚的祈祷，因为，每天肯定有无数的孩子都进行着这样的祈祷，而上帝只有一个，他怎么会忙得过来？小姑娘笑着说:“原来祈祷的人都是为了一块面包，但一块面包用几个硬币就可以买到了，人们为什么要花费这么多的时间去祈祷，而不是去赚钱买面包呢?”

小克莱门斯决定不再祈祷。他相信小姑娘所说的正是自己想要知道的——只有通过实际的工作来获得自己想要的东西。而祈祷，永远只能让你停留在等待中。小克莱门斯对自己说:“我不要再为一件卑微的小东西祈祷了。”他带着对生活的坚定信心走向了新的道路。

多年以后，小克莱门斯长大成人，当他用笔名马克•吐温发表作品的时候，他已经是一名为了理想勇敢战斗的作家了。他再没有祈祷上帝，因为在无数个艰难的日子中，他都记着：不要为卑微的东西祈祷！只有奋斗和努力是真实的，只有自己的汗水是真实的。

➡［书外人语］在宗教中，祈祷是对造物主的感恩和敬畏，可以真诚地说出自己的愿望，但并不是坐等和索要，实现愿望还是要靠自己的努力奋斗。

增长你的线

我常常想起刚开始在埃德·帕克的武馆里训练时，有一次我正在练习kumite，对手的技术要好些，为了弥补我技术和经验上的不足，我试图使诈，想轻易得分。但我被远远地超过了，帕克看着我连连挨打。对抗结束后，我很沮丧。帕克把我请到他的办公室。屋子很小，稀稀落落地摆着几件家具。

“你为什么不高兴？”

“因为我得不了分。”

帕克从桌子后面站起来，拿起一支粉笔，在地上画了一条长5英尺的线。

“你看怎么才能把这条线弄短？”他问道。

我端详了一阵后，给了他几个答案，包括把线截成好几段。

他摇摇头，又画了一条线，长过第一条，问:“现在你看头条线怎么样了？”

“短了。”我说。

帕克点点头说:“提高、增长你自己的线，总比切断对手的线要强。”

（〔美〕乔·汉姆士）

➡[书外人语] 长短、高低、强弱都是相对的，自己发展强大了，对手和困难自然就弱小了。

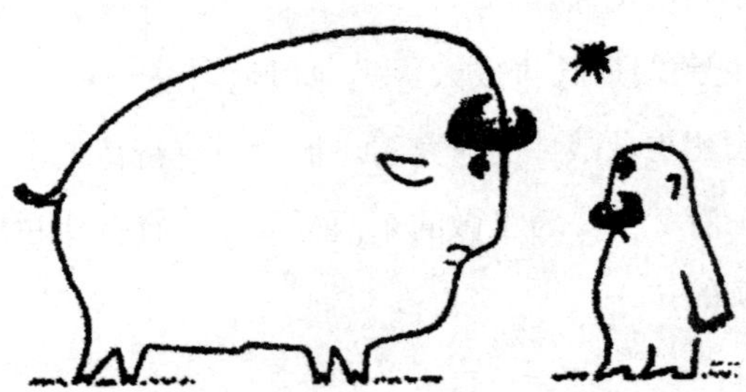

勇 气

19世纪，在英国的名门公立学校——哈罗学校，常常会出现以强凌弱、以大欺小的事情。

有一天，一个强悍的高个子男生，拦在一个新生的面前，颐指气使地命令他替自己做事，新生初来乍到，不明白其中“原委”，断然拒绝。高个子恼羞成怒，一把揪住新生的领子，劈头盖脸地打起来，嘴里还骂骂咧咧：“你这小子，为了让你聪明点，我得好好开导你！”新生痛得龇牙咧嘴，却并不肯乞怜告饶。

旁观的学生或者冷眼相看，或者起哄嬉笑，或者一走了之。只有一个外表文弱的男生，看着这欺凌的一幕，眼里渐渐涌出了泪水，终于忍不住嚷起来：“你到底还要打他几下才肯罢休！”

高个子朝那个又尖又细的抗议的声音望去，一看也是个瘦弱的新生，就恶狠狠地骂道：“你这个不知天高地厚的家伙，问这个干吗？”

那个新生用含泪的眼睛盯着他，毫不畏惧地回答：“不管你还要打几下，让我替他忍受一半的拳头吧。”

高个子看着他的眼泪，听到这出人意料的回答，不禁羞愧地停住了手。

从这以后，学校里反抗恶行暴力的声音开始响亮，帮助弱者的善举也逐渐增多，两个新生也成为莫逆之交。那位被殴打的少年，深感爱与善的可贵，后来成为英国颇负盛名的大政治家罗伯特·比尔；挺身而出、愿为陌生弱者分担痛苦的，则是扬名世界的大诗人拜伦。

人生途中，我们也需要像拜伦一样，在别人只是畏惧地逃避，或幸灾乐祸地观看时，能够拿出罕有的勇气，为了善，为了爱，也为启迪和震撼那些冷漠的心灵。

➡［书外人语］ 每个人都多一点勇气，那么恶行就会得到遏制；大家都软弱逃避，恶行仍会追着你。

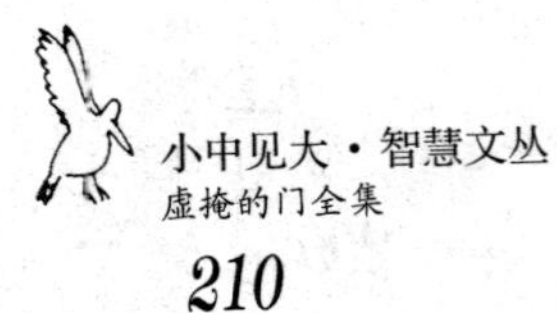

只朝一个方向

一位走钢丝跨越峡谷的杂技演员，谈到他走钢丝时的体会说："当一个人走钢丝时，他并不是非常刻板地僵硬不动。虽然他基本上保持可能直立的姿势，但为了保持运动中的整体平衡，他的身体总是轻轻地摆动和弯曲。但是有一点是不变的，他的脚只朝着一个方向移动，向着眼睛紧盯着的目标——钢丝的另一头，前进。"

一位女演员在成名后，回忆起父亲当年教育她的话。父亲说："我希望你能成为一匹良种马，当良种马在奔跑时，它们是戴着眼罩的，这样一来，它们的目光就会保持向前直视，而不会受到其他马匹的影响，只会按照自己的跑道向前跑。"

走钢丝需要的是保持平衡和克服恐惧，赛马需要的是排除干扰和发挥速度，但这二者是有相同之处的，那就是，必须知道自己的目标，坚持自己的目标。

无论遇到多大的困难和干扰，始终把目光盯在目标上，我们才不会与成功错过。

（徐 静）

[书外人语] 选定了目标后，就不能三心二意、左顾右盼。

15米的勇气

一个晴朗的夜晚，十几名乘客登上了一个热气球，准备畅游城市的美景。绳索松开以后，热气球开始升空。夕阳西下，彩霞满天，城市在夕阳中变成了一幅画。大家尽情欣赏着这座城市美丽的景色。

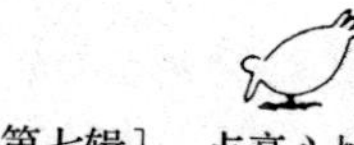

万万没有想到厄运降临了。热气球下方的吊篮突然起火，燃烧着的丙烷借助风势月烧月大。消防人员和直升机赶到这里最快也需要半个小时。此时气球已经上升至6米。那是两层楼的高度，跳下来有可能会受伤。然而，熊熊大火继续燃烧，吊篮浓烟滚滚。吊篮内的人们意识到危机已无法挽回，纷纷从吊篮内跳下。

随着重量的减轻，热气球迅速上升至15米高空。这是一个令人眩晕的高度，相当于5层楼高，即便是训练有素的电影特技演员在没有任何防护措施的情况下也未必有胆量跳下。在烈火与浓烟的进逼下，终于又有一名女子跳出吊篮。她身上的火焰在空中划出一道红色的弧线，掉落在地面。仅仅几分钟之后，吊篮便成了一团火球。地面的人看得惊心动魄。

从热气球上跳下来的人都保住了命。受伤最重的是最后跳下那位女士，摔断了脚踝和肋骨。她说她知道从15米高空跳下去很可能被摔死，但是如果不跳，只有死路一条。事实证明她的选择是正确的。

烧成骨架的吊篮里有两具被烧焦的尸体。两个人至死也没有勇气从高空跳下。他们因为恐惧而放弃了逃生的机会。

这是一个真实的故事，发生在加拿大温哥华市郊区，时间是2007年8月24日。

（张世普）

➡[书外人语] 生死关头，需要智慧，更需要勇气。

从自己做起

下面是一位安葬于西敏寺的英国主教的墓志铭：

我年少时，意气风发，踌躇满志，当时曾梦想要改变世界，但当我年事渐长，阅历增多，我发觉自己无力改变世界，于是缩小了范围，决定先改变我的国家。

但这个目标还是太大了。

接着，我步入了中年，无奈之余，我将试图改变的对象锁定在最亲密的家人身上。但天不遂人愿，他们个个还是维持原样。

当我垂垂老矣时，我终于顿悟了一件事：我应该改变自己，用以身作则的方式影响家人。若我能先当家人的榜样，也许下一步就能改善我的国家，再后来，我甚至可能改造整个世界，谁知道呢？

➡[书外人语] 这应该是对“修身、齐家、治国、平天下”的西方式的注解。

野心

法国一位年轻人很贫困。后来，他以推销装饰肖像画起家，在不到十年的时间里，迅速跃身为法国50大富翁之列，成为一位年轻的媒体大亨。不幸，他因患上前列腺癌，1998年在医院去世。他去世后，法国的一份报纸刊登了他的一份遗嘱。在这份遗嘱里，他说：我曾经是一位穷人，在以一个富人的身份跨入天堂的门槛之前，我把自己成为富人的秘诀留下，谁若能通过回答“穷人最缺少的是什么”而猜中我成为富人的秘诀，他将能得到我的祝贺，我留在银行私人保险箱内的100万法郎，将作为睿智地揭开贫穷之谜的人的奖金，也是我在天堂给予他的欢呼与掌声。

遗嘱刊出之后，有48561个人寄来了自己的答案。这些答案五花八门，应有尽有。绝大部分人认为，穷人最缺少的当然是金钱了，有了钱，就不会再是穷人了。另有一部分认为，穷人之所以穷，最缺少的是机会，穷人之穷是穷在背时上面。又有一部分认为，穷人最缺少的是技能，一无所长所以才穷,有一技之长才

能迅速致富。

在这位富翁逝世周年纪念日，他的律师和代理人在公正部门的监督下，打开了银行内的私人保险箱，公开了他致富的秘诀，他认为：穷人最缺少的是成为富人的野心。

在所有的答案中，有一位年仅9岁的女孩猜对了。为什么只有这位9岁的女孩想到了穷人最缺少的是野心？她在接受100万法郎的颁奖之日，她说："每次，我姐姐把她11岁的男朋友带回家时，总是警告我说不要有野心！不要有野心！于是我想，也许野心可以让人得到自己想得到的东西。"

穷人之所以穷是因为他们安于贫困，虽然对自己窘困的生活也有些不满，但是只是停留在想的阶段，从来没想到过动手改变这种情况。他们总是看到那些比自己更可怜的人，从而寻求心理安慰。他们害怕改变，他们还怕连现在所拥有的东西也失去，他们宁愿就这样得过且过。于是，他们就永远也无法摆脱受穷的命运。

不想当将军的士兵不是好士兵，如果你不试着改变自己的糟糕状况，而是一味的忍受，你还能指望谁来帮你改变呢？如果你想变成富人，就应该马上行动起来。那个9岁的女孩说的一点没错——"也许野心可以让人得到自己想要的东西。"

➡[书外人语] 所有的不如意都能够改变，前提是你有改变现状的"野心"！

火车站的地底

皮尔是华盛顿大学的学生，课业成绩相当优异。大学毕业以后，他进入了一家石油勘探公司，成为勘探石油专业技术人员。

经过充分研究，皮尔认为气候干燥、高温的西部沙漠，一定蕴藏着大量的石

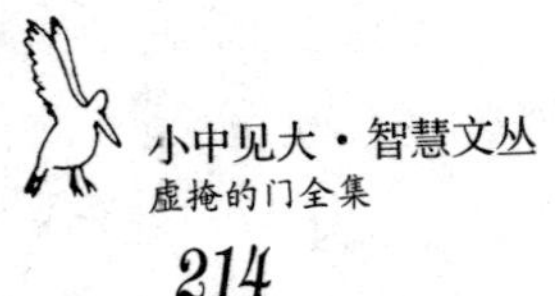

油。于是，他携带了许多设备，与几位工作人员来到这罕有人烟的荒漠之地。

但辛苦工作了一年，皮尔和他的同事们一无所获。所有的经费都花完了，他们不得不放弃。他们带着自己的设备，来到火车站，准备回到东部的家乡。

皮尔坐在车站的月台上发呆，想想自己一向是优等生，而且是从知名大学毕业，竟然会沦落到失业的命运，人生未免变化太大了。

无聊之际，他随意地拿起勘探设备在月台上探查起来。仪器上竟然显示月台底下藏有大量的石油！皮尔恼火地骂道："这地区我勘验了一年，一滴油都没有，这台机器根本没用！"说完，便愤怒地将机器遗弃在月台上，登上了回家的列车。

几年后，有人发现火车站的地底确实蕴藏有石油，而且数量非常惊人。

➡［书外人语］在你最绝望的时候，多半是离成功女神最近的时候。可惜的是，大部分人在这个时候坚持不住，选择了放弃，从而无缘见到成功女神灿烂的笑容。

让你的敌人都相信你

有人问我做人成功的要诀为何，我认为做人成功的重要条件是，让你的敌人都相信你。要做到这样，第一是诚信。我答应的事，明知吃亏都会去做，这样一来，人家说，在商业交往上，我答应的事，比签合约还有用。

曾经，我有个对手，人家问他："李嘉诚可靠吗？"他说："他讲过的话，就算对自己不利，他还是按诺言照做，这是他的优点。"答应人家的事，即使自己吃亏还是照做。让敌人都相信你，你就成功了。

举个例子，有一次，我们将和一家拥有大量土地的公司进行合作，他们公司有个董事跟其他的同业是好朋友，有利益关系，就问他为什么要跟长江集团合作，不考虑其他公司。他们董事长说："跟李嘉诚合作，合约签好后你就高枕无忧

了，麻烦就没有了；跟其他人合作，合约签好后，麻烦才刚开始。”

这次合作，长江集团赚了很多钱，对方也赚了很多钱，是双赢。

敌人相信你，不单只因为你诚信，还因为他相信你不会伤害他。例如我是他的竞争对手，他相信我不会伤害他，不会用不正当手段来得到任何东西，或是伤害任何一个人。除了诚信，第二是自强不息，第三是追求知识和准确的信息。

（李嘉诚）

➡［书外人语］ 蝇营狗苟地赚些钱也许不难，偶然地发一次财也有可能，但能持续地赚大钱并驾驭财富，成为令人尊重的成功人士，则很难。做事先做人，李嘉诚先生为这句话做出了一个很好的注解。

你可以与众不同

我成长于环境复杂的纽约市劳工区切尔西。时值嬉皮士时代，我身穿大喇叭裤，头顶阿福柔犬蓬蓬头，脸上涂满五颜六色的彩妆，为此，常遭到住家附近各式人士的批评。

有一天晚上，我跟邻居友人约好一起去看电影。时间到了，我身穿扯烂的吊带裤，一件绑染衬衫，以及一头阿福柔犬蓬蓬头。当我出现在朋友面前时，她看了我一眼，然后说:“你应该换一套衣服。”

“为什么?”我很困惑。“你扮成这个样子，我才不要跟你出门。”

我怔住了:“要换你换。”于是她走了。

当我跟朋友说话时，母亲正好站在一旁。这时，她走向我:“你可以去换一套衣服，然后变得跟其他人一样。但你如果不想这么做，而且坚强到可以承受外界嘲笑，那就坚持你的想法。不过，你必须知道，你会因此引来批评，你的情况会

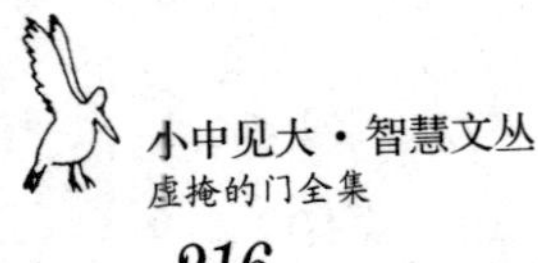

很糟糕，因为与众不同本来就不容易。”

我受到极大震撼。因为我明白，当我探索另类存在方式时，没有人有必要鼓励我，甚至支持我。当我的朋友说“你得去换一套衣服”时，我陷入两难抉择：倘若我今天为你换衣服，日后还得为多少人换多少次衣服？我想，母亲是看出了我的决心，她看出我在向这类同化压力说“不”，看出我不愿为别人改变自己。

人们总喜欢评判一个人的外形，却不重视其内在。要想成为一个独立的个体，就要坚强到能承受这些批评。我的母亲告诉我，拒绝改变并没有错，但她也警告我，拒绝与大众一致是一条漫长的路。

我这一生始终摆脱不了与众一致的议题。当我成名后，我也总听到人们说：“她在这些场合为什么不穿高跟鞋，反而要穿红黄相间的快跑运动鞋？她为什么不穿洋装？她为什么跟我们不一样？”到头来，人们之所以受到我的吸引，学我的样子绑黑人细人细辫子头，又恰恰因为我与众不同。（[美]胡皮·戈德堡）

➡[书外人语] 相信很多读者对胡皮·戈德堡这位美国著名的黑人女演员不会陌生，她主演的《修女也疯狂》注定是载入史册的一部经典影片，其扮演的修女就是一个很另类的形象。倘若我今天为你换衣服，日后还得为多少人换多少次衣服？换来换去，还有自己吗？要独立另类，首先要有坚强的心理素质。

《独立宣言》签署人的遭遇

1776年7月4日，大陆会议通过了《独立宣言》。8月2日，大多数与会者把自己的名字签署在文件上，而这一切则构成了他们背叛英国王室的罪名。

在最后签名的56个成员中，超过半数是律师或者法官，十来个是商人，还有很多地主和农民，剩下的那些人当中有医生、政客和牧师。来自新泽西州的一位代表——诗人兼哲学家弗朗西斯•霍普金森，可能还帮助设计了美国国旗。

70岁的富兰克林是签名者中年岁最大的。19个人在40岁以下，3人20多岁。除了两人之外，其余所有人均已结婚成家。传说威廉姆•埃勒里——来自罗得岛的代表——饶有兴味地观察与会者在签名时的面部表情。从所有人的脸上，他都看到了“坚不可摧的信念”。这些人知道他们冒的是什么样的风险——叛国罪的惩罚是处以绞刑，而当时有一支英国舰队已经在纽约港抛锚停靠。

史蒂芬•霍普金斯是埃勒里的同事，一个接近70岁的人。他颤颤巍巍地握笔签名时这样说:“我的手在颤，但是我的决心毫不动摇。”

富裕的约翰•含考克的头颅已经被悬赏500英镑。他用很大的字体签名，还用自己独有的嘲讽口气说:“英国佬不用戴眼镜就能够看到我的名字，现在他们可以增加悬赏的筹码了。”

本杰明•富兰克林曾经半开玩笑地表示:“我们必须团结一致，精诚合作，否则我们必定会被抓住一个个绞死。”曾流传过这样的故事，弗吉尼亚州肥胖的代表本杰明•哈里森对马萨诸塞州瘦小的代表埃尔布瑞奇•格里说:“我在几分钟之内就会死去，而凭你单薄的身子，你在临死之前得在半空中飘舞1到2个小时。”

即使在名单公开之前，英国统治者就已经展开对与会的每一位成员的追捕，怀疑他们涉嫌叛国，所有的人都是通缉犯。最后，杰斐逊等一部分人虎口脱险，九死一生，而其他人可没有那么幸运：

纽约代表弗朗西斯•路易斯亲眼目睹自己的家园遭到洗劫，田庄也遭到英国

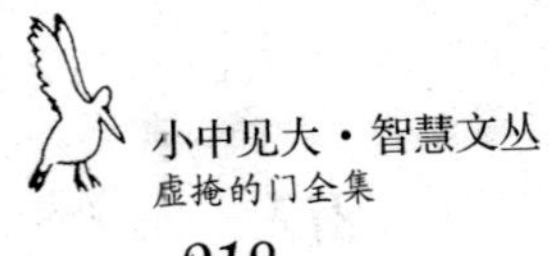

士兵的无情践踏，面目全非；他的妻子被掳走，受到惨无人道的蹂躏。虽然后来经过大会的积极争取，以两名英军俘虏作为交换条件，将他妻子赎回，但她最终还是因被摧残过度而死。

约翰•哈特来自新泽西州的霍普威尔，他冒着生命危险潜回家中，探望奄奄一息、不久于世的妻子。妻子死后，英军追捕哈特并捣毁了他的家。他被迫躲在附近的树林和山洞里，风餐露宿。当乔治•华盛顿将军彻底打垮英军，将他们驱逐出境的时候，他才重归故里。

当时的哈特重病缠身，于1779年辞世。

托马斯•李奇是南卡罗来纳州的代表，他在军队里担任连队指挥官期间，由于物质供应的匮乏，加之身份的暴露，他的健康备受摧残。医生命令他到欧洲去就医，结果，在旅途中，他和他年轻的新娘双双葬身大海。

弗吉尼亚州州长托马斯•尼尔逊指挥本州的民兵队伍抵抗英军。当英军统帅查尔斯•康华利将他的司令部搬进尼尔逊在约克镇的富丽堂皇的家时，法军、美军猛烈的炮火开始向这个城镇发起总攻，要彻底摧毁这座城镇。据传说德•拉法格侯爵请求尼尔逊指示炮火攻击的目标，尼尔逊把手一挥，指向他自己的住宅，说："那儿，炮击那座房子。那是镇上最有军事价值的房屋。几乎可以肯定，在那里你会找到康华利勋爵，还有英军司令部。"7年之后，50岁的尼尔逊在穷困潦倒中撒手人寰。他的房子至今犹在，墙上累累弹洞依稀可见。

在《独立宣言》上签署名字的56个人中间，有两位后来成为美国总统，3位成为副总统，还有很多人当上了州长，有几位继续任国会里的参议员；但是也有4位在战争期间因负伤或劳累而死，5位成为俘虏，遭受监禁，几位失去了妻子和孩子，9位的家产被袭击并被摧毁。一致通过美国历史上最辉煌壮丽的文件的结束语时，这些签名者夸下的并不是海口："为了拥护并支持《独立宣言》，坚定不渝地依赖着天意的庇佑，我们共同起誓，用我们的生命、我们的财产和我们圣洁的名誉作担保。"

"圣洁的名誉"，在当今已经不是一个惯常使用的词语，但是每一个美国人的生活都受到来自这份历史馈赠的博大精深的文化遗产的感染，那就是自由，用鲜血来考验、用泪水来灌溉的自由。

（霍一峰编译）

➡［书外人语］ “我们认为下面这些真理是不言而喻的：……”这份文件已作为人类最珍贵的历史文件之一而载入史册。同样不言而喻的是，人类文明的每一次进步，都是许多仁人志士用热血甚至是生命换来的，我们享受他们所带来的福祉的同时，也理应对他们表示我们最诚挚的敬意。

失败的习惯

美国拉沙叶大学的一位业务员前去拜访西部一小镇上的一位房地产经纪人，想把《推销与商业管理》课程介绍给这位房地产商人。这位业务员到达房地产经纪人的办公室时，发现他正在一架古老的打字机上打着一封信。这位业务员自我介绍一番，然后介绍所推销的这个课程。

那位房地产商人显然是听得津津有味。然而，听完之后，却迟迟不作出决定。

这位业务员只好单刀直入了:“你想参加这个课程吧，不是吗?”

这位房地产商人以一种无精打采的声音回答说:“呀，我自己也不知道是否想参加。”他说的是实话，因为像他这样难以迅速作出决定的优柔寡断的人有数百万之多。

这位业务员站起身来，准备离开，但接着他说的这段话使房地产商人大吃一惊。

“我决定向你说一些你不喜欢听的话，但这些话可能对你很有帮助。先看看你工作的办公室，地板脏得怕人，墙壁上全是灰尘。你现在所使用的打字机看来好像是大洪水时代诺亚先生在方舟上所用过的。你的衣服又脏又破，你脸上的胡子也未刮干净，你的眼光告诉我你已经被打败了。”

“在我的想象中，在你家里，你太太和你的孩子穿得也不好，也许吃得也不好。你的太太一直忠实地跟着你，但你的成就并不如她当初所希望的。在你们刚结婚时，她本以为你将来会有很大的成就。”

“请记住，我现在并不是向一位准备进入我们学校的学生讲话，即使你用现

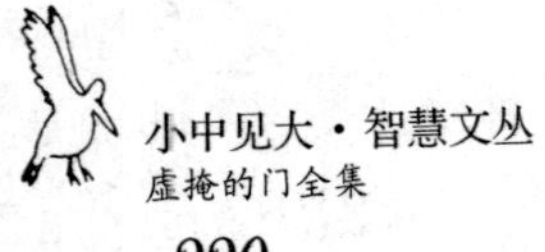

金预缴学费，我也不会接受。因为，如果我接受了，你将不会拥有去完成它的进取心，而我们不希望我们的学生当中有人失败。”

“现在，我告诉你你为何失败。那是因为优柔寡断的你没有做出一项决定的能力。在你的一生中，你一直养成一种习惯：逃避责任，无法做出决定。错过了今天，即使你想做什么，也无法办得到了。”

“如果你告诉我，你想参加这个课程，或者你不想参加这个课程，那么，我会同情你。因为我知道，你是因为没钱才如此犹豫不决。但结果你说什么呢？你承认你并不知道你究竟参加或不参加。你已养成逃避责任的习惯，无法对影响到你生活的所有事情做出明确的决定。”

这位房地产商人呆坐在椅子上，下巴往后缩，他的眼睛因惊讶而膨胀，但他并不想对这些尖刻的指控进行答辩。这位业务员道声再见，走了出去，随后把房门关上。但再度把门打开，走了回来，带着微笑在那位吃惊的房地产商人面前坐下来，又说：“我的批评也许伤害了你，但我倒是希望能够触动你。现在我以男人对男人的态度告诉你，我认为你很有智慧，而且我确定你很有能力。你不幸养成了一种令你失败的习惯，但你可以再度站起来。我可以扶你一把，只要你愿意原谅我刚才所说过的那些话。你并不属于这个小镇。这个地方不适合从事房地产生意。赶快替自己找套新衣服，即使向人借钱也要去买来，然后跟我到圣路易市去。我将介绍一个房地产商人和你认识，他可以给你一个赚大钱的机会，同时还可以教你有关这一行业的注意事项；你以后投资时可以运用。你愿意跟我来吗？”

那位房地产商人竟然抱头哭泣起来。最后，他努力地站了起来，和这位业务员握着手，感谢他的好意，并说他愿意接受他的劝告，但要以自己的方式去进行。他要了一张空白报名表，答应报名参加《推销与商业管理》课程，并且凑了一些硬币，先交了头一期的学费。

三年以后，这位去掉了优柔寡断弱点的房地产商人开了一家拥有60名业务员的大公司，成为圣路易市最成功的房地产商人之一。

➡[书外人语] 我们要养成成功的习惯，而不是失败的习惯。

别人的话

美国著名女演员索尼亚·斯米茨的童年是在加拿大渥太华郊外的一个奶牛场里度过的。当时她在农场附近的一所小学里读书。有一天她回家后很委屈地哭了，父亲就问原因。她断断续续地说："班里一个女生说我长得很丑，还说我跑步的姿势难看。"父亲听后，只是微笑。忽然他说："我能摸得着咱家天花板。"正在哭泣的索尼亚听后觉得很惊奇，不知父亲想说什么，就反问："你说什么？"

父亲又重复了一遍："我能摸得着咱家的天花板。"

索尼亚忘记了哭泣，仰头看看天花板。将近4米高的天花板，父亲能摸得到？她怎么也不相信。父亲笑笑，得意地说："不信吧？那你也别信那女孩的话，因为有些人说的并不是事实！"

索尼亚就这样明白了，不能太在意别人说什么，要自己拿主意！她在二十四五岁的时候，已是个颇有名气的演员了。有一次，她要去参加一个集会，但经纪人告诉她，因为天气不好，只有很少人参加这次集会，会场的气氛有些冷淡。经纪人的意思是，索尼亚刚出名，应该把时间花在一些大型的活动上，以增加自身的名气。索尼亚坚持要参加这个集会，因为她在报刊上承诺过要去参加，"我一定要兑现诺言。"结果，那次在雨中的集会，因为有了索尼亚的参加，广场上的人越来越多，她的名气和人气因此骤升。后来，她又自己做主，离开加拿大去美国演戏，从而闻名全球。

➡［书外人语］ 别人说的不一定就是事实，而且，更重要的是，在这个世界上，只有我们自己才能够对自己的人生负起完全的责任，为什么要轻信别人的话呢？

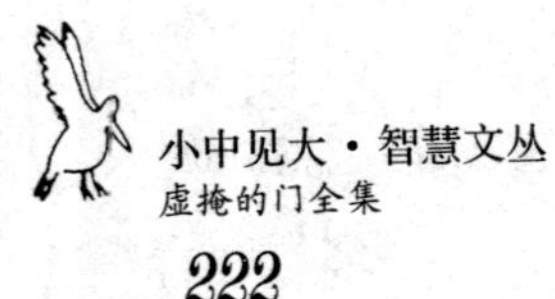

奇迹诞生的途径

1968年的春天，罗伯•舒乐博士立志在加州用玻璃造一座水晶大教堂，他向著名的设计师菲力普•强生表达了自己的构想:“我要的不是一座普通的教堂，我要在人间建造一座伊甸园。”

强生问他预算，舒乐博士坚定而明快地说:“我现在一分钱也没有，所以100万美元与400万美元的预算对我来说没有区别，重要的是，这座教堂本身要具有足够的魅力来吸引捐款。”

教堂最终的预算为700万美元。700万美元对当时的舒乐博士来说是一个不仅超出了能力范围甚至超出了理解范围的数字。

当天夜里，舒乐博士拿出一张白纸，在上面写上“700万美元”，然后又写下10行字：

一、寻找1笔700万美元的捐款；

二、寻找7笔100万美元的捐款；

三、寻找14笔50万美元的捐款；

四、寻找28笔25万美员的捐款；

五、寻找70笔10万美元的捐款；

六、寻找100笔7万美元的捐款；

七、寻找140笔5万美元的捐款；

八、寻找280笔25000美元的捐款；

九、寻找700笔1万美元的捐款；

十、卖掉10000扇窗，每扇700美元。

60天后，舒乐博士用水晶大教堂奇特而美妙的模型打动富商约翰•可林捐出了第一笔100万美元。

第65天，一位对听了舒乐博士演讲的农民夫妇，捐出第一笔1000美元。

90天时，一位被舒乐孜孜以求精神所感动的陌生人，在其生日的当天寄给舒乐博士一张100万美元的银行支票。8个月后，一名捐款者对舒乐博士说：“如果你的诚意与努力能筹到600万美元，剩下的100万美元由我来支付。”

第二年，舒乐博士以每扇500美元的价格请求美国人认购水晶大教堂的窗户，付款的办法为每月50美元，10个月分期付清。6个月内，一万多扇窗全部售出。

……

1980年9月，历时12年，可容纳一万多人的水晶大教堂竣工，成为世界建筑史上的奇迹与经典，也成为世界各地前往加州的人必去瞻仰的胜景。

水晶大教堂最终的造价为2000万美元，全部是舒乐博士一点一滴筹集而来的。

（亚 萍）

➡［书外人语］不是每个人都要建一座水晶大教堂，但是每个人都可以设计自己的梦想，每个人都可以摊开一张白纸，敞开心扉，写下10个甚至100个实现梦想的途径。

溜溜球原理

华裔股市神童司徒炎恩是让美国华尔街震惊的一位人物，他在10岁就开始阅读《华尔街日报》、《福布斯》等报刊，阅读亚当·斯密、凯恩斯、萨缪尔森等人的经济学著作。学习之余，还开始研究股市并开始买卖股票，16岁时开始管理一个私人投资基金，连年获得30%以上的回报率，《华尔街日报》曾在头版位置报道他的事迹，称他“足以让华尔街老资格投资专家羞愧”。

司徒炎恩的“投机”天才是在10岁时开始展现的。他说：

我在10岁时，做了有生以来第一桩投机生意，我的做法比常见的摆柠檬汁

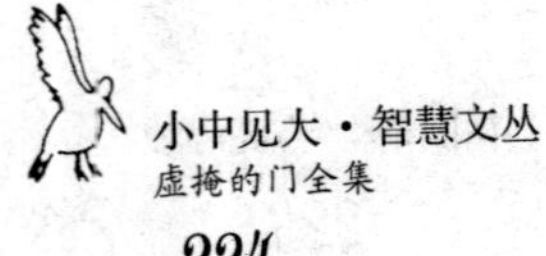

摊位还略胜一筹。

当时，我在的学校非常流行玩溜溜球。很多小孩都比较喜欢要邓肯牌溜溜球，而我们学校及居住区旁的商店里却无货。于是我做了一番调查，发现离我家数里以外一家店内存有很多货。

我看准了以后，准备大捞一把。我先让想要货的人向我订购，并预付订金，含运输费。每个星期，我把同学们的订单交给母亲，让她开车到那家店里去提货。

那是个十分成功的生意。没人知道我到哪里弄这些球，即使有人知道，也没有任何一位小学生有办法大老远去那里，他必须求妈妈带他去。因此，综合各种因素，还是向我订购合算。

我一共赚了 20 美元，以一个 10 岁小孩而言，那不是一笔小数目。同时我从中学习到远比这笔收入还有价值的东西。我领略到供需的原理，同时我也熟悉了投资股票所需要的技巧。

➡[书外人语] 在这个10岁孩子的眼里，遍地都是钱，只要弯腰去捡就是了。当然前提是他从生活中读懂了经济学。

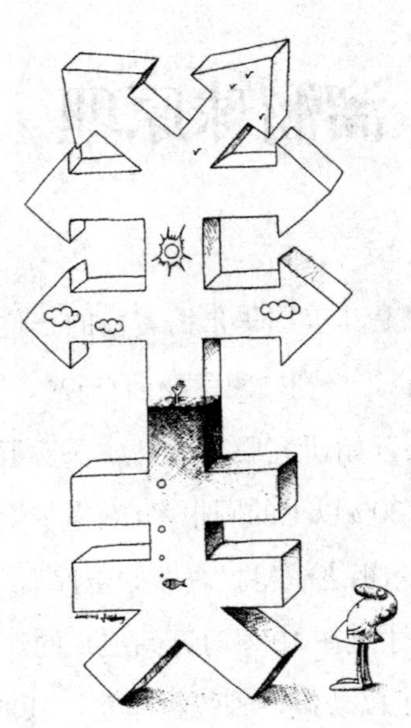

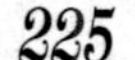

第二落点

19 世纪中叶，美国加州传来发现金矿的消息。许多人认为这是一个千载难逢的发财机会，纷纷奔赴加州。17 岁的小农夫亚默尔也加入了这支庞大的淘金队伍。他同大家一样，历尽千辛万苦，赶到加州。

淘金梦是美丽的，做这种梦的人很多，而且还有越来越多的人蜂拥而至，一时间加州遍地都是淘金者，金子自然越来越难淘。

不但金子难淘，而且生活也越来越艰苦。当地气候干燥，水源奇缺，许多不幸的淘金者不但没有圆致富梦，反而丧身此处。

小亚默尔经过一段时间的努力，和大多数人一样，没有发现黄金，反而被饥渴折磨得半死。一天，望着水袋中一点点舍不得喝的水，听着周围人对缺水的抱怨，亚默尔忽发奇想：淘金的希望太渺茫了，还不如卖水呢。

于是亚默尔毅然放弃打金矿的努力，将手中挖金矿的工具变成挖水渠的工具，从远方将河水引入水池，用细沙过滤，成为清凉可口的饮用水。然后将水装进桶里，挑到山谷一壶一壶地卖给找金矿的人。

当时有人嘲笑亚默尔，说他胸无大志：“千辛万苦地赶到加州来，不挖金子发大财，却干起这种蝇头小利的小买卖，这种生意哪儿不能干，何必跑到这里来？”

亚默尔毫不在意，不为所动，继续卖他的水。哪里有这样的好买卖，把几乎无成本的水卖出去，哪里有这样好的市场？

结果，大多淘金者都空手而归，而亚默尔却在很短的时间靠卖水赚到 6000 美元，这在当时是一笔非常可观的财富了。

➡［书外人语］ 在追逐主要目标的过程中，会有派生出来的次要目标与机遇，大家都在蜂拥而上抢第一落点时，去抢第二落点不失为明智之举。

因为懂得，所以珍惜

哈佛大学曾做过一个有趣的心理调查。调查很简单，只是几个电话测试而已。调查人员给调查的对象打了个电话，问道:“你现在在干吗?”“上班。”“上班感觉怎样?”“没劲极了，枯燥乏味。”

“那你希望干点什么?”“还等两个小时下班就好了，我可以和同事一起去酒吧。”

两个小时后，调查人员又打了他的电话。“你现在在干吗?”“和同事在酒吧。”“感觉该好些了吧。”“还是没劲，都是些无聊的话题，我正打算去找女朋友。”

过了一小时，调查人员再次拨通了他的电话。

“和女朋友在一起快乐吗?”“别说了，烦死啦。说话时，有个女同事打来电话，询问工作上的事情，女朋友硬是要我交代是不是有外遇了。你说这哪能不烦？得了，我还是回家休息吧。”到了晚上，调查人员的电话刚拨通，这个被调查者就先开口了:“别问了，很没劲，杂志翻完了，碟看完了，有点寂寞。”“那你想怎样?”“还是上班好，明天工作努力点，好让薪水多增加点。”

这是去年春天，我刚进一家著名外资食品企业做推销员时，企业培训师讲的一个案例。培训师语重心长地说:“仁者见仁，智者见智。这个故事很简单，但是能悟出一些东西。谁悟得越多越深，谁就有可能干得更好。竞争很残酷，大家好好干吧。”

那次公司招聘的推销员有上百名，两个月后，有三分之二的人被淘汰。学历最低的我，却留下来了。我留下来还真得益于这个故事。

一开始促销真叫艰难，从早忙到晚也没搞定一份订单，有时真想不干了。这

时我想到了那个职员不论干什么事情都觉得“没劲”，那么要说艰难，其他工作也艰难。何况这个工作还是我好不容易通过层层考试面试争取来的。我对自己说，信念很重要。

咬咬牙坚持住，困难很快就过去，我最终通过了试用期。因为刻苦、诚信，我的客户越来越多。半年后，我当了销售主管，管理 15 个销售人员。事情杂了，矛盾也多了，心情也容易急躁了。但是我立马又想到那个心理测试，何不心平气和地生活？每一份工作其实都有它的乐趣，应该珍惜“现在”。

一年以后，就是现在，我有了自己的公司，代理几个食品品牌。跳槽时很多人都反对，干到销售经理很不容易的，要珍惜啊。但是，珍惜和进取并不矛盾啊。因为珍惜，所以进取；进取是更好的珍惜，进取可量可质，重在拥有了一种好的心态。那个被调查的职员最后不是说了一句“还是上班好，明天工作努力点，好让薪水多增加点”吗？其实这句话的后面还可以得到无数的暗示引申，“薪水多增加点，生活现状得到改善点，生活质量提高点，女友自然会爱我多一点，于是心情自然会 happy 点……”每个人都渴望进取，但并不是每一个人都学会了调整心态的真正进取。

有了自己的公司，有了自己的员工。我也给新招聘的他们说了那个心理测试，真的希望他们悟出的比我还要多还要深。

（布　丁）

➡［书外人语］工作干不好，就有可能干什么都没劲；工作干好了，一切也都有可能好起来。

自我欺骗

美国国际管理集团(IMG)的创建者马克·H·迈克是世界一流的管理专家，他自己介绍，他从一位好朋友身上学到了不少东西。

这位朋友是位出类拔萃的推销员，只要他一出面，他的魅力就能充满每个角落，你只有把钱花光才会离开。不过他的长处仅此一点，在其他方面，比如说组织、资金使用，对部下的鼓励，业务细节和工作贯彻方面等等都一窍不通。

这种人本可以成为一个公司明星般的销售经理，但绝不是企业家。然而这位先生是个自欺欺人的大师，他过高地估计了自己的能力。连续十年，他不断地组建自己的公司，接下来就是不断地关闭。

更具有讽刺意义的是，他认为自己非凡的销售才能是人人都具备的。对他来说，销售是最简单不过的工作，他认为对别人也一样容易。于是他待在办公室中做管理，让别人出去跑销售，结果公司中没有一个人在发挥自己的特长。

一个人不可能面面俱到，追求完美，关键在于努力把自己的特长发挥到极致，而把不足之处的危害降到最小。如果把精力全部花在提高弱项方面，收效甚微，反而会影响到别的方面，成为一个毫无特色的人，自然也就难有建树。

➡［书外人语］ 有缺陷并不可怕，可怕的是非要从事与缺陷相对应的工作；有特长当然是好事，但把特长弃之不用，与没有有什么区别。

没有人会带你去钓鱼

潜能激励专家魏特利曾经说过这样一句话：在开发潜能时，没有人会带你去钓鱼。

魏特利有幸在年少时，便学会了自立自强。他父亲在二次大战时身在国外，当他九岁时，在圣地亚哥他家附近，有一个陆军制空炮兵团，驻扎的士兵和他成了好友，以消磨无聊的闲暇时间。他们会送魏特利一些军中纪念品，像陆军伪装钢盔、枪带及军用水壶，魏特利则以糖果、杂志，或邀请他们来家中吃便饭，作为回赠。

魏特利永难忘怀那一天，他回忆道：

“那天我的一位士兵朋友说：‘星期天上午五点，我带你到船上钓鱼。’我雀跃不已，高兴地回答：‘哇哈！我好想去。我甚至从未靠近过一艘船，我总是在桥上、防波堤上或岩石上垂钓。眼看着一艘艘船开往海中，真令人羡慕！我总是梦想，有一天我能在船上钓鱼。噢，太感谢你了！我要告诉我妈妈，下星期六请你过来吃晚饭。’

“周六晚上我兴奋地和衣上床，为了确保不会迟到，还穿着网球鞋。我在床上无法入眠，幻想着海中的石斑鱼和梭鱼，在天花板上游来游去。清晨三点，我爬出卧房窗口，备好渔具箱，另外还带备用的渔钩及渔线，将钓竿上的轴上好油。带了两份花生酱和果酱三明治。四点整，我就准备出发了。钓竿、渔具箱、午餐及满腔热情，一切就绪——坐在我家门外的路边，摸黑等待着我的士兵朋友出现。

“但他失约了。

“那可能就是我一生中，学会要自立自强的关键时刻。

“我没有因此对人的真诚产生怀疑或自怜自艾，也没有爬回床上生闷气或懊恼不已，向母亲、兄弟姊妹及朋友诉苦，说那家伙没来，失约了。相反的，我跑到附近汽车戏院空地上的售货摊，花光我帮人除草所赚的钱，买了那艘上星期在那儿看过、补缀过的单人橡胶救生艇。近午时分，我才将橡皮艇吹满气，我把它顶在头上，里头放着钓鱼的用具，活像个原始狩猎队。我摇着桨，滑入水中，假装我将启动一艘豪华大油轮，航向海洋。我钓到一些鱼，享受了我的三明治，用军用水壶喝了些果汁，这是我一生中最美妙的日子之一。那真是生命中的一大高潮。”

魏特利经常回忆那天的光景，沉思所学到经验，即使是在九岁那样稚嫩的年纪，他也学到了宝贵的一课:“首先学到的是，只要鱼儿上钩，世上便没有任何值得烦心的事了。而那天下午，鱼儿的确上钩了！其次，士兵朋友教给我了，光有好的意图并不够。士兵朋友要带我去，也想着要带我去，但他并未赴约。”

然而对魏特利而言，那天去钓鱼，却是他最大的希望，他立即着手设定计划，使愿望成真。魏特利极有可能被失望的情绪所击溃，也极可能只是回家自我安慰:“你想去钓鱼，但那阿兵哥没来，这就算了吧!”相反的，他心中有个声音告诉他：仅有欲望不足以得胜，我要立刻行动，要自立自强，自己开发属于自己的那一片沃土——潜能。

➡［书外人语］开发自己的潜能，靠自己的力量，实现自己大大小小的梦想，别人——任何人都可能会对你失约。

天堂地狱 08

死　亡

有个国王非常残忍，在每次处决死刑犯时，他都要想些新鲜的花招。

一次，一位犯人被告知明天将被处极刑，行刑的方式是在他手臂上割一个口子，让他流尽鲜血而亡。犯人惊恐之极，百般哀求，但终无用处。

次日一早，犯人就被带到一个房间中，锁在一面墙上，墙上有个小孔，刚好可以把一条胳膊穿过去。刽子手把他一只手从孔中穿过，在墙的另一边，用刀子在他的手上割开一个口子，在手下边还放着一个瓦罐来盛血。

“嘀嗒，嘀嗒……”，血一滴滴地滴在瓦罐中，四周静极了。墙这边的犯人就这样静静地听着自己的血滴在瓦罐中的声音，他觉得浑身的血液都在向那条胳膊涌去，越来越快地流向那个瓦罐。不一会，他的意志也随着血流走了，他无力地倒下来，死了。

在墙的另一边，他手上的那个小口子早就不流血了，刽子手身边的桌子上放着一个大水瓶，水瓶中的水正通过一个特制的漏斗软管往下边的瓦罐中嘀嗒。

一种强烈的心理暗示，让犯人自己杀死了自己。

➡[书外人语] 有心理学家曾对二战时的集中营做过分析调查，自然死亡中无牵无挂的人占多数，而对亲人牵肠挂肚的大都活了下来，因为他们天天告诉自己：我要活下去！而正是这种强烈的求生意愿和心理暗示让他们活了下来。

捧着空花盆的孩子

从前有一位贤明而受人爱戴的国王，把国家治理得井井有条，人民安居乐业。国王的年纪逐渐大了，但膝下并无子女，这件事让国王很伤心。终于他决定，在全国范围内挑选一个孩子收为义子，培养成自己的接班人。

国王选子的标准很独特，给孩子们每人发一些花种子，宣布谁如果用这些种子培育出最美丽的花朵，那么谁就成为他的义子。

孩子们领回种子后，开始了精心的培育，从早到晚，浇水、施肥、松土，谁都希望自己能够成为幸运者。

有个叫雄日的男孩，也整天精心地培育花种。但是，十天过去了，半个月过去了，一个月过去了，花盆里的种子去连芽都没冒出来，别说开花了。

苦恼的雄日去请教母亲，母亲建议他把土换一换，但依然无效，母子俩束手无策。

国王决定的观花日子到了。无数个穿着漂亮衣裳的孩子们涌上街头，他们各自捧着盛开鲜花的花盆，用期盼的目光看着缓缓巡视的国王。国王环视着争奇斗艳的花朵与精神漂亮的孩子们，并没有像大家想象中的那样高兴。

忽然，国王看见了端着空花盆的雄日。他无精打采地站在那里，眼角还有泪花，国王把他叫到跟前，问他："你为什么端着空花盆呢？"

雄日抽咽着。他把自己如何精心摆弄，但花种怎么也不发芽的经过说了一遍，还说，他想这是报应，因为他曾在别人的花园中偷过一个苹果吃。没想到国王的脸上却露出了最开心的笑容，他把雄日抱了起来，高声说："孩子，我找的就是你！"

"为什么是这样？"大家不解地问国王。

国王说："我发下的花种全部是煮过的，根本就不可能发芽开花。"

捧着鲜花的孩子们都低下了头，他们全都另播下了种子。

➡［书外人语］诚实是做人的根本，不诚实的人不能信任，更不能被委以重任，你永远得努力分辨他是不是在骗你。

聪明的商人

从前，有位商人和他长大成人的儿子一起出海远行。他们随身带上了满满一箱子珠宝，准备在旅途中卖掉，但是没有向任何人透露过这一秘密。一天，商人偶然听到了水手们在交头接耳。原来，他们已经发现了他的珠宝，并且正在策划着谋害他们父子俩，以掠夺这些珠宝。

商人听了之后吓得要命，他在自己的小屋内踱来踱去，试图想出个摆脱困境的办法。儿子问他出了什么事情，父亲于是把听到的全告诉了他。

“同他们拼了！”年轻人断然道。

“不，”父亲回答说，“他们会制服我们的！”

“那把珠宝交给他们？”

“也不行，他们还会杀人灭口的。”

过了一会，商人怒气冲冲地冲上了甲板，“你这个笨蛋儿子！”他叫喊道，“你从来不听我的忠告！”

“老头子！”儿子叫喊着回答，“你说不出一句值得我听进去的话！”

当父子俩开始互相谩骂的时候，水手们好奇地聚集到周围。老人然后冲向他的小屋，拖出了他的珠宝箱。“忘恩负义的儿子！”商人尖叫道，“我宁肯死于贫困也不会让你继承我的财富！”说完这些话，他打开了珠宝箱，水手们看到这么多的珠宝时都倒吸了口凉气。商人又冲向了栏杆，在别人阻拦他之前将他的宝

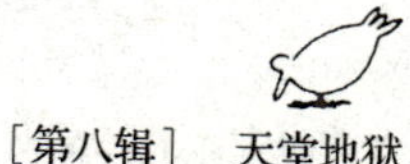

物全都投入了大海。

过了一会儿，父与子都目不转睛地注视着那只空箱子，然后两人躺倒在一起，为他们所干的事而哭泣不止。后来，当他们单独一起呆在小屋时，父亲说："我们只能这样做，孩子，再没有其他的办法可以救我们的命！"

"是的，"儿子答道，"您这个法子是最好的了。"

轮船驶进了码头后，商人同他的儿子匆匆忙忙地赶到了城市的地方法官那里。他们指控了水手们的海盗行为和犯了企图谋杀罪，法官逮捕了那些水手。法官问水手们是否看到老人把他的珠宝投入了大海，水手们都一致说看到过。法官于是判决他们都有罪。法官问道:"什么人会弃掉他一生的积蓄而不顾呢，只有当他面临生命的危险时才会这样去做吧？"水手们主动赔偿了商人的珠宝，法官因此饶了他们的性命。

➡［书外人语］ 久经商场磨炼的商人见识确实高人一筹，这种绝处求生的应变智慧使他们既保住了命，又使钱财失而复得。

巨额悬赏的结局

富翁家的狗在散步时跑丢了，于是在电视台发了一则启事：有狗丢失，归还者，付酬金一万元。并有小狗的一张彩照充满大半个屏幕。

送狗者络绎不绝，但都不是富翁家的。富翁太太说，肯定是真正捡狗的人嫌给的钱少，那可是一只纯正的爱尔兰名犬。于是富翁把酬金改为两万元。

是一位乞丐在公园的躺椅上打盹时捡到了那只狗。乞丐没有及时地看到第一则启事，当他知道送回这只小狗可以拿到两万元时，乞丐真是兴奋极了，他这辈子也没交过这种好运。

乞丐第二天一大早就抱着狗准备去领那两万酬金。当他经过一家大百货公司的墙体屏幕时，又看到了那则启事，不过赏金已变成三万元。乞丐驻足想了一会，这赏金增长的速度倒挺快，这狗到底能值多少钱呢？他改变了注意，又折回他的破窑洞，把狗重新拴在那儿，第四天，悬赏额果然又涨了。

在接下来的几天时间里，乞丐没有离开过这只大屏幕，当酬金涨到使全城的市民都感到惊讶时，乞丐返回他的窑洞。

可是那只狗已经死了，因为这只狗在富翁家吃的都是鲜牛奶和烧牛肉，对这位乞丐从垃圾筒里捡来的东西根本受不了。

➡［书外人语］ 富翁以为钱可以办成任何事，却因为钱坏了事；乞丐则因为贪婪而又回到一无所有的状态。富人与穷人在钱的问题上都犯了错误。

价值的转换

一位勤劳的农民，从自己的菜园中收获了一个大得不得了的南瓜，他又惊又喜，把这个南瓜献给了国王。

国王很高兴，赐给农民一匹骏马。

这件事很快家喻户晓。

一个财主动开了脑筋：献个大南瓜，就能得到一匹骏马，如果献一匹骏马，国王会赐给我多少金银珠宝抑或美女呢？

于是财主向国王进献了一匹价值连城的骏马。国王同样很高兴，吩咐侍者：“把那位农民献的那个珍贵大南瓜，赐予这个献骏马的人吧。”

➡［书外人语］ 朴实的真诚奉献，与贪婪的算计谋利自然会有不同的结果。现实生活中，后者往往会有眼前的收获与成功，但绝经不起时间的考验。

快乐与悲哀

一个老太太有两个女儿，大女儿嫁给一个卖雨伞的，二女婿则靠卖草帽为生。

一到晴天，老太太就唉声叹气，说:“大女婿的雨伞不好卖，大女儿的日子不好过了。”可一到雨天，她又想起了二女儿:“又没有人买草帽了。”所以，无论晴天还是雨天，老太太总是不开心。

一位邻居觉得好笑，便对老太太说:“下雨天你想想大女儿的伞好卖了，晴天你就去想二女儿的草帽生意不错，这样想，你不就天天高兴了吗?”

老太太听了邻居的话，天天脸上都有了笑容。

➡[书外人语] 任何事物都可以从多个角度去看，为什么总要找对自己最不利的角度，跟自己过不去呢?

另一种地狱

有一个人死后，在去阎罗殿的路上，遇见一座金碧辉煌的宫殿。宫殿的主人请求他留下来居住。

这个人说:“我在人世间辛辛苦苦地忙碌了一辈子，我现在只想吃，只想睡，我讨厌工作。”

宫殿主人答道:“若是这样，那么世界上再也没有比我这里更适合你居住的了。

我这里有山珍海味，你想吃什么就吃什么，不会有人来阻止你；我这里有舒服的床铺，你想睡多久就睡多久，不会有人来打扰你；而且，我保证没有任何事情需要你做。”

于是，这个人就住了下来。

开始一段日子，这个人吃了睡，睡了吃，感到非常快乐。渐渐地，他觉得有点寂寞和空虚，于是他就去见宫殿主人，抱怨道:“这种每天吃吃睡睡的日子过久了也没有意思。我现在是脑满肠肥了，对这种生活已经提不起一点兴趣了。你能否为我找一份工作?”

宫殿的主人答道:“对不起，我们这里从来就不曾有过工作。”

又过了几个月，这个人实在忍不住了，又去见宫殿的主人:“这种日子我实在受不了。如果你不给我工作，我宁愿去下地狱，也不要再住在这里了。”

宫殿的主人轻蔑地笑了:“你以为这里是天堂吗？这里本来就是地狱啊！”安逸的生活原来也是一种地狱啊！它虽然没有刀山可上，没有火海可蹈，没有油锅可赴，可它能渐渐地毁灭你的理想，腐蚀你的心灵，甚至可以让你变成一具行尸走肉。

➡[书外人语] 无所事事也是一种空虚的痛苦，日理万机有时也是一种充实的幸福；而且生于忧患，死于安乐，要不你看那些富人，钱多得早就花不完了，还在拼命做事，为什么？为了自己的生命力。

幸福之神

一个20出头的年轻小伙子急匆匆地走在路上，对路边的景色与过往行人全然不顾。一个人拦住了他，问：

“小伙子，你为何行色匆匆啊?”

小伙子头也不回，飞快地向前跑着，只泛泛地甩了一句:“别拦我，我在寻求幸福。”

转眼20年过去了，小伙子已变成了中年人，他依然在路上疾驰。

又一个人拦住他:“喂，伙计，你在忙什么呀?”

“别拦我，我在寻求幸福。”

又是20年过去了，这个中年人已成了一个面色憔悴，老眼昏花的老头，还在路上挣扎着向前挪。

一个人拦住他:“老头子，还在寻找你的幸福吗?”

“是啊。”

当老头回答完别人的问话，猛地一惊醒，一行眼泪掉了下来。原来刚问他问题的那个人，就是幸福之神啊，他寻找了一辈子，可幸福之神实际上就在他旁边。

➡［书外人语］ 不要给自己制订那些虚无缥缈的终极目标，幸福和快乐其实就在你手头的每一件小事中。

被骗的农夫

有个农夫牵了一只山羊，骑着一头驴进城去赶集。

三个骗子知道了，想去骗他。

第一个骗子，乘农夫骑在驴背上打瞌睡之际，把山羊脖子上的铃铛解下来系

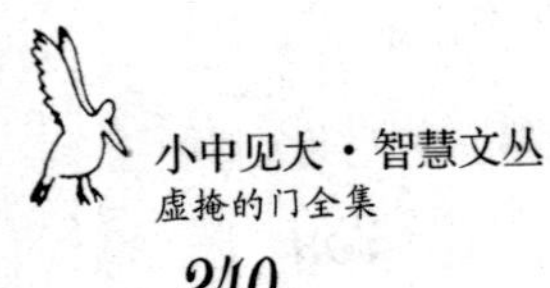

在驴尾巴上，把山羊牵走了。

不久，农夫偶一回头，发现山羊不见了，忙着寻找。这时第二个骗子走过来，热心地问他找什么。

农夫说山羊被人偷走了，问他看见没有。骗子随便一指，说看见一个人牵着一只山羊从林子中刚走过去，准是那个人，快去追吧。

农夫急着去追山羊，把驴子交给这位“好心人”看管。等他两手空空地回来时，驴子与“好心人”自然没了踪影。

农夫伤心极了，一边走一边哭。当来到一个水池边时，却发现一个人坐在水池边，哭得比他还伤心。

农夫挺奇怪：还有比我更倒霉的人吗？就问那个人哭什么。

那人告诉农夫，他带着一袋金币去城里买东西，走到水边歇歇脚，洗把脸，却不小心把袋子掉水里了。农夫说，那你赶快下去捞呀。那人说自己不会游泳，如果农夫给他捞上来，愿意送给他20个金币。

农夫一听喜出望外，心想：这下子可好了，羊和驴子虽然丢了，可能到手20个金币，损失全补回来还有富余啊。他连忙脱光衣服跳下水捞起来。当他空着手从水里爬上来时，他的衣服、干粮也不见了，仅剩下的一点钱还在衣服口袋里装着呢。

➡［书外人语］ 没出事时麻痹大意，出现意外后惊慌失措，造成损失后急于弥补。三个骗子抓住人的性格弱点，轻而易举全部得手。

天堂何在

何为天堂？天堂何在？

曾听说过这样一个故事：

一个人历尽艰险去寻找天堂，终于找到了。当他欣喜若狂地站在天堂门口欢呼“我来到天堂了”时，看守天堂大门的人诧然问之：“这里就是天堂？”欢呼者顿时傻了：“你难道不知道这儿就是天堂？”

守门人茫然摇头：“你从哪里来？”

“地狱。”

守门人仍是茫然。欢呼者慨然嗟叹：“怪不得你不知天堂何在，原来你没去过地狱！”

你若渴了，水便是天堂；你若累了，床便是天堂；你若失败了，成功便是天堂；你若是痛苦了，幸福便是天堂——总之，若没有其中一样，你断然是不会拥有另一样的。

（乔 叶）

➡［书外人语］ 有人为丢了双鞋而懊恼，走到街上，发现有人少了两条腿。想想那些“穷苦大众”，你现在不是就在天堂吗？

老实人吃的哑巴亏

有这样一则笑话。

三个鬼魂被押到阴曹地府，他们生前分别是妓女、小偷和医生。

阎王先问妓女在阳世是干什么的。妓女回答：“我专门收容一些无家可归的男子，让其也能享受夫妻生活的乐趣。”阎王颔首：“善哉，应有好报应。”遂命判官把她降生到富贵人家。

轮到小偷了，他也从容应对道：“回阎王爷，我在阳世专门替别人拿东西。有人口袋太重，拿不动，我就替他分些来；有人东西没藏好，我也捡回来；有的人家里贵重东西太多，我怕他失火或是塌墙压毁，就把它们转移到我家，好好保

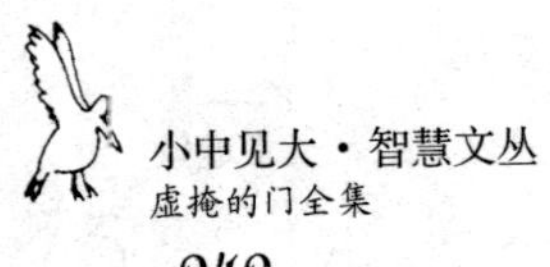

藏起来。”阎王高兴地说：“你做得很好嘛，这叫助人为乐，与人为善，理当增寿三纪，享年百岁。”

医生在一旁忍不住开口道：“大王你被骗了，他俩在人间做的都是害人的事……”

阎王大怒，一拍惊堂木：“谁骗得了我，我问你答，扯别人干啥？你是干什么的？”

医生理直气壮地说：“我才是真正的好人，我治病救人，把临死的人都精心治好……”

“住嘴，难怪我派小鬼抓不到人，原来是你在和我作对。来人，将他打入十八层地狱，永世不得翻身。”

➡ [书外人语] 笑归笑，你身边有没有说的比唱的都好听的人，有没有自以为是的糊涂领导？小心呀，别吃哑巴亏。

国王的花园

古代印度有一个国王，他的国家广大而强盛。他得到一个美若天仙的女子，就收为王妃，两人相亲相爱，琴瑟和谐。

然而好景不长，天夺人爱，他的宠妃得了绝症，全国最好的医生也束手无策，最终宠妃还是香销玉殒。

悲痛欲绝的国王为爱妃举行了盛大的葬礼，用所能找到的最好的木材，让最好的工匠为爱妃做了棺椁。为了能日日见到爱妃，国王下令把棺椁停放在王宫旁的大殿里。国王一有时间就来此陪伴爱妃，回忆过去的美好时光。

时日久了，国王觉得这灵殿周围的景色太单调贫乏，不配爱妃的容颜，于是

在周围修建花园，从全国各地搜寻来奇花异草。花园建成后，觉得还缺些什么，就又引恒河水来建成一个美轮美奂的人工湖。湖建成后，又修造亭台楼阁，后来又请来一流的雕刻师制作精美的雕塑……

国王总不满意这个园林，一直不断地扩充和完善。一直到国王暮年，还在苦苦思索怎样让这座绝世园林更加完美。有一天，他的目光落在爱妃的棺椁上，觉得它停在这样的园子中根本不协调，就挥了挥手说：

“把它搬出去吧！”

➧［书外人语］ 组建家庭是为了能与心爱的人在一起，可许多人当家庭中的硬件越来越高级时，感情却愈来愈淡漠，最终把人请了出去。在别的方面也有不少这种不知不觉中舍本求末的例子。

财主家的少爷

有位财主老来得子，对儿子甚是溺爱。这位小少爷自然也就淘气得很。

一天，小少爷爬上路旁的大树玩，见树下走过来一个书生，就站在树上往下撒尿，浇了那个书生一身。书生大怒，“之乎者也”地嚷嚷了一通，可财主觉得这事也没什么大不了的，书生愤愤地走了。

不久，又来了个商人，小少爷如法炮制。商人一看是小少爷，马上转怒为喜，连向财主夸奖少爷聪明：玩的把戏都跟别人家孩子不一样。财主高兴，小少爷也高兴，商人还给了他一把糖块呢。

过了几天，路上驰来一匹快马，小少爷又是一泡尿。这次却糟了，马上骑的江湖大盗哪吃过这个，纵身上树，把这位小少爷扔出好远，小少爷一命呜呼。

今天的心理学家们说：人的性格是受鼓励完成的，小孩如此，大人亦然。只

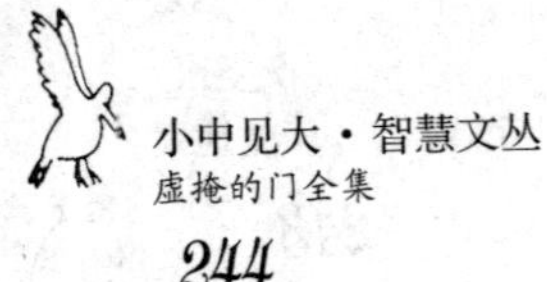

要他以某种方法完成了某项活动，下一次他就会产生以相同的方法完成同一类事情的冲动。久而久之，他就形成了自己在处理这类事情上的行事风格，这些风格的综合就形成了人的性格。

➡[书外人语] 是谁害了这位少爷呢？表面上看是财主，是大盗，但那位巴结财势的商人其实更难辞其咎。一个人做了坏事不是受到制止与惩罚而是受到鼓励，那他就会在这条路上越走越远。

金钱的危险性

在犹太人中间，流传着这样一个故事。

一天，一个拥有无数钱财的吝啬鬼去他的拉比那儿乞求祝福。拉比让他站在窗前，让他看外面的街上，问他看到了什么，他说:“人们。”

拉比又把一面镜子放在他面前，问他看到了什么，他说:“我自己。”

拉比解释说，窗户和镜子都是玻璃做的，但镜子上镀了一层银子。单纯的玻璃让我们能看到别人，而镀上银子的玻璃都只能让我们看到自己。

➡[书外人语] 人们的眼睛常被金钱所蒙蔽，只见自己而不见别人，这样的人怎能得到幸福呢？

天堂与地狱的区别

有人和上帝谈论天堂和地狱的问题。上帝对这个人说:“来吧，我让你看看什么是地狱。”

他们走进一个房间，屋里有一群人围着一大锅肉汤。每个人看起来都营养不良、绝望又饥饿。他们每个人都有一只可以够到锅子的汤匙，但汤匙的柄比他们的手臂要长，自己没法把汤送进嘴里。他们看上去是那样悲苦。

“来吧，我再让你看看什么是天堂。”

上帝把这个人领入另一房间。这里的一切和上一个房间没什么不同。一锅汤、一群人、一样的长柄汤匙，但大家都在快乐地歌唱。

“我不懂，”这个人说，“为什么一样的待遇与条件，而他们快乐，另一个房里的人们却很悲惨?”

上帝微笑着说:“很简单，在这儿他们会喂别人。”

➡［书外人语］ 助人就是助己，生存就是共存。社会分工越细，每个人对他人的依存度就越高，不会与别人合作，就相当于把自己送入地狱。

寻求智慧的国王

有个年轻的国王登基，为了治理好自己的王国，他决心学习天下的智慧。为此他征召国内的智者，命令他们把所有的智慧书搜寻来，供他阅读学习。

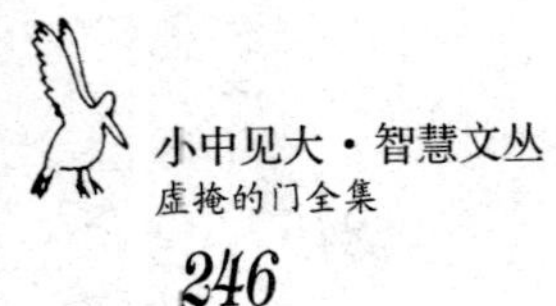

五年过去了，智者们辛苦赶回来了，身后的骆驼队背着5000本智慧宝典。国王一看头都大了，这么多书如何去看啊。就命令智者们去精简浓缩。

五年过去了，智者们求见，身后的骆驼队背回来500本书，国王仍嫌太多。

又是五年时间，智者们带回来50本巨著。这时的国王已被各种问题搞得更加心烦气躁，等待得也更不耐烦，还是觉得多。

又过了几年时间，当智者们把辛辛苦苦浓缩成的一本书进献到国王面前时，他早已没兴趣看这本书了，也没时间去实践这些智慧了。国内问题丛生，国外敌人不断入侵，自己也百病缠身，任何智慧都已经解决不了他的问题了。

➡［书外人语］只要努力去做，事情就不嫌多，而且就会有收获。只要选择了等，就会什么也来不及做。

盲人提灯

有一个盲人，晚上出门总提着一个明亮的灯笼。别人看到了，很是奇怪，就问他:“你又看不见，为什么还要提着灯笼走路？”

那个盲人认真地回答说:“这个道理很简单，我提灯笼当然不是为自己照亮道路，而是为了给别人照亮，让他们能看见我，这样既帮助了别人，又保护了自己。”

一位司机听到这个故事，讲了自己的一个经历。他说:“以前我开车经过隧道，总是不喜欢开车灯。隧道不长，里边光线还不差，认为实在没有必要开开关关。不料有一天被迎面开来的大卡车撞个正着，险些命丧黄泉。后来我才觉悟到，开车灯是给对方看的，因为经过隧道时，对方是从亮处进入暗处，视觉难免调整不过来，加上对面的来车也不开灯，那就实在太危险了。”

➡［书外人语］ 你不为对方着想，自己可能就会有麻烦。比方说晚上在小路上错车，你会不会转换远近灯光呢？对方看不清路，对你有什么好处？

王之车夫

天气很好，国王的心情很好，他决定放下手头公务，到御花园中散步。

国王随意走着，忽然看见前面跪着一个人。国王吃了一惊，问左右：那是谁，跪在那里做什么？叫他过来。

那人来到跟前，连连叩头，说："小人受人陷害，求万岁爷救命。"

"你是干什么的？"国王问。

"20年来，小人一直为万岁爷赶车。"

"你抬起头来——咦，我怎么没见过你？"

侍卫听到这话，斥道："还不快滚。"

那人慌忙爬起来，退了几步，转身要走。国王看到他的背影，若有所思，命左右："叫他回来。"

国王说："他确是我的车夫，我看到他的背影才想起来。"

➡［书外人语］ 车夫虽然为国王赶了20年车，但国王每天看到的只是他的背影，自然不会识得他的面孔。有很多时候距离位置角度一变，本来熟悉的东西就不认得了。比如说你在台上时，别人只认得你手中的公章，未必认识你这个人。

天使与魔鬼

王子满18岁那天，收到国王赐的礼物：一辆精美的马车，两匹俊秀的小马。

王子非常喜欢两匹小马，问父王："它们叫什么名字？"

国王笑着说："这个叫天使，那个叫魔鬼。"

王子驾了一圈车回来，又问父王："为什么给它们取这样两个名字呢？

国王望着年轻的儿子，柔声回答说："孩子，将来你要做国王的。我要让你明白，你需要天使为你服务，也需要魔鬼为你效劳。因为很多时候，好人对付不了坏人。古人云：'无德必亡，唯德必危'就是这个道理。"

王子想问没敢问：又用天使又用魔鬼，那我们当国王的是天使还是魔鬼，或是一半一半呢？

➡ [书外人语] 德为立身之根，变为处世之本，用人做事莫不如此。道德君子虽然满身正气，但怎敌得过小人的阴谋诡计，至于领袖者本人，好像不宜放在普通道德范围内来讨论。

做贼心虚

一个木匠收了许多孩子在家里学徒。有一天，他抽屉里钱不见了，不知被谁拿走了，所有的孩子都否认是自己干的。

为了弄清事实真相，木匠把孩子们召集到一块，发给每人一根同样长短的木

棍，然后说："你们把这些木棍收好，明天早上再拿给我，偷钱的人木棍会比别人的长出一寸来。"

偷钱的那个孩子害怕被发现，晚上偷偷溜出来，把自己的木棍锯掉了一寸，免得明天比别人的长出一寸来。

第二天，大家把木棍都拿了出来，偷钱的孩子的木棍比别人的短了一寸，他羞愧地哭了出来，以后再也不偷人家东西了。

➡［书外人语］做贼心虚，可越遮掩越有痕迹。当年美国总统尼克松水门事件就是这样，为了掩盖第一个错误，他犯下第二个错误，结果又被迫去用第三个错误去弥补前边的漏洞，最后，漏洞破绽反而越来越多，被迫辞职下台。其实，如果他爽快地承认了第一个错误，民众也许会原谅他，事情结果要好得多。

国宝失窃记

博物馆被盗了！几件镇馆的宝贝都不翼而飞。警察勘探的结果认为，这绝不是一个人干的，而且必定是行家。破坏保安系统、开保险锁、车子接应等，至少要四五个人才行。但是，却没有一丝破案线索。

政府开始悬赏，博物馆的馆长也接受了电视访问。

他颤抖着说：

"13件全都是精品，尤其是那个翠玉戒指，更举世无双，爱珠宝的人，千万不能收藏，迟早会被发现的！"他瞪大了眼睛说："因为那戒指太好了，什么人都一眼就看得出，是价值连城的宝贝。"

电视采访播出后，没多久就破了案。

一群窃贼虽然计划周详，没留下任何线索，却因为内部不合，两派开火，而被发现。

受伤的窃贼，躺在床上吐露了实情：

“当时由我和另外一个人进去，我们只偷了12幅画，没有拿什么翠玉戒指，可是外面的几个人不信，非要我们把戒指交出来，后来连我朋友，都认为我独吞了。”他大声喊着，“我没有拿！我没有拿！你们要相信我！”

“我相信他！”博物馆长在验收12幅画之后，笑道：“感谢上天，12幅画完整无缺地回来了。至于翠玉戒指，唉！我们馆里几曾有过翠玉戒指啊！是我一时糊涂，乱说的！”

(李雪峰)

➡[书外人语] 即使是邪人，也宁愿相信正人的假话，而不信邪人的真话。

死神的仆人

在古代，有一个巨人在大路上浪游，忽然一个陌生人朝他跑来，叫道：“站住！不准前进一步！”

巨人说：“什么，你这矮子，我用手指就可以把你捏碎，你还要拦我的路吗？你是谁，敢说这种大胆的话？”

那人回答道：“我是死神，没有人敢反抗我，你也应该服从我的命令。”

但是巨人不答应，就和死神进行搏斗。那是一次又长久又激烈的战斗，最后巨人一拳把死神打倒，巨人赢了照走他的路。死神被击败了，倒下来躺在一块石头旁边，他没有气力，不能起来。他说：“如果我永远躺在这角落里，怎么办呢？世界上将没有一个人会死，满地都是人，连站的地方都没有了。”

这时候，一个活泼健康的小伙子从路上走来，他嘴里唱着歌，眼睛瞟来瞟去。他看见那个发昏的人，很可怜他，把他扶起来，又把瓶里的酒灌了他一口，

使他恢复了气力。陌生人站起来，问他:“你知道我是谁吗？你知道你扶起来的人是谁吗?”

小伙子回答道:“不知道，我不认识你。”

陌生人说:“我是死神，我不饶恕任何人，对你也不能例外。你知道，我是感谢你的，我要向你保证，不突然来捉你，在我来接你之前，我会派我的仆人来通知你。”

小伙子说:“是的，我知道你什么时候来，总会有些好处，至少在通知我以前，我不用怕你。”

小伙子说罢就走了。此后，他既高兴、又快乐地生活着。但是青春和健康是不能长久保持的。不久疾病和痛苦就来了，使他白天难过，夜里不能休息。他自言自语地说:“我是不会死的，因为死神还没有派仆人来通知我，但愿苦恼的日子早些过去吧!”

他一觉得健康时，又开始愉快地生活。

有一天，一个人拍他肩膀。他仔细一看，原来是死神站在他面前，并对他说:“跟我来，你和世人分别的日子到了。”

那人回答说:“怎么，你要失信吗？你不是答应我，你要先派仆人来通知我吗？我没有看见你的仆人。”

死神回答说:“不要做声，我不是接二连三派仆人来过吗？你不是发热睡倒过吗？你的头不是常晕吗？你的四肢不是酸痛过吗?你的耳朵不是老响吗？你的牙齿不是老痛吗？你的眼睛不是常发黑吗？此外，我的亲爱的兄弟‘睡神’不是每天晚上向你提到我吗？你夜里躺着，不是像死了一样吗?”

那人无话可答，只好听天由命，跟着死神去了。

➡ [书外人语] 注意死神给你发出的信号，不要把那些小毛病不当回事，抓紧生命有限的时间。

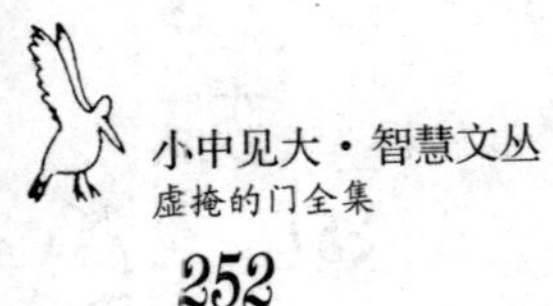

傻 孩 子

大家都说一个孩子傻。

为什么呢？大家做过这样的试验：拿五分和十分的硬币给他，他总去拿五分的。屡试不爽，这样的人不傻吗？大家总嘲笑他。

一次，一位外地的智者从此经过，听说了这种事，亲自试验了一回，果然与大家说的一样。智者哈哈大笑，拍着那孩子的肩膀，说："小朋友，你真聪明。"那孩子也笑了，智者转身飘然而去。大家傻笑了一阵，也就散了。

到底这个孩子傻不傻，大家有点难以确定了。这个叫威廉·亨利·哈里森的小孩子长大后曾当选为美国第九任总统。

➡[书外人语] 如果你拿了十分的，下次还会有人让你拿吗？威廉心中自然明白这一点。

上帝的拯救

有一个人自认对上帝十分有信心。有一天，倾盆大雨造成住家附近河堤崩溃，大水一发不可收拾。

当他仓皇爬到屋顶上，有一个邻人划着橡皮艇要过来救他："上来吧！"邻人说道。"不用了，上帝会来救我。"他很有信心地回答。

不久，另一艘救生艇驶过，他仍然坚定地拒绝。最后，又有一只船经过，他

依然坚持不上船。

没有多久，大水淹没了屋顶，当然也淹死了他。

到了天堂，他气呼呼地责问上帝，为什么不来救他？还亏他那么有信心。

“我当然要去救你啊！我派了三艘船前去，都被你一一拒绝了。”上帝无奈地回答。

➡[书外人语] 有坚定的信仰是好的，可拒绝现成的帮助是荒唐的。

喜马拉雅山的猴子

从前，在喜马拉雅山脚下的小小村落里，来了一位仙风道骨的老人。他向全村村民宣布，他会一种可以点石成金的法术，不过，天下没有白吃的午餐，想要学这套法术的人得先把家中最值钱的东西拿出来当学费才行。

村里的人实在穷怕了，人人都想发财想得发疯。大家商讨一下：既然可以学会点石成金术，那么，先牺牲学费有什么关系呢（当然，他们的逻辑头脑没你聪明，不会如是想：如果老人真能点石成金，还收学费做什么）？

于是他们虔诚地交了学费，集合起来听老人教授这神奇的法术。只听老人叽里咕噜念了一大串咒语，然后就把盖在木桶下的石块变成了闪亮的金子。

“快教我们吧。”每个人的喉咙深处都发出饥渴的声音。

老人不厌其烦地将咒语教给了村人，当村子里最笨的人也能背诵咒语之后，他很满意地告诉他们:“你们等明天日出的时候就可以开始用点金术了。我保证各位都可以把没用的石块变成黄灿灿的黄金，不过，你们可要记得呀——念咒语的时候，你们的脑子里千万不要想起喜马拉雅山的猴子。”

“绝对不会！”村人异口同声地回答。黄金跟喜马拉雅山的猴子有什么关系呢？老人真是无聊，他们哪会想起喜马拉雅山的猴子？

可是……

一千年过去了，有人说，如果你现在到这个村庄，你还会看到不少人把石头盖在木桶下喃喃自语，“努力”地不要想起喜马拉雅山的猴子。

他们始终没有“念”出黄金来，但也没有人能怪老人说谎，因为每个人都得承认，他们越想告诉自己不要想起那些猴子，就越是想起那些事不关己的猴子。

我们的头脑中，也常常有这些幻想的猴子。

小心！别让任何人包括你自己在你的脑袋里养个喜马拉雅山的猴子！

（吴淡如）

➡［书外人语］ 这是个典型的心理暗示范例。一旦在脑中植入一个概念，要想根除它就很困难。诸如“我恐怕不行吧”此类的想法就如同喜马拉雅山的猴子，时刻阻碍着你“点石成金”的人生进程。

破　戒

四个修行者相约彻夜打坐，事先讲好应专心一致，不能为外界的任何事物分心，更不可以开口说话。

一盏微弱的油灯，伴着四位修行者禅坐。整个禅室里，显得格外的冷清。到了夜半，油灯里的油越燃越少，眼看就要油尽灯枯，这时候又忽然吹起一阵风，使得灯火更加闪烁不定，几乎就要熄灭了。

“糟糕！灯火快被吹灭了。”其中的一位修行者不禁大为着急地叫了起来。

在寂静的禅堂中，他的喊叫声异常刺耳。坐在旁边的另一位修行者就责备

他:“我们专心打坐修行，你怎么可以开口说话呢？”

不料，他的责备，却引来另一位第三者的不满:“你还不是讲话了！”

这时候，只见第四位修行者微微一笑，自言自语地说:“幸好只有我没有破戒。”

人总是很轻易看到别人的缺点，面对自己的过失，却常常无法发觉。你会是第四位修行者吗？

（颜如玉）

➡ **[书外人语]** 其实，挑别人毛病之时，就是自己出毛病之时。当一个人找到别人的过失时，是否想到自己正在犯同样的错误。

天堂与地狱

从前，日本有一位白隐禅师，他十分受人们景仰。有一日，一位王侯慕名而来，向他请教佛法大义。

王侯见了白隐禅师后，态度谦恭地问禅师:“听人说，做善事就能上天堂，造恶业就会下地狱，但是我现在尚在人间，上不见天堂，下不见地狱，可否请禅师您现个境界，让我相信真有天堂与地狱。”

白隐禅师听完他的话后，脸上显现出非常不耐烦的样子，接着便开口用一些非常严厉的话语不断责骂王侯。王侯听到莫名其妙的指责，立刻满脸涨红，火冒三丈，正要开口还击时，禅师随即开口对他说:“你现在就是在地狱

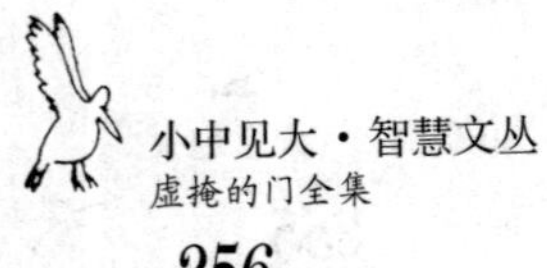

啊！”王侯听见后，即有所悟，连忙跪向禅师说：“竟不知师父的教示，真是失礼。”白隐禅师面带微笑地接着说：“对了！这就是天堂。”

➡[书外人语] 心存恶念，即是地狱；一心向善，就是天堂。

上帝的奖赏

1963年，一位名叫玛莉·班尼的女孩写信给《芝加哥先驱论坛报》，因为她实在搞不明白，为什么她帮妈妈把烤好的甜饼送到餐桌上，得到的只是一句“好孩子”的夸奖，而那个什么都不干，只知捣蛋的戴维（她的弟弟）得到的却是一个甜饼。她想问一问无所不知的西勒·库斯特先生，上帝真的是公平的吗？为什么她在家和学校常看到一些像她这样的好孩子被上帝遗忘了呢？

西勒·库斯特是《芝加哥先驱论坛报》儿童版“你说我说”栏目的主持人，十多年来，孩子们有关“上帝为什么不奖赏好人，为什么不惩罚坏人”之类的来信，他收到不下千封。每当拆阅这样的信件，他心里就非常沉重，因为他不知该怎样回答这些问题。

正当他对玛莉小姑娘的来信不知如何是好时，一位朋友邀请他参加婚礼。也许他一生都该感谢这次婚礼，因为就是在这次婚礼上，他找到了答案，并且这个答案让他一夜之间名扬天下。西勒·库斯特是这样回忆那场婚礼的。牧师主持完订婚仪式，新娘和新郎互赠戒指，也许是他们正沉浸在幸福之中，也许是两人过于激动。总之，在他们互赠戒指时，两人都阴差阳错地把戒指戴在了对方的右手上。牧师看到这一情节，幽了一默：“右手已经够完美的了，我想你们最好还是用它来装扮左手吧。”西勒·库斯特说，正是牧师的这一幽默，让他茅塞顿开。右手成为右手，本身就非常完美了，是没有必要把饰物再戴在右手上了。同样，那些有德的人，之所以常常被忽略，不就是因为他们已经非常完美了？后来，西勒·

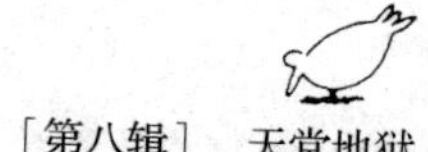

库斯特得出结论，上帝让右手成其为右手，就是对右手的最高奖赏，同理，上帝让善人成为善人，也就是对善人的最高奖赏。

西勒•库斯特发现这一真理后，兴奋不已，他以《上帝让你成为一个好孩子，就是对你的最高奖赏》为题，立即给玛莉•班尼回了一封信，这封信在《芝加哥先驱论坛报》刊登之后，在不长的时间内，被美国及欧洲1000多家报刊转载，并且每年的儿童节，他们都要重新刊载一次。

前不久，一位中国儿童不知在什么地方发现了这封信，读后，他通过国际互联网在《芝加哥先驱论坛报》的网面上留言，说：中国民间有一句古话，叫恶有恶报，善有善报，不是不报，时候未到。我曾经对恶人迟迟得不到报应，感到迷惑不解。现在我终于明白，其实他们立即就得到了回报。因为让恶人成为恶人就是上帝对他们的惩罚。

（刘燕敏）

➡ **[书外人语]** 善恶到头终有报。这种报应有时是现实的、物质的，有时是在上帝的记录本上、在人们心里的法庭上。我们不可因为“恶”一时没有得到应有的惩罚就放弃对善的追求。

茄子的好坏

富翁对仆人说:“茄子增进食欲，是好东西。”“不错。”仆人说:“难怪它戴着顶王冠。

几天后，富翁又说:“茄子倒人胃口，还生痰，是坏东西。”“是呀！”仆人说，“瞧它头上长着刺呢。”富翁不满意了:“前天你说茄子是好东西，今天又说它是坏东西，什么意思?”

仆人说:“我该怎么说呢？我是老爷您的仆人，不是茄子的仆人呀。”

这则外国典故后来成了成语“不是茄子的仆人”，相当于我国的成语“见风使舵”。

我想它的讽刺实在是搞错了对象。仆人的答话难道不是源于富翁的信口雌黄？仆人不过是给富翁的胡说八道找了点注脚而已。它的确切含义应当是：强权下的顺从。

(戴逸如)

➡［书外人语］见风使舵的人的最大的出息就是能够保住“仆人”这个饭碗，且终生为“仆”——因为他从来没有自己。

分鱼问题

在小的时候,看过很多连环画，其中很多古代笑话给我留下了深刻的印象。其中有一则是这样的：有几个朋友凑成一桌饭局，酒酣耳热之际，席间上来了一条鱼。诸位朋友正在互相谦让，一阵妖风吹来，灯灭了。在一片沉寂之中，突然听得数声惨叫(各位看官，你道是为何？)。伙计赶紧点亮了灯，只见鱼肉上重叠着无数只大手，最上面有副刀叉直没至柄。由此笑话，我们可以继续引申。

第一次分鱼比赛，整条鱼由有刀叉的人赢得。

到了第二次聚会，大家都学聪明了，每个人都带了一把刀叉。谁知到了分鱼的时候，有两个朋友亮出了剑。大家没有办法，忍着肚子饿，把整条鱼让给了这两位带剑者。于是，两位带剑者南北拆账，一人一半。

第三次聚会，大家又学聪明了，每个人带了一把剑。又谁知到了分鱼的时候，有三个朋友拿出了枪。这三位带枪者又想独自分掉鱼，这时大家实在饿得受不了了，于是有人站出来，号召道:“虽然你们有枪，但是一次只能打死一个。我们人多，打下去肯定是两败俱伤。我们实在饿得不行了，饿死还不如战死。”这

三位带枪者为他的气势所慑，只好妥协:“既如此，我们三人分掉一半，剩下的你们平分吧。”

到了第四次聚会，大家都学精了。分鱼的时候，每个人都端出了大炮，于是大家只好把鱼给平分了。

这时有个朋友想起，在遥远的过去，大家庭也是平分着吃。为何现在拿了这么多武器，最终却还是平分着吃？

（庄朝晖）

➡ [书外人语] 如果把故事中的鱼换成地球上的各种资源，我们就笑不出来了：那些拿不出大炮的人岂不是就没有鱼吃?

贫穷的外套

农夫回家时，发现屋里有一个衣不蔽体的陌生人。“嘿，”他大声喊，“这是我的家，你赶紧离开！”“尊敬的先生，”陌生人回答，“从今天起，这儿也是我的家了，您怎么可以不我赶走呢？”农夫奇怪地问:“我以前怎么没有见过你，你到底是谁？”

“我是‘贫穷’啊！您最近是不是总觉得入不敷出、捉襟见肘？昨天为了买那顶新帽子，您不是还卖掉了一把斧头吗？这就说明我要在这儿住上一段时间了。”

听说贫穷要住下来，农夫很苦恼:“这家伙赤身裸体，亲戚和邻居们一看就知道贫穷住在我家里，这可太丢人了。我得想个法儿把这个混蛋打发走。”但他绞尽脑汁也想不出一个好主意。最后，他决定给贫穷做一件外套，他想:“如果我把他装扮起来，或许能瞒过周围的人。”

于是，农夫量好贫穷的尺寸，拿到镇上的裁缝店去，让师傅按这个尺寸做一件华丽的外套。为了买衣料和付手工费，农夫不得不卖掉家里所有值钱的东西，但他咬咬牙，心想:“花多少钱也比被别人笑话强。”

新衣服终于做好了，农夫迫不及待地让贫穷穿上。“实在对不起，”贫穷微笑着说，“这衣服不合身，我穿不进去。”“这个骗人的裁缝！”农夫气急败坏地说，“我付了那么多钱，他竟敢把衣服做小了。”

“不要责怪裁缝，这不是他的错。”贫穷解释说，“当你花钱来掩饰我的时候，我变得更大了。”

（王 悦 编译）

➡［书外人语］“贫穷”确实是个让人讨厌的客人，你要是想方设法去掩饰，他反而会变成主人赖在你这儿不走。要想赶走他，唯一的办法是努力工作，把“富裕”迎接回来。

老谋深算 09

呆若木鸡

一日读《庄子》，读到一则小故事，赫然发现里面也有一句成语，等到把故事读完，这才惊觉我们平日可能把成语都用错了。

这个故事教人怎么养鸡。有一位纪先生替齐王养鸡，这些鸡不是普通的老母鸡，而是要训练好去参加比赛的斗鸡。

纪先生才养了10天，齐王就不耐烦地问:“养好了没有?”

纪先生答道:“还没好，现在这些鸡还很骄傲，自大得不得了。”

过了10天，齐王又来问，纪先生回答说:“还不行，它们一听到声音，一看到人影晃动，就惊动起来。”

又过了10天，齐王又来了，当然还是关心他的斗鸡，纪先生说:“不成，还是目光犀利，盛气凌人。”

10天后，齐王已经不抱希望来看他的斗鸡。没料到纪先生这回却说:“差不多可以了，鸡虽然有时候会啼叫，可是不会惊慌了，看上却好像木头做的鸡，精神上完全准备好了。其他鸡都不敢来挑战，只有落荒而逃。”

这便是“呆若木鸡”的出处。

原来，呆若木鸡不是真呆，只是看着呆，其实可以斗，可以应战，可以吓退群鸡。

活蹦乱跳、骄态毕露的鸡，不是最厉害的。

目光凝聚、纹丝不动、貌似木头的鸡，才是武林高手，根本不必出招，就令敌人望风而逃。

木鸡不易得，养鸡人知道。武林高手难求，行走江湖的人也知道。“望之似木鸡”，这是斗鸡追求的境界。不是骄气，不是盛气，最终是一分呆气。

（黄明坚）

➡［书外人语］ 外表的活泼、逞强、伶俐，都是好的，但是还不够，还需要不断地磨炼，把浮躁和妄动收敛起来，把力量凝聚于内，看似呆呆的、无啥稀奇，可是那些存心挑衅、争先恐后的斗鸡，碰到一动不动内蕴真气的木鸡，却根本不得近其身，对方还未出手，自己先就吓破胆了。

施氏与孟氏

鲁国姓施的一家有两个儿子，一个爱好学问，另一个爱好兵法。爱好学问的那个儿子以仁义的道理去游说齐国的国王，结果，齐王接纳了他，并让他担当众公子的老师。爱好兵法的那个儿子用兵法来游说楚王，楚王很高兴，遂任命他为军师。这两个儿子的俸禄使他们的家变得富有；这两个儿子的官位使他们的亲人感到荣耀。

施家的邻居姓孟，也有两个儿子，他们的专长跟施家一样，一个爱好学问，一个爱好兵法。孟家苦于贫穷，非常羡慕施家的富有，于是就前来施家请教致富之道。施家的两个儿子乃据实告诉他们。

后来，孟家的一个儿子到秦国，以仁义的道理游说秦王。秦王说:“当前诸侯争战激烈，最感迫切需要的不外是练兵与筹饷。倘若用仁义来治理我国，则是自取灭亡。”于是，秦王就对他施了宫刑，然后释放了他。

孟家的另一个儿子前往卫国，以兵法游说卫国的国君。卫王说:“我们是个很脆弱的国家，而且目前正夹在大国之间，对于大国，我们要服从它们；对于小国我们要安抚它们，这是我们求取平安的方法。倘若依靠兵力，那么我们很快就会亡国。如果让你全身而退，你再到别国游说，那对我国可能造成的祸害可就不轻啊!”卫王遂命人砍掉他的双脚，再放回鲁国。

孟家的两个儿子回到鲁国后，他们父子捶胸顿足地向施氏抱怨。

施氏说:“大凡能把握时机的就能昌盛，而断送时机的就会灭亡。你的儿子们

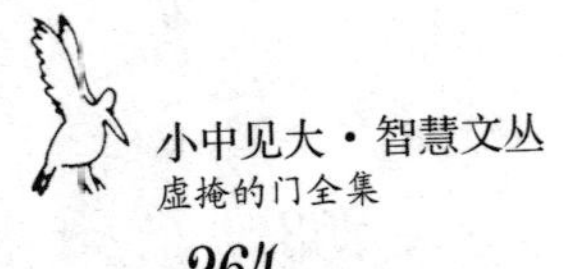

跟我的儿子们学问一样，但建立的功业却大不相同。原因是他们错过时机，而非他们在方法上有何错误。况且天下的道理并非永远是对的，天下的事情也非永远是错的。以前所用，今天或许就会被抛弃；今天被抛弃的，也许以后还会派上用场。这种用与不用，并无绝对的客观标准。一个人必须能够见机行事，懂得权变，因为处事并无固定法则，这些都取决于智慧。假如智慧不足，即使拥有孔丘那么渊博的学问，拥有姜尚那么精湛的战术，哪有不遭遇挫败的道理？”

孟家父子听完这番道理，顿时怒气全消，并说道：“我们懂这个道理了，请不必再说！”

➡［书外人语］一样的学问，有人因之成功，有人却因之招祸。运用的对象与时机不同，结果也迥然不同。想想当年同窗好友的不同际遇，是否也有同理之处？

武则天对付“小报告”

武则天在位时，不乏精明干练之举。

一次，大臣张德家生子添丁，私自宰羊祝贺。宴请的客人有位叫杜肃的大臣，他见有机可乘，就偷偷藏起一块羊肉，打报告呈送给皇帝，以邀功请赏。

翌日上朝，武则天叫着张德问：“闻卿生男，何从得肉？”张德叩头请罪。

武则天说：“朕禁屠宰，吉凶不预（即红白喜事除外）。卿自今召客，亦须择人。”随即把杜肃的报告给张过目。

于是，这个以贺客面貌出现，吃了主人羊肉还偷肉作证，告主人宰羊阴状的杜先生十分尴尬，“肃大惭”。

➡［书外人语］搬弄是非、爱打小报告的小人无处不在，这种人不但同事讨厌，大多数领导也烦他们，刘备遗嘱中就要儿子“亲贤臣，远小人”，喜爱这种人物的领导也好不了。

范蠡的儿子

春秋时的范蠡被奉为中国商人的始祖，后人尊称其为陶朱公。他曾辅佐越王勾践打败吴国，随后功成身退，移居别地经商，以他的聪明才智，很快便富甲一方。

后来，他的次子因杀人获罪而被囚在楚国，陶朱公计划用金钱保全儿子的性命，就准备让小儿子去办这件事。

大儿子听说后，坚决要求自己前往楚国解救弟弟，说："我身为长子，现在二弟有难，父亲不派我去而让小弟弟去，这不明摆着说我不孝顺和不可靠吗？"倔劲上来，竟以死相要挟。

总不能说那边还没救出来，这里先死掉一个吧。陶朱公无奈，就派长子去办这事，写了封信让他带给以前的朋友庄生，并说："一到楚国，你就把信和钱交给庄生，一切听从他安排，不管他如何处理此事。"

长子抵楚，发现庄生家徒四壁，院内杂草丛生，一点也不像个达官显贵的样子。虽说按父亲的嘱托把信及钱交给了庄生，但心中并不以为此人可以救出弟弟。

庄生收下钱和信，告诉长子："你可以赶快离开了，即使你弟弟出来了，也不要问其中原委。"但长子由于心存疑虑，故并未离开，又接而去贿赂其他权贵。其实庄生虽贫困，但非常廉直，楚国上下都非常敬重他，他的话在楚王那里也很有分量。

庄生求见楚王，说近来某星宿来犯，于国不利，只有广施恩德才能消弭灾祸。楚王于是决定大赦。长子听说要大赦，觉得弟弟一定会出来，送给庄生那么多钱财不就如同白花一样吗？于是又去找庄生把送去的钱要了回来，心中还洋洋得意，以为又省了钱又办了事。

庄生觉得被一个小子欺骗，很是恼怒，又去见楚王说："听说陶朱公的儿子在我国犯罪被囚，现在人们议论说大赦是因为陶朱公拿钱财贿赂大臣的缘故，这于您的名声不利啊。"几句话说完，楚王就决定先杀了陶朱公的儿子再实行大赦。结果，长子只好捧着弟弟的尸骨回家。

长子回家后，陶朱公悲极而笑曰："我早就知道他一定会害死他弟弟的。他并非不爱他弟弟，只是他少时与我一起谋生创业，知道钱财来之不易而吝惜钱财。而小儿子从小就生长在富贵之家，挥金如土，以前我之所以要派小儿子去办这事，就是因为他舍得花钱。"

➡[书外人语] 知人善任，智者之行也。

绝缨宴

楚庄王一次平定叛乱后大宴群臣，宠姬妃嫔也统统出席助兴。席间丝竹声响，轻歌曼舞，美酒佳馔，觥筹交错，直到黄昏仍未尽兴。楚王乃命点烛夜宴，还特别叫最宠爱的两位美人许姬和麦姬轮流向文臣武将们敬酒。

忽然一阵疾风吹过，宴席上的蜡烛都熄灭了。这时席上一位官员斗胆拉住了许姬的手，拉扯中，许姬撕断衣袖得以挣脱，并且扯下了那人帽子上的缨带。许姬回到楚庄王面前告状，让楚王点亮蜡烛后查看众人的帽缨，以便找出刚才无礼之人。

楚庄王听完许姬的话，却传命先不要点燃蜡烛，而是大声说："寡人今日设宴，与诸位务要尽欢而散。现请诸位都去掉帽缨，以更加尽兴饮酒。"

听楚庄王这样说，大家都把帽缨取了下来，这才点上蜡烛，君臣尽兴而散。

席散回宫，许姬怪楚庄王不给他出气。楚庄王说："此次君臣宴饮，旨在狂欢尽兴，融洽君臣关系。酒后失态乃人之常情，若要究其责任，加以责罚，岂不大

煞风景?”

许姬这才明白楚庄王的用意。这就是历史上有名的“绝缨宴”。

七年后，楚庄王伐郑。一名战将主动率部下先行开路。这员战将所到之处拼力死战，大败敌军，直杀到郑国国都之前。

战后楚庄王论功行赏，才知这员战将叫唐狡。唐狡表示不要赏赐，坦承七年前宴会上无礼之人就是自己，今日此举全为报七年前不究之恩。

楚王大为感叹，便把许姬赐给了他。

➡[书外人语] 种瓜得瓜，种豆得豆，多施恩，少结怨，善恶总有回报。

美人无鼻

战国时楚王非常宠爱一位叫郑袖的美女，郑袖不但漂亮，也非常工于心计。

不久，楚王又新得到一位美女，喜新厌旧，把郑袖冷落到了一旁。新来的美女集万千宠爱于一身，好不风光。郑袖心中妒火中烧，暗暗筹定计策。

郑袖故意与新美人套近乎，告诉她一些楚王的习惯等，新美人对郑袖心生感激，二人关系还不错。某一天，郑袖悄悄告诉美女，楚王有时心情不好，但这时他会很喜欢看女人掩鼻遮口羞涩的样子。美女信以为真。

却不料郑袖回头却告诉楚王：新来的美人私下说，王有臭气，见面时都得掩着鼻子才行。

楚王一看，果然如此，怒不可遏，遂令人割掉美女的鼻子，赶出宫去。郑袖自然又夺回了楚王的宠爱。

➡[书外人语] 新来的美女身为女人，却不能了解女人的心思，天真地去采纳“情敌”的意见，岂有善果。

诸葛亮与魏延

诸葛亮在中国是个家喻户晓的人物，也是智慧的象征，他神机妙算，料事如神，其故事在民间流传甚广。我们这里只选取其一个用人的小故事。

当时三足鼎立，蜀国的力量较为弱小，诸葛亮苦撑危局，自然注重网罗人才。蜀中名将除关张赵马黄外，还有一位就是魏延，诸葛亮在对魏延的使用上可谓煞费苦心。

魏延也算是能够骁勇善战，屡建功勋，但此人头后有“反骨”，不够忠诚，诸葛亮料定他日后定会谋反。但国家正值用人之际，此人不可不用，尤其在关张赵马黄等人凋零之后，况且你如不用，就有可能为敌所有。诸葛亮一边用他，一边又防范着他。

待到了五丈原，诸葛亮操劳过度，病危之际，密令魏延断后。当夜魏延忽做一梦，梦见自己头上长出二角，便问一个深明易理的人是凶是吉。那人说这是大吉之兆，苍龙头上有角，麒麟头上有角，这是变化升腾之意。魏延大喜而去。解梦人却对尚书费讳说：此实乃大凶，角的形状乃是刀，头上加刀应有不测。但如实言相告，他心胸狭窄，定会见怪。几人一合计，决定赶快采取应变措施。

果不其然，魏延真就起兵反叛，还是诸葛亮早有安排，并留下锦囊妙计，才有马岱砍下魏延首级之举。

知道其有谋反之心，还要用之，直如走钢丝一般。诸葛亮成竹在胸：自己在世，其有惧怕之心，还不敢公然造反，不用可惜；在其未反之前杀之，又让将士们寒心。只有在其身边埋下伏兵，待其反时一举杀之。

➡ ［书外人语］ 一般而言，用人不疑，疑人不用。但在特定情势下，如何变通以取得最佳之效，实乃大智慧。

宋人的秘方

古时宋国有一族人善于制造一种药，这种药冬天擦在皮肤上，可使皮肤不会干裂，不生冻疮。这一族人靠这个秘方，世世代代做缥染布絮的生意，日子倒也过得充足殷实。

后来有个来买布的商人知道了此事，就出重金买下了这个秘方。

当时吴越两国是世仇，不断交兵打仗。这个商人便将这个秘方献给吴王，并说明在军事上的用途。吴王得此秘方大喜，便在冬天发动水战。吴军士兵涂了药粉，不生冻疮，战斗力极强，而越国士兵仓促应战，加上大部分都患了冻疮，苦不堪言，大败而归。

吴王重赏进献秘方的商人一块土地，这个商人从此大富大贵，也不用再去贩卖布匹了。

➡［书外人语］ 中国人发明了火药去做爆竹，西方人学去造枪造炮，也是这个道理。同一样东西，在不同人手里就能有不同的用途。

烤肉上的头发

晋文公很喜欢吃烤肉，专为他烤肉的厨师自然也很得他喜爱，待遇优厚。

一天，晋文公吃烤肉时，竟然发现肉上有一根头发。晋文公大怒，召来厨

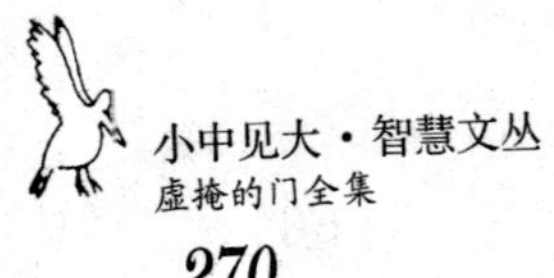

师，欲治其罪。

厨师连连磕头，说自己犯了三条大罪。

晋文公觉得奇怪，问他怎么会有三条罪呢?

厨师说：一是他把刀磨得飞快，却没能切断这根头发；二是他仔细小心地把肉串到签子上，大睁着眼睛却没有看到头发；三是炉火那么旺，肉烤熟了却没烧掉头发。

晋文公于是问他：厨房中谁有可能替代他的位置呢?

厨师说出了一个人。晋文公命人把他带来审问。果然是这个人所为，意在激怒主人，治罪厨师，自己取而代之。

➡［书外人语］事有蹊跷，就要察明谁有可能从突发事件中得利，不要匆忙地按人家的计划行事。

二桃除三士

春秋时期，齐国有公孙无忌、田开疆、古治子三名勇士，皆万人敌，立下许多功劳。但这三个勇士自恃功劳过人，非常傲慢狂妄，别说一般大臣，就是国君也敢顶撞。

当时晏婴在齐国为相，对这三位很是担心。因为他们勇武过人，但又没什么头脑，对国君也不够忠诚，万一受人利用教唆，则必成大患。晏婴便与齐景公商议，要设计除掉这三人。

一日鲁昭公来访，齐景公设宴招待，晏婴献上一盘新摘的鲜美的大桃子。宴毕，还剩下两只桃子，齐景公决定将两只桃子赏给臣子，谁功劳大就给谁。当然，这就是晏婴的计谋。

若论功劳，自然是三勇士最大，但桃子只有两个，怎么办?三人各摆功劳，互不相让，都要争这份荣誉，其中两人先动起手来，一人失手杀死另一人后，自觉对不住朋友，自杀而亡，剩下的一位见闹成这个样子，三人为了两只桃子而死去两个，不愿独活，也自杀当场。

这样，齐景公就去掉了心头大患。这就是历史上有名的“二桃杀三士”的故事。

➡［书外人语］ 名与利皆身外之物，可天下人熙熙攘攘，皆为此二字而来，甚至为之丢掉性命。生不带来死不带去的东西，看开一点何妨?

名医疗法

叶天士是明末清初名医。一天，一病人双目红肿，泪流不止，神情忧虑，前来就医。叶天士详诊细察，询问了发病经过后，说:“依我看，你这眼病只需几帖药便能治好，但眼病医好七天后，你的两只脚心会长出恶疮，那倒是关乎性命的。”

病人大惊，恳求治疗。叶天士告诉他:“唯有一法，你当按法而行，即每天睡前和晨起后，用手搓两脚心各360次，一次不少，如此坚持，方能渡过难关。”病人对大名医叶天士的话深信不疑，便诚心诚意地依法而行。

七天过去了，果然，眼睛好了，脚心也没长出恶疮，精神也显得很清爽。

病人去向叶天士求教道谢。叶天士笑着告诉他:“你的眼病其实是忧虑所至。用些药，你不去想它自然会好。但你这人心事较重，且眼睛疼痛不由你不想。我说要长危乎性命的恶疮，你自然就不去注意眼睛了，揉搓脚心只不过是降火定神、补肾强身。这样注意力转移了，心痛一去，眼病也就好了。”

➡［书外人语］ 治疗肉体之病要用精神疗法来配合，治疗心病更要用精神疗法。把注意力放到令人愉悦的事情上总比放在令人烦恼的事上要好吧。

皇上的补丁

清朝道光皇帝崇尚节俭。有一次，他裤子膝盖那儿破了，他不愿去做新的，光补一边比较难看，就在裤腿上各补了两个月亮型的补丁。在内务府的报销奏单上，这两补丁花销白银50两。

上行下效，皇帝如此，臣子们也争做节俭状。一次，时任大学士的苏州状元潘世恩上朝时也穿了条有两个月亮型补丁的裤子。道光皇帝看见了很高兴，就问他这两补丁花了多少钱。

潘大学士自然是个聪明人，明白这一问不能随便回答，说少了就会开罪内务府的人，为自己种下祸苗。于是尽他的胆子夸大说：费了20两银子。

道光一听，又惊又怒：为什么这么便宜，我这两补丁费了50两，这帮子奴才全在蒙我。

➡［书外人语］ 皇帝自然是最好蒙的，那些成天坐在办公室、会议桌旁的老板、领导也差不多。

齐王好紫衣楚王好细腰

齐景公喜欢穿紫色王袍，于是全国的人都穿紫衣，弄得紫布紫绢大涨价。楚王喜欢细腰女子，于是全国的女子都用不吃饭的办法减肥。

街头小儿唱儿歌："人人穿紫衣，穿上就神气；升官又发财，不用再费力！楚王好细腰，细腰多苗条；三年不吃饭，饿成水蛇腰!"

齐景公问矮小而机智的晏子："爱卿，我听孔老夫子对他的学生说：'君子和而不同，小人同而不和。'这是什么意思?"

晏子说："主公，所谓'和'者，君甘而臣酸，君淡而臣咸。"

君主如果是甜的，那么，大臣就应该是酸的；君主如果是淡的，那么大臣就应该是咸的。只有这样，才能形成高能的领导集团结构。如果君主甜，大臣也甜，那就甜得腻人，甜得不好吃了。满朝文武一个味，这个领导集团就没有生气，这个国家就没有创造力，没有凝聚力和战斗力。而且使得世风懒惰，投机取巧，即使有周公制典，尚父领兵，也不能多大作为。

齐景公说："我明白了！天下一色，反而失色。先太史史伯说过：红黄蓝白黑，五种颜色和谐配搭，就很好看。那么什么是'同'呢?"

晏子说："单调的颜使人疲倦，单调的声音使人烦躁，单调的味道使人反胃。这就是'同'的不足。史伯是先太史，他看到先朝'去和而取同'，搞一言堂、一刀切、一锅煮，不准有不同意见、不同风格、不同流派存在，从而预言朝政一定会衰落，果然被他言中了。"

齐景公："寡人治国，有没有这样的危险呢?"晏子："主公，现在我们齐人不论男女老少，听说主公爱穿紫衣，所以人人穿紫衣，以致全国一片紫色，民趋其利，士求其好，物价腾飞，产业单一，于时无补，与国不利，臣每日面对这一片紫色，窃以为如居累卵!”

齐景公:“卿言极是。寡人不察，该如何补过呢?”

晏子:“先王时代，管子说:‘千里之路，不可以扶以绳；万家之都，不可以平以准。’就是说不要搞千篇一律，千人一面，而应该是‘乡有俗，国有法，饮食不同味，衣服异彩’。他的本义，就是君甘臣酸。”

齐景公悟到晏子之意，于是脱下紫衣，经常换穿不同颜色的衣服，全国的紫衣风便自然化解，国人着衣千姿百态，一派生机。

（雷桢孝）

➡［书外人语］上有好者，下必甚焉。有些人会极力投领导所好，关键是领导心中要有数，衣着色彩事小，精神色彩事大。

孔子与仲由

仲由至贾市闲游，见一买者与卖者争吵不休。卖者道:“我一尺鲁缟价三钱，你要八尺，共二十四钱，少一个子也不卖!”买者争辩道:“明明是三八二十三，你多要钱是何道理?”仲由正直，笑对买者说:“三八二十四才对。你错了。”买者不服，争执不下，便要打赌。仲由性烈，当场以新买的头盔为赌注。买者也火气正旺，愿以脑袋做赌注。二人击掌为誓，均找孔子评理。孔子听了原委，笑对仲由曰:“子路，你错了，快把头盔输给人家吧。”仲由一时气恼，愤然辞别师父，回家省亲。临行，孔子嘱曰:“你此次探亲，当记两句话：古树莫存身，杀人莫动刃。”仲由应诺，毅然回了卞国。

仲由行在途中，忽遇雷雨，漫野荒凉，无避雨之所，唯见道旁立一古树，树洞硕大，足可栖身。仲由正欲避雨洞中，突忆师嘱：古树莫存身。便抽身离开古树。行不多远，一道闪电，随即“咔”的一声，古树被雷击断。仲由幸免于难，

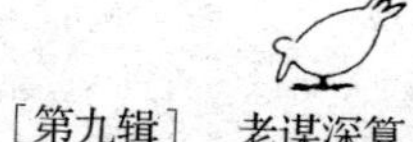

深谢老师不已。

寅夜时分，仲由方抵家中。他暗自思忖，我离家日久，妻子贞否？不如轻启门户，窥探一番。于是他跃入院墙，用刀尖拨开门闩，轻步床前，暗里一摸，竟有两个人头合枕而睡。仲由顿时怒从胆生，举刀欲砍，又忆起师嘱：杀人勿动刃。便放下刀刃，点灯一照，原来是妻、妹合床而眠。仲由吓了一身冷汗，多亏师父明鉴，才没有误杀亲人。

仲由在家只住一日，便回鲁城谢过师父指点之恩。他又大惑不解地问："老师，明明是三八二十四，您为何说二十三呢？"孔子笑曰："子路，你输了，头盔可以买到，若买缟人输了呢？"

（宋永记）

➡［书外人语］ 孔老夫子对得意门徒的耳提面命之语，足让人深思：心有仁念，不跟人做意气之争；观察生活中的细节，可安身立命；凡事三思而后行，莫鲁莽行事。

仁义胡同

古时某人在朝为官，一日忽接到老家书信。拆开一看，方知家中与邻人发生争执，起因是隔开两家院子的墙塌了，重新砌墙时都为多占些地皮而寸土不让。家人遂捎书来请他出面说话，以让邻人退缩。

不久，官员的家人收到了盼望已久的回信，里边却只有一首打油诗：

千里捎书为打墙，

让他三尺又何妨。

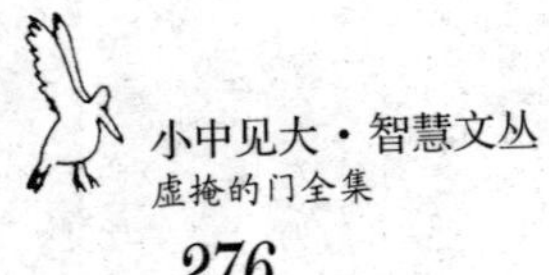

万里长城今尚在，

不见当年秦始皇。家人乃明白了其中的道理，主动往后退让三尺，邻人也不甘落后，也往后退让三尺，于是中间出现了一条六尺宽的胡同，可供村民行走。村人于是将胡同命名为“仁义胡同”。

➡［书外人语］多吃多占，贪得无厌，不惜为一些蝇头小利而争斗，全然无半分仁义之心。其实除却一些精神品德可以传之后世外，又还有哪些东西经受得住时间的考验呢?

谁的医术最高明

魏文侯向扁鹊提问说:“你们兄弟三人，谁的医术最为高明呢?”

扁鹊回答说:“我的大哥目光犀利，一眼就可以看出得病的征兆，可以在疾病尚未形成之前就先把它治愈，所以他的名声并没有外传，只有我们自家人知道。二哥为人治病，可以把刚刚开始发作的小毛病治好，所以他的名声也只在家乡流传，没有传播到太远的地方。像我这样的医生，一直要等到病毒已侵入了血脉的时候才能诊断得出，所以要使用虎狼之药，切换肌肤地大动干戈，结果反而声名远播了。”

魏文侯听了，钦佩地说:“你的见解可真是高明啊!”

➡［书外人语］现实生活中也是这样，我们往往敬重那些解决问题的高手，忽略了那些能预见到隐患并将之消弭于无形，即能解决“看不见的问题”的真正高手。

管仲辨奸佞

管仲病危时，齐桓公去看望他，向他请教："您生病了，有什么话嘱咐我吗？"

管仲回答说："我希望主公您能够远离易牙、竖刁、常之巫、卫公子启方这一伙人。"

齐桓公不解地问："易牙煮了自己儿子的肉来孝敬我，说明他爱我胜过爱他的儿子，难道还要怀疑他吗？"

管仲说："人之常情，做父母的没有不疼爱自己儿子的，易牙对自己的儿子都这么残忍，对国君又怎么能好呢？"

齐桓公又问："竖刁不惜阉割自己来侍奉我，说明他爱我胜过爱自己的身体，难道还要怀疑他吗？"

管仲说："人之常情，没有不爱惜自己身体的，竖刁连自己的身体都不爱惜，对国君又怎么能好呢？"

齐桓公又问："常之巫能够占卜人的生死，为我治病，难道还不能信任他吗？"

管仲说："生死有命，富贵在天，大王不相信天命固守本分，而依靠常之巫，他将借此来胡作非为。"

齐桓公又问："卫公子启方侍候我都15年了，他父亲去世的时候都没有回去奔丧，这样的人难道还不能信任吗？"

管仲说："人之常情，没有不爱自己的父亲的，卫公子对待自己的父亲尚且如此无情，对国君又怎么能好呢？"

齐桓公最后说："好，我就照你的意思去办。"管仲去世后，齐桓公就把这四个人全都赶走了。

➡[书外人语] 违背常理行事之人，多有非常之图。

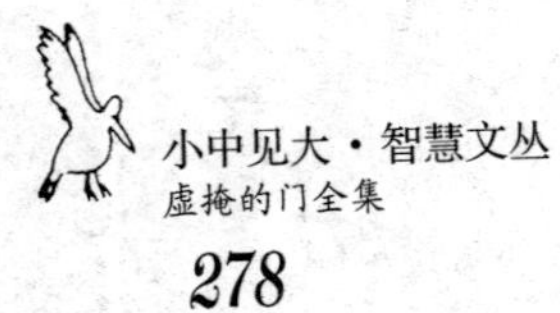

功成身退

范蠡协助越王勾践打败吴王夫差之后，功成身退，离开了越国。他在齐国给大夫文种寄来一封信，说:“当天上飞鸟已经被猎杀干净的时候，再好的弓箭也要收回匣中了；狡猾的兔子被捉住后，帮助猎人捉兔子的猎犬只能被人煮来吃掉。越王勾践这个人长得脖子长而嘴尖，他是那种只能一起经受苦难、不能一起分享成功的人，你怎么还不离开他呢!”

文种读了他的来信之后，就谎称生病不再上朝了。后来有人向勾践进谗言，诬告说文种准备谋反，越王于是赐给文种一把宝剑，说:“你曾说要教给我七种攻打吴国的方法，我只用了其中三种就打败了吴国，还有四种在你那里没有使用过，现在请你替我到已死的先王们那里去试试这些谋略吧!”

接到越王赐死的命令，文种只得无奈地自杀了。

➡［书外人语］ 可以共患难的人很多，因为形势危急时大家只有齐心协力才能渡过难关；可是能够同甘甜的人少，因为此时此刻要牵扯到利益分配，患得患失、猜忌、居功等各种心态都会表现出来。

离间计

公元前204年，刘邦被项羽困守在荥阳（今属河南）城内，危在旦夕。谋士陈平说:“项王为人好猜忌，信谗言，何不施离间计。”刘邦便拨给陈平一批黄金，

令其实施。陈平买通楚军的一些将领，散布谣言说："钟离昧等人功劳这么大，但却不能裂土称王。他们已经和汉王约定，共同除去项羽、分占项羽的国土。"项羽果然不再信任钟离昧等人。

一天，项羽派使者到荥阳，陈平让侍者端着精致的餐具走进使者的房间，侍者刚一进屋，便故作惊讶地说："我们以为是亚父(即范增)派来的人呢，原来是项王的使者。"又把这些餐具端了出去，然后，送上十分粗劣的餐具和食物。使者很生气，回去后把情况报告给项羽。项羽对范增也起了疑心，范增向项羽建议应该急攻荥阳，项羽拒不听从。几天后，范增得知项羽已经怀疑自己，便对项羽说："天下大事已经定了，君王好自为之，请放我这具枯骨回家吧。"遂告别项羽，在回家的途中，病死在彭城(今江苏徐州)。范增一去，项羽的败局就基本已经确定了。

➡[书外人语] 楚汉相争，刘邦能以弱胜强，开辟汉家江山基业，项羽以盖世之勇，却落个四面楚歌、乌江自刎的下场，有很多原因，其中，如何使用人才无疑是非常重要的一个因素。

远　见

北宋初年，奉命出使南唐的使者卢多逊完成使命，返回途中对南唐国主说："朝廷重新编修天下图经，史馆只缺少江东诸州，想求一本带回朝廷。"南唐国主当即派人抄好送给卢多逊，于是江东十九州的地理形势、屯兵地点、户口多少等，全都了如指掌，这对北宋朝廷征讨南唐大有帮助。

宋神宗熙宁年间，高丽遣使入贡，凡所经过的郡县，都要索取地图，每到一地，官员们都为其绘制相送。到了扬州，使者又提出同样的请求，当时陈秀公担任扬州太守，立刻将使者以前所得到的地图全部付之一炬，并上报朝廷。

明宪宗成化十六年，朝鲜国请求改变入贡路线。由于朝鲜人的贿赂，许多人表示同意，只有刘大夏坚持不同意见，他说:":"朝鲜原来是从鸦鹘关到辽阳，又经广宁，过前屯，然后进入山海关，途中迂回经过三四个大镇，这是祖宗有意安排的。如果现在改为经鸭绿江后直达前屯和山海关的通途大道，恐怕会给日后带来忧虑。"故终不许。

➡[书外人语] 古人所谓的"深谋远虑""老成谋国"，可能说的就是这样事例吧。

最佳状态

鲁国木匠梓庆削木做成悬挂钟鼓的架子两侧的柱子，看见的人都惊叹不已，以为是鬼斧神工。鲁侯召见梓庆，问他其中的奥秘。梓庆对鲁侯说:"我准备做这个的时候，不敢损耗自己丝毫的力气，而要用心去斋戒。斋戒的目的就是为了'静心'。

"斋戒到第三天，我就可以忘记'庆赏爵禄'了。

"斋戒到第五天，我就可以忘记'非誉巧拙'了。大家说我做得好也罢，做得不好也罢，我都已经不在乎了，也就是彻底忘记名声了。

"到第七天，达到忘我之境，我就可以忘记是在为朝廷做事了。为朝廷做事往往心有惴惴，有杂念事就做不好了。

"这时，我就要进山了，静下心来，寻找我要的木材，观察树木的质地，看到形态合适的，仿佛一个成型的作品就在眼前。我就把这最合适的木材砍回来，顺手一加工，就成为现在的样子了。"

木匠斋戒七天，其实是穿越了三个阶段：忘记利益，不再想着用自己的事情去博取世间的大利；忘记荣誉，不再想着大家的是非毁誉对自己有多么重要；忘

记自己，只有达到忘我之境才可以做得更好。 （于 丹）

➡［书外人语］ 做事情的时候要专注于事情本身，把名利、杂念等都放在一旁，这样才会有好的结果。

坚守则刚

古代有一个官吏想排挤他的同僚，向老谋深算的师爷问计。师爷问:“其人最近的言行举止如何？”

“他工作辛苦，但表情轻松；他生活清苦，但操守廉洁；他处境孤单，但不求闻达。”师爷摇头说:“毫无办法，你现在打不倒他。还得忍耐一下，以后再说吧。”

三年以后，蓄意发动攻势的一方又来找师爷商量。师爷又问对方的言行举止。回答是:“对方工作辛苦，但表情烦躁；操守廉洁，但言谈偏激；不求闻达，只饮酒博弈。”

“情况大有进展，露出一线希望。不过，你想除掉他，目前还言之过早。”师爷说。

又过了三年，旧话重提。那个被算计的人此时的景况是:“表情倔强，言语沉默，纵酒享乐。”师爷说:“是时候了！他已经觉得不耐烦，他开始感觉不值得，他有了绝望和自暴自弃的心情。他必然焦躁易怒，甘居末流。你的机会来了。”

“我应该怎么办？”

“第一，设法刺激他，常常给他一些小小的瓜葛，他会受到别人看不出来的伤害。第二，利用各种机会告诉你的同事、长官，说他是个多疑善妒的人，使他没有对象可以诉苦。第三，与他发生较大的争执，使他崩溃。”

“然后呢？”

“然后你就成功了。不过，你要永远记住你是怎么成功的。一个人什么时候觉得不耐烦、不值得，他的前途已到终点，他已难以适应自己赖以生存的环境。”

这人依计而行，果然奏效。为了记取这一战役的宝贵经验，他写了几句话放在案头：任劳不任怨，无功；任怨不任劳，无用。（王鼎均）

➡［书外人语］多么阴险可怕的算计！其实，这样可怕的敌人是很少见的，我们最大的敌人正是我们自己：是长期坚持后的懈怠，是对名利的计较和抱怨，是对自己要求的放松。要想让自己立于不败之地，唯一的办法就是坚守那些宝贵的品质。

班超治西域

班超久在西域，上疏希望能够在有生之年活着进入玉门关。皇帝体恤班超年迈，便下令戊己校尉任尚替代班超的职务。

任尚对班超说：“您在西域已经三十多年了，如今由我接任您的职务，责任重大，而我的才智有限，请您赐教。”

班超说：“塞外的官吏士卒，本来就不是守法的良民，都因为犯罪才被流放到边境戍守，而蛮人心如禽兽，难以驯服，容易发生变故。您的个性比较严厉急切，要知道水太清就养不了鱼，政事过于明察就不能令下属心服。我建议您稍微放松一些，力求简易，不必去追究什么小过失，凡事只要把握住大体原则就可以了。”

班超离去后，任尚私下对亲近的人说：“我还以为班超有什么奇特的计谋，原来他说的都是一些平常的话。”任尚留守数年后，西域真的反叛了，正如班超所言。

➡［书外人语］至理名言往往都是极朴素平常的话，很容易被人忽略。

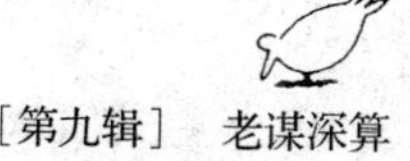

眼　力

有一次，苏轼与关系还不错的谢景温一起在郊外散步，忽然有一只受伤的小鸟从树上掉了下来，谢景温抬脚就把这只小鸟踢到一旁。苏轼看到这个漫不经心的动作，心里凉了半截，他想，这一定是个轻贱生命、损人利己之徒，不可深交。谢景温的妹妹是王安石的弟媳，所以谢景温受到王安石的重用，王安石提拔他任侍御史知杂事一职。后来，他见苏轼与王安石不和，为讨好王安石，便诬陷苏轼运售私盐，企图将苏轼治罪。

早年，有个和苏轼过从甚密的人叫章惇，两个人几乎无话不谈。章惇任商周令的时候，苏轼任凤翔府节度判官。一天，两人在山中游玩，游到仙游潭的时候，前面是悬崖峭壁，只有一座独木桥相通，桥下是万丈深渊。章惇提出让苏轼过桥，在绝壁上留下墨迹，苏轼不敢。章惇神色平静地轻松走过独木桥，把绳子系在树山，像玩杂技似的在陡峭的石壁上写了“苏轼章某来此”几个字。苏轼不由抚着他的背长叹道:“能自拼命者能杀人也！”章惇大笑。苏轼认为，人如果不珍惜自己的生命，他也不会珍惜别人的生命。后来章惇当上宰相，大权在握，惩治政敌毫不手软，他甚至提出掘开司马光的坟墓，暴骨鞭尸；又因与苏轼政见不合，对苏轼也大下辣手，把苏轼贬到偏远的惠州。苏轼在惠州以苦为乐，写诗曰:“为报诗人春睡足，道人轻打五更钟。”诗传到京城，章惇睡不着觉了，他嫉妒苏轼在逆境中也能这么逍遥，就再贬他到更远的儋州（今海南）。据说在宋朝，放逐海南是仅比满门抄斩罪轻一等的处罚，由此可见章惇之狠。

1085年，苏轼在登州做官的时候，有一个主簿，每次报告事情都特别啰唆，苏轼很厌烦他。有一次，主簿又来禀报，苏轼就敷衍他道:“晚上来吧。”到了晚上，主簿单独来了，苏轼勉强出来见他。苏轼正在看杜甫的诗，就故意问道：“‘江湖多白鸟，天地有青蝇’，这个‘白鸟’指什么？是指鸥鹭一类的鸟吗？”主簿马上答道："白鸟，并非指鸥鹭，而是指蚊蚋之类的虫儿，以此暗喻吸人血的赃官。如今世界，君子太少，小人太多啊！"苏轼本来想用"白鸟"来嘲讽主簿说话像蚊蚋那样嗡嗡不止，让人厌烦，哪知主簿不但很有学问，而且他很正直。从此，苏轼对他另眼相看，特别厚待他。

苏轼以细节识人，大都无误，这是和他自身的言正身端分不开的。

（冯雁军）

➡[书外人语] 细微之处见精神。在许多不加掩饰的小事情上更能看到一个人的真实面目。

以拙制巧

五代十国末期，南唐朝廷上有三个姓徐的人，都因为博学多才而被宋朝人知晓，其中尤其以徐铉最为有名。恰巧南唐派徐铉出使宋朝，照例宋朝要派官员陪同。宋朝的大臣都因为辞令不及徐铉而害怕接受这个差事，宰相也找不到合适的人，于是只好请宋太祖决断。

宋太祖随意在殿前侍者中点了一个不识字的人，说:"就派他去。"大臣们非常惊讶，但也不敢提出异议，就让这个人去担任陪同官。一路上徐铉词锋如云，说得旁观众人瞠目结舌，而这个陪同官根本听不懂他在说什么，只好唯唯诺诺地敷衍着。徐铉不知道这个陪同官的虚实，想方设法地要与他说话，而陪同官自然就更不敢搭茬了。这样过了几天，两个人几乎没有什么来往，徐铉也就不再开口了。这叫以拙制巧。

➡[书外人语] 按照一般的思维方式，要对付一个善辩的人，就应该找一个比他更善辩的人，但宋太祖却反其道而行之让一个一字不识的人陪同以善辩著称的徐铉。善辩的高手一旦碰到一个不露半句言辞的人，反而会心生疑虑，认为陪伴自己的人一定是学识渊博、城府极深的。由于猜不透对方的心思与水准，徐铉也就不敢高谈阔论了。

卫青与狄青

汉武帝时期，大将军卫青领兵讨伐匈奴，前锋三千人被匈奴歼灭，领兵的两员大将，赵信投降匈奴，苏建逃了回来。有部下劝卫青杀了苏建以正军威，卫青却道：“我以诚待人，不患无威。而且虽然按照道理我可以杀了苏建，但我为人臣，不敢专权，应该将他交给陛下处置。”后来汉武帝果然赦了苏建不杀。卫青掌握兵权多年，上不疑下不忌，正是由于他的谨慎作风。

狄青为北宋第一名将，很得军心。士兵们领到钱粮，都要说:“这是狄爷爷赏赐的。”因此朝廷很是猜忌他，将他从枢密使外派为两镇节度使。狄青不服，宰相直接告诉他:“朝廷忌你！”狄青大惊，吓得倒退数步。他在担任两镇节度使期间，朝廷每半个月就派人去看他。而狄青每次听到朝廷派人来，都惊疑好几天，结果不到半年就病死了，死时才四十多岁。

卫青、狄青，同为名将而结局大为不同，其中大有深意。

➡［书外人语］ 军事是政治的延伸，军事家也要有政治头脑。

徐阶“冤杀”严世蕃

明朝严嵩失宠之后，朝中大臣联合起来弹劾这个奸相和他的儿子严世蕃，其主要罪状是杀了杨继盛、沈炼等忠臣，是一名奸臣。

内阁大学士徐阶看了这个奏章后问：你们是想严世蕃死还是想他活？那些大臣赶紧回答说：当然想他死。徐阶就点拨他们说：这奏章上不得，一上严氏父子就活了，你们反而要死。杀杨、沈等人虽然是严嵩父子的阴谋，但却是皇上同意了的，你们这不是明目张胆地指责皇上也错了吗？还有，严嵩父子要是奸臣的话，那重用了他们二十多年的皇上就成了什么人了？

众大臣当时叹服，徐阶就拿出另外一本自己准备好的奏章来，上面的罪状非常简单：严嵩父子辜负皇上对他们的恩德，竟敢图谋造反，而且与倭寇海贼有勾结。这奏章一上，皇帝立刻同意了，而严嵩父子也就彻底倒台，严世蕃被处死。

➧［书外人语］因投鼠忌器而不得不“诬陷”严世蕃这样的奸臣。在险恶的政治环境中，也必须有非常的政治谋略。

曾国藩家训

曾国藩的曾祖父曾制定治家信条八个字：“早、扫、考、室、书、蔬、猪、鱼。”其意思是：一要早起，二要打扫清洁，三要诚修祭扫，四要善待亲邻，其余四字就是：读书、种菜、饲鱼、养猪。

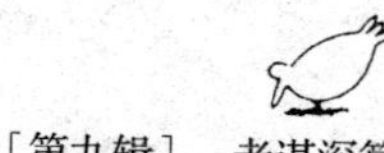

曾国藩幼承家训，信守不渝，并以此来教育自己的子女。及至他官居极品，位至爵相，仍然节俭自守，并严勉家人保持寒素家风。他在给长子曾纪泽的信中说:“勤俭自持，习劳习苦，可以处乐，可以处约，此君子也。余服官三十年，不敢稍染官宦气息，饮食起居，尚守寒素家风，极位可也，略丰亦可，大丰则我不敢也。凡仕宦之家，由俭入奢易，由奢返俭难。尔年尚幼，切不可贵爱奢华，不可习惯懒惰，不论大家小家，仕农工商，俭苦守约，未有不兴，骄奢倦怠，未有不败。”

他曾为家人制订一套勤俭课目，规定男子要“看、读、写、作”，女子要“绣、食、粗、细”，即织麻纺纱、烧茶煮饭、打扫房舍、缝制衣服等。他在南京总督府任内，其夫人和儿媳们，每天还坚持织麻纺纱。

➡ [书外人语] 这些年有句流行语说：做官要读曾国藩。关于曾国藩的书出版了很多，愿大家都能从中真正学到点什么。

胡林翼的苦心

清胡林翼担任湖北巡抚时，官文任总督。官文为最宠爱的三姨太过寿，向湖北官场遍发帖子。藩司等众官员以为是总督的夫人过生日，均前往祝贺。来到官府大门，得知实情乃是姨太太生日，众人皆怒，索回名帖，准备掉头回府。大家将走未走之时，却见胡林翼的大轿迤逦而来。胡林翼“昂然入贺”，大家以为胡林翼不知道内情，及问侍从，侍从说：大人知道是怎么回事。大家见巡抚犹屈尊入祝，自不必拘执小节，遂鱼贯而进。官文为妾求荣，伪言以欺人，几遭大辱，得胡林翼乃保全体面。胡林翼为三姨太赚足了脸面，官文对此感激不已。胡林翼还让三姨太拜自己母亲为义母。据说，此妾曾开导官文，说:“胡大哥才识胜你千万倍，凡事都服从其办理，决无贻误，自己落得享清闲。”官文遵命而行，湖北大治，而湘军之功遂也大成。

清彭玉麟、杨载福两人皆为水师名将，彼此都看对方不顺眼。胡林翼知道后，邀请两人来赴宴。宴席上，胡林翼哭泣说:“天下大乱，需要你们鼎力支持，你们却彼此内斗不息，如何能成中兴之功?”彭、杨二人大为感动，说:“是我们辜负了你！如果再有参差，上对不起皇上，下对不起你。”于是和好如初。曾国藩在祁门召鲍超回军，鲍超在半路上却要求借两千两银子安置家里，引得曾国藩大怒。胡林翼知道后，立刻寄上三千两银子，鲍超因此大为感动。曾国藩推荐沈葆桢，沈葆桢却久久不愿上任，曾国藩意欲怪罪，胡林翼于是写信给曾国藩说:“国事糜烂，全靠我们几个人互相扶持。我们不低头求人才，难道全靠自己吗?”他维持大局的苦心就是这样的啊！

➡[书外人语]　“曾左彭胡”四人被誉为“中兴四大名臣”，胡林翼“排名”最后，其实这是因为他去世得早的缘故，否则，英雄座次可能要重新排了。

动物寓言 10

狼与老太婆

一只狼出去找食物，找了半天都没有收获。偶然经过一户人家，听见房中孩子哭闹，接着传来一位老太婆的声音：“别哭啦。再不听话，就把你扔出去喂狼吃。”

狼一听此言，心中大喜，便蹲在不远的地方等起来。太阳落山了，也没见老太婆把孩子扔出来。

晚上，狼已经等得不耐烦了，转到房前想伺机而入，却又听老太婆说：“快睡吧，别怕，狼来了，咱们就把它杀死煮了吃。”

狼听了，吓得一溜烟跑回老窝。同伴问它收获如何，它说：“别提了，老太婆说话不算数，害得我饿了一天，不过幸好后来我跑得快。”

➡［书外人语］别人信口开河，你就信以为真，全然不知许多时候人家只是在拿你说事而已。自己一惊一乍，乱了阵脚，正常的工作、生活全因着别人的话而改变了。

羊和狐狸

一只羊被怀疑吃了两只鸡，在兽国法庭被审判，法官是聪明能干的狐狸。

羊自我辩护说：“那天我从早到晚都在睡觉，而且熟悉我的朋友们都可证明：我是个素食主义者，平生从来不吃各种肉食的。”

接着狐狸法官与同仁们经过合议，最后宣判道：

“我们认为，羊申辩的理由不足为据，因为隐瞒罪证向来是罪大恶极者的惯

月仗俩，况且羊与鸡如此近乎且鸡肉又是那么鲜美可口，所以凭我的良心来判断，羊是肯定不会放过鸡的。”

羊被判处死刑，立即执行。羊肉被法院没收，羊皮拿到市场上出售。

➡［书外人语］ 培根说：一次不公正裁判，其恶果甚至超过十次犯罪。因为犯罪是无视法律——好比污染了水流，而不公正的审判则毁坏法律——好比污染了水源。

狗和驴

主人家养着一条小狗和一头驴。每天当主人回来时，小狗总是飞快迎上去，又是摇尾巴又是亲热地叫唤，主人也总是高兴地抚摸小狗，小狗还伸出舌头温柔地舔舔主人的脸等等。

驴子看着这一切，心中很是不快，心想自己这么只知道埋头苦干不行，活干得多还经常挨打，小狗什么也不干还挺美，看来要想办法与主人联络感情。

拿定主意的驴子等主人回家入门时也大叫着迎了上去，把蹄子搭在主人肩上，伸出舌头，主人又惊又怒，使劲把它推开，驴子重重地摔在了地上，又被狠狠地打了几鞭子。

适于狗做的事，驴怎么能做呢？

➡［书外人语］ 有的老板可能会赏识围着自己转的“狗”，而有的老板则会偏爱埋头干活的“驴”。既然自己是“驴”，就不要勉强自己去学“狗”的本领，“主人”需要“宠物”来消遣，但更需要“驴子”来干活，干好自己的活，“主人”自然会欣赏你。

青蛙和蝎子

有一天，一只青蛙坐在河边。一只蝎子路过，对他说:“青蛙先生，我想过河，可是我不会游泳。你能不能发发慈悲。让我坐在你背上，把我送过河?”

青蛙说:“可你是蝎子呀，蝎子最喜欢螫青蛙了。”

蝎子说:“我螫你干什么呀，我的目的是到河对岸去。”

“好吧!”青蛙说，“只要你不螫我，上来吧，我送你过河。”

可是，他们才过了一半河，蝎子就不由自主地使劲螫了青蛙一下。青蛙痛苦地挣扎着，奄奄一息地问:“你为什么要螫我呀?这下子，我们两个都活不成了。”

蝎子说:“没办法，因为我是蝎子，蝎子就是喜欢螫青蛙，我实在管不住自己。”

➡［书外人语］小心你周围的“蝎子”，无论他向你如何承诺，他还是会用他的坏习惯把你拖下水。

小象乔治的锁链

小象乔治出生在马戏团中，它的父母也都是马戏团中的老演员。

小象乔治很淘气，总想到处跑动。工作人员在它腿上拴上一条细铁链，另一头系在铁杆上。

小乔治对这根铁链很不习惯，它用力去挣，挣不脱，无奈的它只好在铁链范

围内活动。

过了几天，乔治又试着想挣脱铁链，可是还没能成功，它只好闷闷不乐地老实下来。

一次又一次，小乔治总也挣不脱这根铁链。慢慢地，它不再去试了，它习惯了链子，再看看父母也是一样嘛，好像本来就应该是这个样子。

乔治一天天长大了，以它此时的力气，挣断那根小铁链简直不费吹灰之力，可是它从来也想不到这样做。它认为那根链子对它来说，牢不可破，这个强烈的心理暗示早已深深地植入它的记忆中了。

一代又一代，马戏团中的大象们就被一根有形的小铁链和一根无形的大铁链拴着，活动在一个固定的小范围中。

➡ **[书外人语]** 时势不断变化，当初做不到的事今天可能就会轻而易举，当初能办到的事今天可能就难以办到了。无论如何，关键是心中不要存下一个一成不变的概念。

青蛙实验

十九世纪末，美国康奈尔大学做过一次著名的实验。

这组实验研究人员，做了十分完善精心的策划和安排。他们捉来一只健硕的青蛙，冷不防把它丢进一个煮沸的开水锅里。这只反应灵敏的青蛙在千钧一发的生死关头，说时迟那时快，用尽全力，跃出那势必让它葬身的水锅，安然逃生。

隔了半个小时，他们使用一个同样大小的铁锅，这一回往锅里放入冷水，然后把那只刚刚死里逃生的青蛙放进锅里。青蛙自在地在水中游来游去，接着实验人员在锅底偷偷地用炭火加热。青蛙不知究底，自然悠悠地在微温的水中享受“温暖”。

慢慢地，锅中的水越来越热，青蛙觉得不妙了，但等到它意识到锅中的水温已经熬受不住，必须奋力跳出才能活命时，已经为时过晚，它欲跃乏力，全身发软，呆呆躺在水里，坐以待毙，直至把它煮死在锅里。

➡［书外人语］骤然而临的巨大危险尚能躲过，但渐渐侵蚀的危险却让人难以警觉，直至深陷其中无力自拔。

猫头鹰和它的孩子

猫到林中捕鸟，碰到一只猫头鹰。猫头鹰问它："亲爱的大哥，你到哪儿去呀？"

"我去林子里捕鸟吃。"猫答道。

"啊，猫大哥，千万别伤害我的小孩子。"

"你的孩子长得什么样，这个你可得让我知道。"

"我的孩子呀，长得最漂亮。"

"知道啦。"猫认真地回答，猫头鹰放心地飞走了。

猫在矮树丛中找来找去，鸟巢里尽是些美丽的小鸟，猫都怕是猫头鹰的孩子而没有下口，最后，发现一群长得非常难看的小鸟，于是，猫放心地饱餐了一顿。

猫回家的路上，又碰到猫头鹰。猫说："你放心吧，我吃的是最丑的鸟。"

猫头鹰回来一看，它的"漂亮"孩子一个都不见了，窝里还有几根猫的胡须。

➡［书外人语］ "老婆都是别人的好，孩子都是自己的好。"对孩子缺点视而不见，这样的父母最终只能害了孩子，谨防爱的误区。

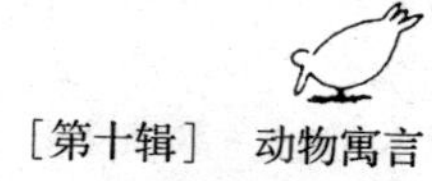

老鼠的万全之策

一群老鼠吃尽了猫的苦头，它们召开全体大会，号召大家贡献智慧，商量对付猫的万全之策，争取一劳永逸地解决事关大家生死存亡的大问题。

众老鼠们冥思苦想。有的提议培养猫吃鱼吃鸡的新习惯，有的建议加紧研制毒猫药，有的说……

最后，还是一个老奸巨猾的老老鼠出的主意让大家佩服得五体投地，连呼高明。那就是给猫的脖子上挂上个铃铛，只要猫一动，就有响声，大家就可事先得到警报，躲将起来。

这一决议终于被投票通过，但决策的执行者却始终产生不出来。高薪奖励、颁发荣誉证书等等办法一个又一个地提出来，但无论什么高招，好像都无法将这一决策执行下去，没有一只老鼠敢去给猫挂这个铃铛。

至今，老鼠们还在自己的各种媒体上争辩不休，也经常举行会议继续讨论……

➡[书外人语] 决策与制度不在于多么英明，而在于能否实行。

兔子的导师

兔子坐在山洞的洞口打字，跑来一只狐狸。

狐狸跳到他的面前:“我要吃了你！”兔子说:“别忙，等我把学士论文打完！”

狐狸很奇怪:“什么学士论文?”

“我的论文是《兔子为什么比狐狸更强大》。”兔子一本正经地说。

狐狸大笑起来:“这太可笑了，你怎么会比我强大!”

兔子仍然一本正经:“不信你跟我来，我证明给你看。”他把狐狸领进山洞，狐狸再也没有出来。

兔子继续在洞口打字。一只狼跳到他的面前:“我要吃了你!”兔子说:“别忙，让我把学士论文打完!题目是《兔子为什么比狼更强大》。”

狼大笑起来:“你怎么敢说自己比我强大!”

“真的，我可以证明!”兔子领着狼走进山洞，狼再也没有出来。

兔子继续在洞口把他的论文打完，然后拿着论文走进山洞，交给一头打着饱嗝的狮子。

论文的标题是什么并不重要，论文的内容也不重要，重要的是：论文的导师是谁。

➡ [书外人语] 不起眼的小人物突然神气起来，定是找到了大靠山，对反常的事物现象不加以深思，仍以常理而度之，焉有不吃亏之理?

马、鹿与人

一匹马找到一块丰美的草地，常到这里饱餐一顿。可是后来，一只鹿也发现了这秘密，趁马不在时，也跑来吃点草。

马发现了这件事，觉得鹿侵占了自己的利益，想报复鹿，但自己又无能为力，就请人来帮忙。人说:“我也没办法，除非你套上辔头，我骑上你，才能追上它，惩罚它。”

人骑着马，惩罚了鹿。之后，便把马拴在了槽头。

这时，马才省悟过来，长叹道："我真傻，为着一点小事而图报复，反而使自己沦为奴隶。"

➡［书外人语］ 逞一时意气之快，睚眦必报本就不可取，为了打击报复又不择手段，终会让自己付出沉重代价。

两头骡子

两头骡子驮着沉重的背包，吃力地往前走。一头驮的是满袋金钱，另一头驮的是满袋粮食。驮着财宝的骡子因为感到自己驮的东西价值不菲，所以昂首阔步，把系在脖子上的铃铛都摆得悦耳动听，它的同伴则不声不响地跟在它后边。

突然一伙强盗从隐蔽处窜出来，扑向骡队。强盗跟赶骡子的人扭打时，用刀刺伤了驮财宝的骡子，贪婪地把财宝抢劫一空，对粮食则不加理会，驮粮食的骡子也就安然无恙。

受了伤的骡子全无刚才的神气，大叹倒霉，对同伴说："还是你运气好啊，虽然不神气，但总不至于挨刀子。"

➡［书外人语］ 有些人刚被赋予一点重要责任，就急着向同事们炫耀，觉得自己有别于同类了，而全然没想到即将担负的责任。越神气的位置，就要担越重的干系，怀惴惴之心谨慎行事尚难保以万全，何况只顾着神气？

病 狮

一头年老体弱的狮子，无力自行觅食，只好躺在洞穴中，他呼吸困难，说话有气无力，一脸病入膏肓的样子。

这消息很快在兽群中传开了，大家都为病狮哀伤不已，他们一个接一个地来探望狮子。哪知道这头狮子就这样呆在自己的洞穴中，轻而易举地把探望者一个个捉住吃掉。

狐狸对这件事有些怀疑，最后也来看个究竟。他站得远远地恭问万兽之王安好。狮子道："啊，我最亲爱的朋友，是你呀！为什么站得那么远？来，好朋友，在我这可怜的狮子耳边说句话吧，我快不行啦。"

"愿上帝保佑你！"狐狸说，"但请原谅我，我不能久留。老实说，我感到十分不安，我看到的都是走进去的脚印，而没有看到走出来的。"

➡［书外人语］凡事进易退难，所以谋定而后动是不易之道理。率性莽撞而行，常把自己置于不利之境地。

青蛙与老鼠

一只青蛙看着自己的老鼠邻居很不顺眼，总想找个机会教训教训它。

一天，青蛙找到老鼠，劝它到水里玩。老鼠不敢，青蛙说有办法保证它的安全，用一根绳子把它们连在一起，老鼠终于同意一试。

下了水，青蛙大显神威，它时而游得飞快，时而潜入水底，把老鼠折腾得死

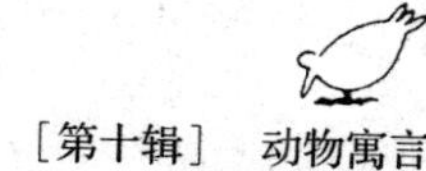

去活来。老鼠最后被灌了一肚子水，泡涨了飘浮在水面上。

空中飞过的鹞子正在寻找食物，发现了漂浮的老鼠，就一把抓了起来，相连的绳子把青蛙也带了起来。吃掉老鼠后，意犹未尽的鹞子把嘴又伸向青蛙。在被鹞子吃掉之前，青蛙后悔地说：没想到把自己也给害了。

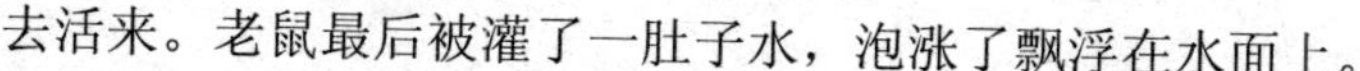

［书外人语］ 害人终害己，把别人推向危险时，自己是很难脱掉干系的。

公平的法律

狼把羊害得很惨，事情闹得如此严重，以致兽国统治者不得不引起重视。

于是，高级官吏们被召来开会，高级官吏中就有好几只德高望重的狼。在密林深处，会议在充满民主的气氛中进行，凡是要提起申诉的，都让他们适当地发表了意见。最后，官员们制订了一条十全十美的法律。全文照抄如下：

“只要发现狼企图侵犯羊群，羊群因而将受到欺凌时，无论此狼是谁，羊都有权利扼住狼的咽喉，将狼提交森林法庭审判。”

［书外人语］ 在非文明社会，统治者为被统治者制订的保护法律永远是“正大光明，无法实行”。在人高马大荷枪实弹的宪兵面前，你有权验看他的证件，在刑具齐全杀气腾腾的审讯室中，你有权保持沉默……

自我感觉

一头狮子早上醒来，自我感觉好极了，力量和骄傲充满了他的身心。他开始在丛林里游荡。

狮子首先遇到一只兔子。他向兔子大吼:“谁是丛林之王?”兔子战战兢兢地说:“是你，狮子老爷!”

狮子又遇到一只猴子。他向猴子大吼:“谁是丛林之王?”猴子用颤抖的声音说:“是你，狮子老爷!”

然后狮子遇到了一头大象。狮子向大象狂吼:“谁是丛林之王?”

大象没有回答，用长鼻卷起狮子，在大树的树干上敲打了十几次，又把狮子摔在地上，几乎把他踏成一张狮毛地毯，然后扬长而去。

灰头土脸的狮子跳起来，对着大象的背影大吼:“虽然你不知道答案，可也用不着恼羞成怒!”

➡ [书外人语] 有良好的自我感觉并没有错，问题在于一不要到处炫耀，二不要轻易向人挑衅。

猪的标准

一次，一头猪钻进一座富丽堂皇的大宅院中，随心所欲地在马厩和厨房周围游逛一圈，在污泥中打滚，在脏水中洗澡。后来游罢回家，一副不以为然的样子。

“嗨，你去哪了?”同伴问它。

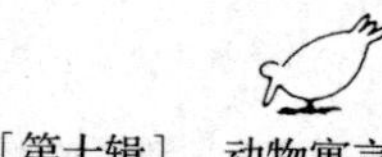

“去财主家转了一圈。”

“人家说，有钱人家的住宅里尽是金银珠宝，东西也一件比一件精美。”

“我向你保证他们在胡说八道。”这头猪哼哼唧唧地说道，“我根本没看见什么珠宝——尽是泥污和垃圾。你也可以想象到我不会吝惜鼻子，因为我把那整个后院的泥土都翻遍了。”

➡[书外人语] 每个人都会在自己的兴趣上建立起自己的评判标准，但千万不要像这只猪一样，只看到其中一面就下结论。有些历史学家尽在挑剔历史小说的失实，有些经济学家说老百姓不花钱经济就难以起飞……

蚂蚁与大鸟

一只小蚂蚁在河边喝水，不小心掉了下去。它用尽全身力气想靠近岸边，但没一会儿就游不动了，在原地打转，小蚂蚁近乎绝望地挣扎着。这时，正在河边觅食的一只大鸟看见了这一幕，它同情地看着这只可怜的小蚂蚁，然后衔起一根小树枝扔到它旁边，小蚂蚁挣扎上树枝，终于脱险回到岸上。

当小蚂蚁在河边草地上晒身上的水时，它听到了一个人的脚步声。一个猎人轻轻地走过来，手里端着枪，准备射杀那只大鸟。小蚂蚁迅速地爬上猎人的脚趾，钻进他的裤管，就在猎人扣动扳机的瞬间，小蚂蚁咬了他一口。猎人一分神，子弹打偏了。枪声把大鸟惊起，振翅飞远了。尽管蚂蚁是比大鸟弱小许多的小动物，但它却用自己的力量帮助大鸟躲过一次杀身之祸。

➡[书外人语] 不要以为只有结交权贵才会对自己有好处，心怀善意常助别人，一件微不足道的小事或许可以改变一个人的一生，反过来有许多小人物也会帮上你的大忙。

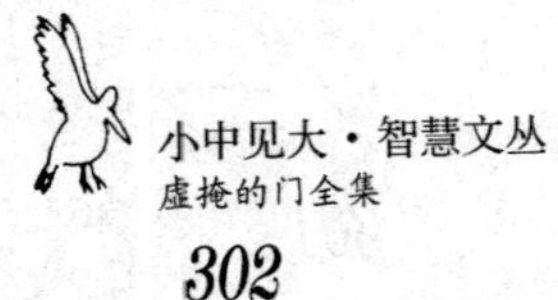

老鼠百变

丛林中的一只小老鼠辉格，整日里闷闷不乐，它自感形象不佳，本领又小，生活在社会的最底层，看人家猫多神气啊。

苦恼的小老鼠辉格来到山神面前，再三哀求给予帮助，把它变成一只猫。山神爷终于被缠不过，答应了它的要求。于是小老鼠变成了一只神气的猫。

没高兴几天，又有了新的问题，原来猫怕狗呀。它又去求山神，把自己变成一只狗。可谁料，狗怕狼，于是它又跑去请求变成狼……

如此这般一路请求一路变化，小老鼠辉格终于变成了森林之王——大象。

辉格昂首挺胸，在丛林中漫步巡视，威风凛凛，动物们见了它都低头哈腰，恭恭敬敬，辉格心中别提多高兴了。

可没过多久，辉格又有了一个新发现：大象最怕的竟然是老鼠。这时它眼中最伟大的形象又变成了老鼠，于是它又跑去哀求山神爷……

➡ [书外人语] 万物相生相克。生为老鼠，就安心做一只优秀快乐的老鼠又何妨?

水牛和阳雀

一个炎热的早晨，离大河口不远，一头水牛正在大树下休息。这时飞来一只阳雀，落在一棵树上，亲热地同水牛打招呼。

水牛乐了:“你喝水也值得到大河来，随便一滴水不就够了吗？”

阳雀却笑着说:“你这样想吗？我喝水比你喝得多呢。”

水牛哈哈大笑:“怎么会呢。”

阳雀说:“咱们试试看，你先来。”它知道马上就要涨潮了。

水牛伏在河边，张开大口，用力喝起来，可不管它喝多少，河里的水不但不少，反而多了起来。水牛肚子鼓鼓的，已经喝不下了。

这时阳雀飞过来，把嘴伸进水中。水退潮了，阳雀追着去喝。水牛伤心地说:“你个头不大，水却喝得不少。”

“你服了吧?”阳雀笑着问水牛，然后振翅飞走了。留下大水牛呆呆地望着河水，它怎么也想不明白，为什么会是这样。

➧［书外人语］水牛天天在河边喝水，却不知道河水涨退的变化，一味地用蛮力去拼焉有不输之理。知识经济时代，不用头脑的“水牛”肯定是聪明的“小阳雀”的臣民。

青蛙的愿望

久居河边的一只青蛙，对自己的走路方式极为不满，四条腿用力，一蹦一跳的，看那些人，两腿直立行走，又高级又潇洒，要能像人那样走路该有多幸福啊!

青蛙于是不停地到河边寺庙中去拜佛许愿，盼望有朝一日能像人一样走路。年复一年，青蛙的诚意终于打动了神灵，青蛙的愿望实现了。

青蛙骄傲地站了起来，迈开两条长腿(原先的后腿)，大步流星走了起来，可是它莫名其妙地离河边越来越远，怎么也走不回水边去，也无法再捕捉到食物，饥渴难当的青蛙终于死掉了。

原来，青蛙站起来走路后，它的眼睛却只能望见后面，腿往前走，眼往后看，这样的怪物自然无法生存。

➡［书外人语］ 盲目地追求不适合自己的东西，如地位、爱情、财富，到头来都可能演化成一出悲剧。

猫国审案

猫法庭开庭审判一个案件。

有猫警告发，在猫国森林边缘发现了一种怪猫：长着猫头，行着猫国捕鼠的营生，却到处招摇撞骗，宣称自己不是猫，也不是兽，而是鸟，还不时披展双翼飞上天空，蛊惑猫众。

经白猫、黑猫及不白不黑的猫组合议庭审议，作出如下判决：

“首级乃定性之根据，既为猫首，本质为猫无疑；生态乃确凿之旁证，既营捕鼠，本属猫国公民无疑。自称为鸟者，如非猫国精变为妖，亦属鸟中衍生之怪，已不可称谓为鸟，故应断其首归之猫国，斩其翅归之鸟国。捕鼠之功则记于猫国名下……”

此判决既未抄送鸟国协助审议，也未允许“怪鸟”申诉，“怪鸟”终于可怜地被肢解了。

这是猫头鹰们的悲剧。

➡［书外人语］ 囿于自己的经验、知识，主观臆断，这样的闹剧在生活中并不少见。相比之下，“黔之驴”中老虎就很聪明。

人的悲哀

一位新疆诗人亲眼看见这样一幕悲剧：天山脚下小村庄的一匹漂亮母马，失去了矫健的配偶，村里人想再找一匹公马，形成一个骏马群落。在失望于一匹匹公马后，人们最终想到了这匹母马的儿子，一匹强壮剽悍浑身无一根杂毛的白马。

但，牧民们清楚，马不近亲交欢，鞭打也不。于是他们用黑布罩住了两匹马的眼，怀着畸形美好的心情，将雄健的公马拉到美丽的母马旁。

人们如愿以偿。事后，一位牧人想木已成舟，百米外取掉马的眼罩。白马回头看了一眼母马，仰天长啸；母马也认出了白马，顿时扬起两只前蹄，几乎将身竖起，爆发悲鸣。

牧民们猛然惊醒，且意识到要发生什么。然而一切都来不及了，白马拼死挣脱缰绳，向远处的崖奔去，纵身一跳；而此时母马也脱缰向相反的方向狂奔，面对万丈深渊，毫不犹豫地跳下去……

那裹着利欲和谋略的人，那带着血性和尊严的马，在生命的崖上交锋，天地看到了胜败。

➡［书外人语］ 人们应该明白，这地球绝非只属人类。如若胡乱地改天造地、毁林填海，宇宙之马终将在远处悲鸣。

谁是傻瓜

某人去动物园看猩猩。他先向猩猩敬礼，猩猩也模仿着对他敬礼，他觉得很好玩，又向猩猩作揖，猩猩便也向他作揖。某人接着向猩猩扒眼皮，不料猩猩这次没有模仿，而是打了他一巴掌。

某人生气地去问饲养员。饲养员告诉他：在猩猩的语言里，扒眼皮是骂对方傻瓜的意思，所以猩猩要打他，某人大悟。

第二天，某人再去动物园以图报复。他向猩猩敬礼、作揖，猩猩都跟着做了。接着他拿出一根大棒子向自己头上打了一下，然后把棒子交给猩猩。

不料，猩猩这次又没有模仿，而是向他扒了扒眼皮。

➧ [书外人语] 以为自己聪明，去戏弄别人为乐或占些小便宜的人，都是被猩猩扒眼皮的对象。

贪婪的猴子

在阿尔及尔地区的长拜尔有一种猴子，非常喜欢偷食农民的大米。当地的农民根据这些猴子的特性，发明了一种捕捉猴子的巧妙方法。

农民们把一只葫芦型的细颈瓶子固定好，系在大树上，再在瓶子中放入猴子们最爱吃的大米，然后就静候佳音了。

到了晚上，猴子来到树下，见到瓶中的大米十分高兴，就把爪子伸进瓶子去

抓大米。这瓶子的妙处就在于猴子的爪子刚刚能够伸进去，等它抓一把大米时，爪子却怎么也拉不出来了。贪婪的猴子绝不可能放下已到手的大米，就这样，它的爪子也就一直抽不出来，它就死死地守在瓶子旁边。直到第二天早晨，农民把它抓住的时候，它依然不会放开爪子，直到把那把米放入嘴中。

➡［书外人语］ 人从猴子进化而来，当然比猴子聪明一些。如果把大米换成金钱、美女、权力，上当的恐怕就是人而不是猴子了。

会排队的毛毛虫

在非洲和地中海一带，有一种被昆虫学家称之为行列蛾类的昆虫，这种蛾倒没什么特别之处，它们的幼虫毛毛虫却引起昆虫学家的注意。

这些毛毛虫从卵里孵化出来之后，就成百地集结在一起生活。在外出觅食时，通常是一只队长带头，其他的毛毛虫头顶着前一只伙伴的屁股，一只贴着一只排成一列或两列前进，这队伍的最高纪录是600只。为预防自己不小心走岔路跟丢了，它们还一面爬一面吐丝。等到吃饱了叶子，它们又排好队原路返回。

法国昆虫学家法布尔曾经仔细研究过这些毛毛虫。先是把队长拿走，但后边的一只迅速补上，继续前行；又把它们的丝路切断，虽然会暂时把它们分开，但后边的那队会到处闻，到处找，只要追上前边，马上就会合二为一。

法布尔所做的实验中，最有意思的是计诱毛毛虫走上一个花盆的边缘。毛毛虫一走上去就沿着边缘前进，一面走一面吐丝。令法布尔惊讶的是，这群硬头毛毛虫当天在花盆边缘一直走到筋疲力尽才停下来，其间曾经稍作休息，但是没吃也没喝，连续走了十多个小时。

第二天，守纪律的毛毛虫队列丝毫不乱，依然在花盆边缘上转圈，没头没脑

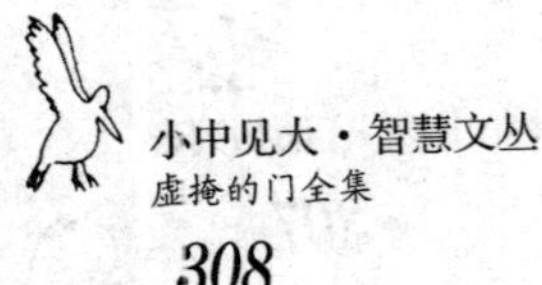

地跟着前边的走。第三天、第四天……，一直走了一个星期，看得法布尔都不忍心了。终于到了第八天，有一只毛毛虫掉了下来，意外地突破困境，这一群毛毛虫才重返家园。

行列毛毛虫的排队行为，当然有一定的功用，但固执、愚昧至此，除了用盲从以外可能再找不到更好的词来形容它们了。

➡［书外人语］有人说，如果把这些毛毛虫首尾相连，它们就会活活饿死。不知是否做过这样的实验，反正把自己的脑袋“长”在别人屁股上实在是件再危险不过的事。

杀鸡骇猴

群猴见一鸡被杀，惊恐，议论缘何被杀。

母猴说：偷吃米粒了。

公猴说：乱飞乱叫乱拉屎。

小猴说：光吃不下蛋。

老猴说：跟公鸭有一腿。

鸡死前怒斥：若不是你们，我会死吗？

（吴　再）

➡［书外人语］杀鸡给猴看，果然有用。

落网之鸟

有一个猎人，在湖沼旁张网捕鸟。不久，很多大鸟都飞入了网中，猎人非常高兴，赶快收网预备把鸟抓出来；没想到鸟的力气很大，反而带着网子一起飞走了，猎人只好跟在网后拼命追。

一个农夫看到了，笑猎人："算了吧，不管你跑得多快，也追不上会飞的大鸟呀。"

但猎人却很坚定地说："不，你根本不知道，如果网子里只有一只鸟，我就真追不上它，但现在有很多鸟在网子里，我一定能追到。"

果然，到了黄昏，所有的鸟儿都想回自己的窝，有的要回森林、有的要回湖边、有的要回草原，于是那一大群鸟就跟着网子一起落地，被猎人活抓了。

（明　玮）

➡［书外人语］ 落网之鸟为了活命，它们齐心协力，劲往一处使，得以飞天，这是团结的力量。在天之网忽然落地，却是为何？这是因为众鸟各怀私念，合力为零的结果。不协作就将失败。对一个团队来说，团结协作永远都是最最重要的。

一只山羊

早晨，一只山羊在栅栏外徘徊，想吃栅栏里面的白菜，可是它进不去。

这时，太阳东升斜照大地，在不经意中，山羊看见了自己的影子，它的影子

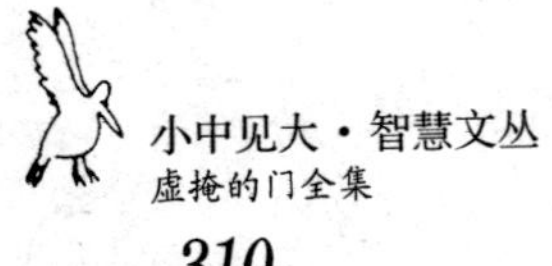

拖得很长很长。

“我如此高大，定能吃到树上的果子，吃不吃这白菜又有什么关系呢?”它对自己说。

远处，有一大片果园，园子里的果树上结满了五颜六色的果子。于是，它朝着那片园子奔去。

到达果园，已是正午，太阳当顶。此时，山羊的影子变成了很小的一团。“唉，原来我是这么矮小，是吃不到树上的果子的，还是回去吃白菜的好!”于是，它不悦地折身往回跑。到栅栏外时，太阳已经偏西，它的影子重新又变得很长很长。

“我干吗非要回来呢?”山羊很懊恼，“凭我这么大的个子，吃树上的果子是一点问题也没有的!”

（高广超）

➡［书外人语］得意时认为自己很高大，失意时认为自己很渺小。故事中的山羊以影子为标准来判断自己，那么我们又应该怎样认识自己呢?

猴　子

在上围棋课的时候，老师讲了一个有关猴子的故事。

从前有一对仙人夫妻，很喜欢下围棋，他们常常到山顶上下棋。在他们下棋的地方，刚好有一棵大树，树上住着一只猴子。就这样，这只猴子经年累月地躲在树上看这对仙人下棋，终于练就了一身高超的棋艺。

不久这只猴子下山来，到处找人挑战，结果没有人是它的对手。到最后只要是下棋的人，一看到对手是这只猴子，就甘拜下风，不战而逃了。

最后，这个国家的国王终于看不下去了，全国这么多围棋高手竟然连一只猴子也敌不过，这实在是太丢脸了。于是国王下诏：一定要有人来跟猴子比划

比划。

其实猴子的棋艺卓绝，举国上下，根本没有人是它的对手。那该怎么办呢？

这时有一位大臣，自告奋勇地说他要与猴子下一盘。国王问他：“你有把握吗？”他回答说绝对有把握。但是在比赛的场地桌上一定要放一盘水蜜桃。

比赛开始了，猴子与大臣面对面坐着，在大臣桌子的旁边放着一盘鲜艳欲滴的水蜜桃。整盘棋赛中，猴子的眼睛都盯着这盘水蜜桃，结果猴子输了。

（颜如玉）

➡［书外人语］ 在这个故事中，人之所以战胜猴子是抓住了猴子嘴馋想吃桃的弱点。可如果把这盘水蜜桃换成奖杯、奖金这类的名利之物，走神分心的该是谁呢？

斑马与豹子

在非洲的一个草原，每天早晨斑马一睁开眼，想到的第一件事就是：我必须跑得更快，否则，我就会被豹子吃掉。而同一时刻，豹子从睡梦中醒来，首先闪现在脑海的是：我必须跑得更快一些，追上更多的斑马，要不然我就会饿死。于是，几乎同时，斑马与豹子一跃而起，迎着朝阳竞跑。

生活显然不像斑马与豹子那样弱肉强食，但市场竞争却是不可避免的，你看江河湖海，处处都是千帆竞渡，你看城市农村，处处都是行色匆匆的芸芸众生。生活是公正的，在人生的每一道驿站、每一瞬，我们若消极懈怠、不思上进，必被时代抛得老远，或是淘汰出局。因此，无论你是斑马还是豹子，每当太阳从东方升起的时候，就应该毫不犹豫地向前奔跑。

（何 竟）

➡［书外人语］ 跑不过敌人的后果是被吃掉，跑不过猎物的后果是被饿死。

章鱼的故事

一只章鱼的体重，可以达到70磅。换算一下，也就是将近32公斤。

32公斤有多重？让我来告诉你：它相当于3/5包水泥，一台电动跑步机，一只都江堰千年神龟，或是柔道比赛少年组一个小选手的体重。

但是，就是这样一个大家伙，它的身体却是非常柔软的，它柔软到几乎可以将自己塞进任何它想去的地方。因为它们没有脊椎，甚至可以穿过一个银币大小的洞。它们最喜欢做的事情，就是将自己的身体塞进海螺壳里躲起来，等到鱼虾走近，就咬破它们的头部，注入毒液，使其麻痹而死，然后美餐一顿。

它几乎是海洋里最可怕的生物之一。

但是，渔民们有办法制服它。他们把小瓶子用绳子串在一起沉入海底，章鱼见到了小瓶子，都争先恐后地往里钻，不论瓶子有多么小、多么窄。

结果当然是在海洋里无往不胜的章鱼，成了瓶子里的囚徒。

是什么囚禁了章鱼？是瓶子吗？不，瓶子放在海里，瓶子不会走路，更不会去主动捕捉。囚禁了章鱼的，是它们自己。它们向着最狭窄的路越走越远，不管那是一条多么黑暗的路，即使那条路是死胡同。

如果我们的思想也是一只章鱼的话，遇到苦恼、烦闷、失意、诱惑的瓶子，请注意减速绕行。在更广阔的海洋里，有更多值得争取的东西。

一味向瓶子里挤，我们的思想也会越来越狭窄，越来越失去光亮。

（蓝 象）

➡［书外人语］ 钻瓶子是章鱼的专利，钻牛角尖可是某些人的专利。

猎人与熊

一个大雪纷飞的冬天，猎人在森林里发现了一头巨大的野熊。他举起了猎枪，瞄准大熊的咽喉，准备扣动扳机。

大野熊突然对猎人说：“有事好商量，何必一定要开枪呢？”有些吃惊的猎人降低了枪口，回答说：“我想要一件温暖的熊皮大衣，抵御严寒！”

“行啊！”大野熊镇静自若地说：“我也没有什么别的要求，只要能吃饱肚子就行。这样吧，咱们来谈谈条件！”

于是，猎人同野熊坐下来谈判了，经过一番辩论，最后达成妥协。

过了一会儿野熊独自走开了。它满足了要求——填饱了肚子；而猎人也如愿以偿，穿上了他想要的温暖的熊皮大衣。

➡［书外人语］ 这则故事发人深省，令人回味：不要轻易地放下武器和对手谈判。

猎狗的变化

据说春秋时代，秦国北部有一片度假区，许多贵族喜欢到这里来狩猎。如果你需要，还可以向管理员雇用猎狗。

有个楚国人曾经雇用过一只名叫“钟点工”的猎狗。这条狗的能力高强，而且非常奋勇，让他每天出门都有收获。那年夏天，楚国人感到非常满意。

第二年夏天，他又来到这个地方，向管理员指名要去年他雇用的那条猎犬。

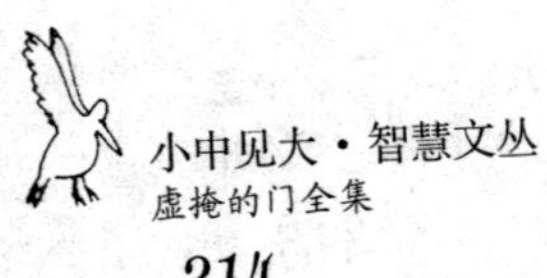

管理员向他摇摇头说:“那只猎狗已不行了。”同时用手指向墙边，一只狗懒洋洋地躺在那里，眯着眼睛晒太阳。他正眼一看，可不是去年那只活蹦乱跳、英勇热情的狗吗?

“怎么会变成这样子呢?”他惊奇地问。

“是啊，本来那是一只很好的狗。但是，后来有一位燕国的客人雇用它之后，觉得它非常好，应该给它改个名字。结果，名字一改，它就变成这副德行了。”

“改了一个名字?给它改成什么名字呢?”楚国人好奇地问。

管理员告诉他:“本来它的名字叫做‘钟点工’，对不对?燕国人非要叫它‘总裁’。”

➡ [书外人语] 如果你爱他，请提拔他；如果你想害他，也提拔他。矛盾吗?不，因为确实有些人一旦被冠以一些头衔后就不知道自己的本来面目了。

吓唬

一户人家有个鱼塘，常常有一群鸬鹚来啄鱼。于是他便扎了个草人，给它披上蓑衣、戴上斗笠，在它手上还绑了根竹竿，然后插在鱼塘里，用来“吓唬”鸬鹚。刚开始那群鸬鹚还真给“唬”住了。但时间一长，它们便发现那不过是个草人而已，是养鱼的用来吓唬它们的，于是它们就依旧飞到鱼塘里啄鱼，啄得累了，还要飞到草人的斗笠上小憩，悠闲——或可说是“猖狂”极了。

养鱼的人看到这种情况，便悄悄地拔掉草人，自己披着蓑衣、戴着斗笠，站在那儿。那些鸬鹚可没发现，啄鱼如故，啄完鱼还是飞到斗笠上小憩。不成想被那人一伸手，抓住了它的腿。挣之不脱，拍着翅膀大叫道:“不是假的吗?”养鱼的人笑道:“原来那个是假的，这个不是。”

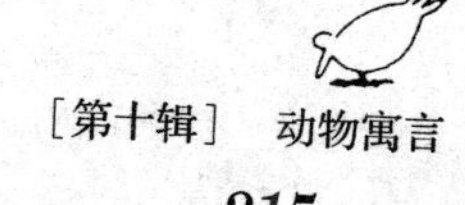

稻草人的作用，是只能“吓唬”“吓唬”的，但若被鸬鹚们窥破了底细，可就唬它们不住。到底是真人管用些，看到同伴那种下场，其他的鸬鹚这一次想必会真的被唬住，不敢再下来啄鱼了吧。

但这种乐观却是盲目的。因为“告一段落”之后，那个养鱼人又把稻草人换了上去，时间一长，鸬鹚们就又发现那是假的，于是就又重新飞下来啄鱼，啄得累了，依旧到斗笠上小憩，养鱼的人就又一次重施故伎，逮上一个两个……如此反复数次，成了规律，鸬鹚们不仅知道什么时候是草人，也知道什么时候会换上真人。换上真人之后鸬鹚们就表现得乖一些，绝不去顶风作案的；而那个养鱼的人倒就真以为大见成效——鸬鹚与人，有时倒是默契得很的，什么时候会换上真人呢？总在鸬鹚们猖狂至极，令人忍无可忍之际——即所谓“到了不得不”的时候吧。

（翟若父）

➡ [书外人语] 因为有真有假，所以鸬鹚便有机可乘。将寓言引申到社会法制领域，便让人生出更多的感叹。要让心怀不轨的人彻底放弃妄想，只有一个办法：法律永远是真的，永远起作用。

为生活设定目标

唐太宗贞观年间，长安城西的一家磨坊里，有一匹马和一头驴。它们是好朋友，马在外面拉东西，驴在屋里推磨。贞观三年，这匹马被玄奘大师选中，出发经西域前往印度取经。17年后，这匹马驮着佛经回到长安。它重到磨坊会见驴朋友。

老马谈起这次旅途的经历：浩瀚无边的沙漠，高入云霄的山岭，凌峰的冰雪，热海的波澜……那些神话般的境界，使驴听了大为惊异。驴惊叹道：“你有多

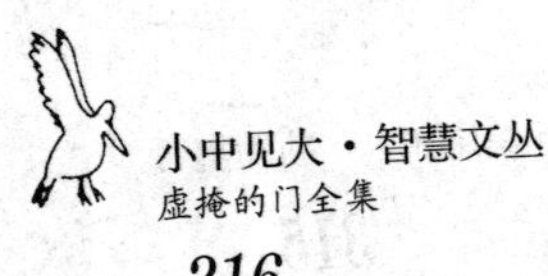

么丰富的见闻呀！那么遥远的道路，我连想都不敢想。”

“其实，”老马说，“我们跨过的距离是大体相等的，当我向西域前进的时候，你一步也没停止。不同的是，我同玄奘大师有一个遥远的目标，按照始终如一的方向前进，所以我们打开了一个广阔的世界。而你被蒙住了眼睛，一生就围着磨盘打转，所以永远也走不出这个狭隘的天地。”

原来，杰出人士与平庸之辈最根本的差别，并不在于天赋，也不在于机遇，而在于有无人生的目标！就像那匹老马与驴，当老马始终如一地向西天前进时，驴只是围着磨盘打转。尽管驴一生所跨出的步子与老马相差无几，可因为缺乏目标，它的一生始终走不出那个狭隘的天地。

（苇　笛）

➡［书外人语］我们每天都没有停下脚步，差别只在于是“西行的马”，还是“原地打转的驴”。

骆　驼

在动物园里的小骆驼问妈妈：“妈妈，为什么我们的睫毛那么长？”骆驼妈妈说：“当风沙来的时候，长长的睫毛可以让我们在风暴中都能看得到方向。”

小骆驼又问：“为什么我们的背那么驼，丑死了！”

骆驼妈妈说：“这个叫驼峰，可以帮我们储存大量的水和养分，让我们能在沙漠里耐受十几天的无水无食条件。”

小骆驼又问：“妈妈，为什么我们的脚掌那么厚？”

骆驼妈妈说：“那可以让我们重重的身子不至于陷在软软的沙子里，便于长途跋涉啊。”

小骆驼高兴坏了：“哗，原来我们这么有用啊！！可是妈妈，为什么我们还在

动物园里，不去沙漠远足呢？”

➡ [书外人语] 天生我才必有用，关键是要找到一个能充分发挥潜能的舞台。

大鱼与小鱼

小鱼问大鱼道:“妈妈，我的朋友告诉我，钓钩上的东西是最美的，可是就是有一点儿危险。要怎样才能尝到这种美味而又保证安全呢？”

“我的孩子，”大鱼说，“这两者是不能并存的，最安全的办法是绝对不去吃它。”

“可是它们说，那是最便宜的，因为它不需要任何代价。”小鱼说。

“这可完全错了，”大鱼说，“最便宜的很可能恰好是最贵的，因为它让你付出的代价是整个生命。你知道吗，它里面裹着一只钓钩。”

“要判断里面有没有钓钩，必须掌握什么原则呢？”小鱼又问。

“那原则其实你都说了。”大鱼说，“一种东西，味道最美，又最便宜，似乎不用付出任何代价，钓钩很可能就在里面。”

（吴 茗）

➡ [书外人语] 这么简单的道理，可为什么还有那么多的鱼上钩呢？因为美味的诱惑和侥幸的心理。

动物趣话

蛇：我是天生的巨星，从走路姿势就可见一斑，小的时候我是小“S”，长大了就成了大“S”。

蚊子：我是“钉子”户，我怕谁？

骆驼：俺最近把背上的毛染成了金黄色，竟然稀里糊涂地就成了麦当劳的企业形象代言人。

蜗牛：别看我的房子不太宽敞，可好歹也算是私房啊！

乌龟：最近我搞上IT了，在背上的那块“硬盘”上分了若干个区。

螃蟹：刚刚留“洋”回来，用惯了“叉子”，都忘了筷子怎么使了。

萤火虫：我家是供电局的，用电不花一分钱。

蚂蟥：别看我长得不怎么样，可人家却“触影”了，主演了一部大片，片名叫《我吸我吸我吸吸吸》。

驴：玩时尚还得看俺的，俺是正宗的“驴友”，酷的没治了吧！

（彭　佩）

➡［书外人语］ 对于人类的所谓时尚，动物们又作何感想呢？

猴子节食

一群猴子决定要节食一天。

“在我们开始之前，我认为我们应该把节食结束时的食物准备好！”一个小猴子建议。

其他猴子猴子点头表示赞成。于是，猴子都出去觅食了，等他们回来时，怀里都满满当当的抱着香蕉。

“我认为在节食之前，我们还应该把香蕉分好了，这样一来，节食完毕时，我们就不需要花费时间来分香蕉了，可以想象那时我们该有多饿呀！”小猴子又建议。

猴子们又都点头表示赞成，然后一一分好，各自收好自己的那份香蕉。

“为什么我们不剥开一个香蕉，做好充分的准备？”小猴子接着说。

“好啊，剥吧！”一个胖猴子叫着附和道。

“好吧！”年长的猴子看看众猴子说，“我们可以剥香蕉，但是无论如何不可以吃！”

猴子们开始剥香蕉，剥好后放在眼前，等着节食结束后吃。

“为什么我们不把香蕉放在嘴里呢？这样的话，我们在节食完毕的第一时间就可以吃到了！”说话的还是那个小猴子。

众猴子看看年长的猴子，年长的猴子犹豫了一会儿，说:“只要不吃，这完全可以。”

就这样，猴子们把香蕉放到嘴里，开始节食了。它们含着香蕉，很不舒服地看着彼此，一起等着时间一点一点地过去。

结果，它们的口水在嘴里越积越多，猴子们试图轻轻咽一下，谁知道，香蕉很快便顺着它们的喉咙消失了。

节食宣告结束。

我们做一些事情时，总是告诫自己，只要能守住底线就没问题，结果往往就

像猴子嘴里的口水一样越积越多，直到控制不住，才酿成了大错。（李志华）

➡[书外人语] 在底线前面还要多设几道警戒线。

猎狗商规

一、目标和动力

一条猎狗将兔子赶出了窝，一直追赶它，追了很久仍没有捉到。山羊看到此种情景，讥笑猎狗说：“你追了半天都没追上，兔子跑得比你快得多。”

猎狗看了一眼山羊，回答说：“这是因为我们两个虽然一样在跑，但目标完全不同的缘故：我仅仅为了一顿饭而跑，它却是为了性命而跑呀！”

感悟：一顿饭和一条命的分量自然相去甚远，目标不同，所产生的动力也就不同。

二、竞争与回报

这话被猎人听到了，猎人想：猎狗说得对啊，那我要想得到更多的猎物，就不能指望这一条猎狗，得想个好法子——引入竞争机制。于是，猎人又买来几条猎狗，凡是能够在打猎中捉到兔子的，就可以得到几根骨头，捉不到的就没有饭吃。这一招果然有用，猎狗们纷纷努力去追兔子，因为谁都不愿意看着别人有骨头吃，自己饿肚子。就这样过了一段时间，问题又出现了。大兔子非常难捉到，小兔子好捉。但捉到大兔子得到的奖赏和捉到小兔子得到的骨头差不多，猎狗们善于观察，发现了这个窍门，专门去捉小兔子。慢慢地，猎人察觉到了异常，对猎狗说：“最近你们捉的兔子越来越小了，为什么？”

猎狗们说：“反正你给我们的骨头没什么大的区别，为什么费那么大的劲去捉那些大的呢？”

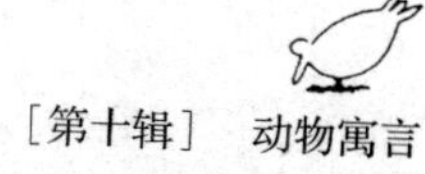

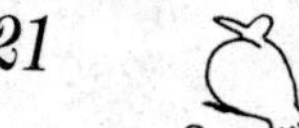

感悟：市场竞争必须以公平完善的奖惩机制为保证，否则，就会出现劣币驱逐良币的现象，使生产效率下降。

三、现在与将来

猎人经过思考后，决定改进分配制度。具体做法是：将每天给猎狗分骨头的质量与猎物的质量挂钩，同时与猎狗的中期绩效挂钩。每过一段时间，就统计一次猎狗捉到兔子的总重量，按照重量来评价猎狗的工作成绩，决定一段时间内的待遇。

如此改革后，猎狗们的积极性重新调动起来，捉到兔子的数量和重量都增加了。猎人很开心。但是没过多久，问题又出现了，猎狗们捉兔子的数量又逐渐减少，而且越有经验的老猎狗，就越消极怠工。猎人百思不得其解，于是又去问猎狗。

猎狗说："我们把一生中最好的时间都奉献给了您，主人，但是我们随着时间的推移会老，当我们捉不到兔子的时候，您还会给我们骨头吃吗？"

感悟：退休和养老的福利是长期的"骨头"。

四、打工和自己做老板

猎人做了论功行赏的决定。分析与汇总了所有猎狗捉到兔子的数量与重量，规定如果捉到的兔子超过了一定的数量后，即使捉不到兔子，每顿饭也可以得到一定数量的骨头。

猎狗们都很高兴，大家都努力去达到猎人规定的数量。一段时间过后，终于有一些猎狗达到了猎人规定的数量。这时，其中有一只猎狗说："我们这么努力，只得到几根骨头，而我们捉的猎物远远超过了这几根骨头。我们为什么不能给自己捉兔子呢？"于是，有些猎狗离开了猎人，自己捉兔子去了。

感悟：员工和老板是一对永恒的矛盾体，相互之间的利益博弈永无尽头。

五、股份制改革

猎人意识到猎狗正在流失，并且那些流失的猎狗像野狗一般和自己的猎狗抢兔子。情况变得越来越糟，猎人不得已引诱了一条野狗，问他做野狗到底比作猎狗强在哪里。

原先的猎狗、现在的野狗说:“做猎狗时吃的永远是骨头，肉全部被你拿走了啊!”接着又感叹地说:“野狗也不好做啊！不是所有的野狗都顿顿有肉吃，很多野狗连舔骨头都没有保证，经常饥一顿饱一顿的，要不然你一块肉怎么就会让我动心呢?”

于是猎人进行了股份制改革，使得每条猎狗除基本骨头外，可获得其所猎兔肉总量的n%，而且随着服务时间加长，贡献变大，该比例还可递增，并有权分享猎人总兔肉的m%。就这样，猎狗们与猎人一起努力，将野狗们逼得叫苦连天，纷纷强烈要求重归猎狗队伍。

感悟：越是优秀的员工越想做老板，最好的办法是：不要让他到外边去做老板，而是就在公司内部把他升格为老板。给他点股份，让他有老板的感觉，但你一定要做董事长!

六、故事还在继续……

只有永远的利益，没有永远的朋友。

日子一天一天地过去了，兔子越来越少，猎人的收成也一天不如一天。而那些已成为股东的老猎狗们老得不能捉到兔子，但仍然在无忧无虑地享受着那些他们自以为是应得的大份食物。终于有一天猎人再也不能忍受，把他们扫地出门，因为猎人需要身强力壮的年轻猎狗——培训、上岗、发展、给股份分成……，新一轮循环开始了。

但是，请注意：被扫地出门的老猎狗们已经不再是当年只会捕捉兔子、凭力气吃饭的猎狗了。他们有了一笔赔偿金和积蓄，也有了公司运作的经验，于是他们成立了新猎狗公司。他们采用连锁加盟的方式招募野狗，向野狗们传授猎兔的技巧，他们从猎得的兔子中抽取一部分作为管理费。经过一段艰苦创业时期后，他们终于有了足够多的野狗加盟。公司开始赢利。一年后，他们收购了猎人的家当……

又过了一段时间，好多同类型的公司像雨后春笋般地成立了，森林里热闹起

来……

在生意不好做之前，富有远见的老猎狗们就把公司转让了出去，转而开始写书。在第一本自传取得成功后，他们大胆涉足文化领域，出版了一系列指导猎狗提高技艺获得成功的畅销书，并且将老猎狗的故事搬上屏幕，大肆炒作……

感悟：凭力气干活的总是拿最少的一份，挣大钱的都是动脑子玩资源的主，而且要把握先机，走到别人的前边。

（栗 莉）

［书外人语］ 记住这6条商规吧，它将让你洞悉市场经济中的根本规律。

后 记

“小中见大·智慧文丛”自2000年初问世以来，经过了漫长的时间和市场验证，已成为中国图书市场上一个优秀的图书品牌，文丛的精华选本于2003年获“第六届全国优秀少儿图书奖”，于2004年获“第十四届中国图书奖”，2005年，本文丛的繁体字版本入选香港地区“中学生好书龙虎榜”。同时，本文丛中的多篇文章被选入不同地区的华语教材，也有很多学生从本文丛中获益，他们中有黑龙江省的高考状元，有全国小学生阅读大赛一等奖得主……

“小中见大·智慧文丛”开创了一种全新的图书体例：蕴涵丰富哲理的小故事+精妙简短的评语。近些年来，许多出版机构也纷纷推出同类的图书，一时间鱼龙混杂，泥沙俱下，虽然出版数量不少，但经得起时间考验的精品图书并不多，甚至有些就是恶劣的抄袭和简单的跟风。我们认为，这类图书在编辑创意上看似简单，但尤见编者功底：一是所选故事是否格调高雅，寓意深远，文字优美；二是所作点评是否切合主旨，微言大义，对原故事有所提升，对读者有所警醒启发。确实是小中见大，要在细致处精心做文章。在广大读者心目中，“小中见大·智慧文丛”仍是他们的最爱和首选，正如第十四届中国图书奖的评审专家所说：

“该书选择精审，每一篇都有深刻的寓意，读者在阅读的同时，体验生命的豁然开朗，享受智慧的自由飞翔，颇能启人心智，发人深思。同时，所选故事又有很强的可读性，将深刻的哲理与生活意义故事情节结合起来是其最突出的特点。这样的书适合不同年龄，不同职业，不同社会阶层的读者阅读。”

这次改版，我们仍旧坚持了原书主旨和格调，入选的故事都有着健康的格调，丰富的哲理，优美的文笔，只是在篇幅的限制下，删减了一些文章。

最后，我们要感谢多年来一直关爱着我们的读者及众多朋友，是大家的支持和帮助让我们走到了今天。书中所有故事的作者，更是我们大家的良师益友，因为他们的智慧和汗水，我们才能享受到这样美妙的阅读体会。欢迎各位与我们联系并批评指正，我们的邮箱是：canglang@vip.sina.com。

感谢读者朋友在众多的图书中选择了本书，祝大家健康进步！

编　者

图书在版编目(CIP)数据

虚掩的门全集/张健鹏,胡足青主编. —北京:九州出版社,2008.11
ISBN 978-7-80195-789-4

Ⅰ.虚… Ⅱ.①张…②胡… Ⅲ.成功心理学—通俗读物
Ⅳ.B848.4-49

中国版本图书馆 CIP 数据核字(2008)第 184697 号

虚掩的门全集

作　　者	张健鹏　胡足青 主编
出版发行	九州出版社
发 行 人	徐尚定
地　　址	北京市西城区阜外大街甲 35 号(100037)
发行电话	(010)68992190/2/3/5/6
网　　址	www.jiuzhoupress.com
电子信箱	jiuzhou@jiuzhoupress.com
印　　刷	北京才智印刷厂
开　　本	710×1000 毫米　16 开
印　　张	21.375
字　　数	300 千字
版　　次	2009 年 1 月第 1 版
印　　次	2009 年 1 月第 1 次印刷
书　　号	ISBN 978-7-80195-789-4/B·264
定　　价	38.00 元

★版权所有　侵权必究★